城市人口管理概论

张淑杰 编著

内 容 提 要

人口管理是人口学学科体系的一个分支，是不同层级的政府职能部门对本行政区域内人口数量、质量的行政管理，是对人口的出生、死亡、就业、养老的指导、调控和协调的过程。本书从不同层级的政府职能部门对人口管理的角度出发，阐述不同年龄阶段的人口特征、相关概念和理论、人口政策和职能部门的职责等相关内容。

本书可作为高校相关专业的本科教材，也可供对人口管理知识感兴趣的读者阅读。

图书在版编目(CIP)数据

城市人口管理概论 / 张淑杰编著. -- 上海：同济大学出版社，2021.12
ISBN 978-7-5765-0082-0

Ⅰ.①城… Ⅱ.①张… Ⅲ.①城市—人口控制—研究—中国 Ⅳ.①C924.2

中国版本图书馆 CIP 数据核字(2022)第 003624 号

城市人口管理概论
张淑杰　编著

责任编辑　姚烨铭　　责任校对　徐春莲　　封面设计　张　微

出版发行	同济大学出版社　www.tongjipress.com.cn	
	(地址：上海市四平路1239号　邮编：200092　电话：021-65985622)	
经　销	全国各地新华书店	
制　作	南京月叶图文制作有限公司	
印　刷	常熟市华顺印刷有限公司	
开　本	787 mm×1092 mm　1/16	
印　张	14.75	
字　数	368 000	
版　次	2021年12月第1版　2021年12月第1次印刷	
书　号	ISBN 978-7-5765-0082-0	
定　价	78.00元	

本书若有印装质量问题，请向本社发行部调换　　版权所有　侵权必究

前　言

本书聚焦于城市人口的管理，概述城市政府不同层级的职能部门对其行政区域内人口的数量、质量的行政管理，是对人口的出生、死亡、就业、养老的指导、调控和协调的过程。2020年末，中国大陆总人口达14.12亿，出现总人口基数大、老龄化社会加快、新生儿数量逐年递减等问题，社会抚养比呈不断上升趋势。本书着眼现今中国人口发展的新特点和新趋势，从政府管理角度探讨人口的发展与管理，具有非常重要的现实意义。

结合国际、国内常用的年龄阶段划分标准和中国法定劳动年龄，本书将年龄划分为0～15岁、16～60岁或16～65岁以及60或65岁之后三个阶段，分别对应"生而有教""成而有业"以及"老有所养"阶段，地方政府不同层级的职能部门对不同阶段群体进行管理的内容和重点都不相同。在中国，"生而有教"阶段内，如何保障适合的人口出生率、提升出生质量，保障基础的义务教育分别是国家卫生健康委员会相关部门和教育部门管理的核心内容。在"成而有业"阶段，所有参与就业与劳动的人群如何保障就业、提升劳动力的质量，如何缴纳社会保险，是对这个年龄阶段人口管理的重要内容，主要是由人力资源和社会保障相关部门负责。其中，接受高等学历教育的人群依然由教育部门负责，这部分人群的管理内容不是本书的重点，不作展开。对于"老有所养"阶段的这类人群，其关注点主要是养老和健康，除了人力资源和社会保障相关部门对养老金的管理外，随着中国老龄化程度日益增加，老龄化及健康的政策与制度将是政府相关职能部门日益重要的管理内容。同时，三个年龄阶段主要通过社会抚养比建立相互联系，形成城市人口管理内容的有机整体。

本书分为"人口管理基础内容""生而有教""成而有业""老有所养"四个单元。第一单元为人口管理基础内容，梳理国内外人口管理思想与理论的发展历史，总结世界与中国人口发展的历史与现状，介绍人口管理相关的基本概念与理论，为后续分阶段的内容做知识铺垫。第二单元为"生而有教"阶段城市人口管理，主要介绍从出生到义务教育阶段人口的基本概念、相关理论、国内外发展现状与特征，重点介绍国内外涉及生育与义务教育的管理制度与政策、主要的管理部门与其职能等。第三单元为"成而有业"阶段城市人口管理,主要介绍从就业到退休之前这个阶段人口的相关概念、理论,国内外城市人口发展现状与特征;重点介绍国内外涉及就业、人口流动与迁移的相关管理制度与政策,相关政府部门及其职责的内容。第四单元为"老有所养"阶段城市人口管理内容,主要介绍老龄阶段人口的基本概念、理论,国内外老龄人口群体的发展现状与特征;重点介绍国内外涉及老龄化社会的应对问题的相关管理制度与政策、相关政府部门及其职责的内容。

可以看出,第二到第四单元在内容结构上是相似的,编写时根据内容的先后顺序,采用"讲解—掌握、引导—互动、督促—应用"的方式,不仅使学生掌握相关知识,同时也让学生从被动接受向主动探索转换。

本书所用数据和资料力求权威、合理,在此向所有参考文献的作者深表感谢。同时,感谢陶小马教授最早提出在本专业课程体系中加强城市人口管理的教学内容,使笔者有机会在人口管理方面不断地学习和提高。感谢张平、徐韵涵对基础资料的梳理和整合。

由于笔者水平有限,本书不免有疏漏之处,敬请广大读者不吝指正!

张淑杰

2021 年 10 月

目　录

前言

第一单元　人口管理基础内容 001

第一节　人口管理的基本概念与相关理论 002
- 一、基本概念 002
- 二、古代主要的人口管理思想 008
- 三、近现代主要人口管理思想及主要理论 013
- 四、当代主要人口管理思想与理论 020
- 五、人口统计方法 022

第二节　世界人口发展的历史与现状 025
- 一、世界人口发展历史阶段 025
- 二、世界人口现状特征 027
- 三、世界城市人口发展现状 030

第三节　中国人口发展的历史与现状 033
- 一、中国人口发展历史阶段 033
- 二、中国人口现状特征 039
- 三、中国人口发展在世界的地位 042
- 四、中国城市人口发展现状与趋势 043

第四节　课程内容结构安排和学习方法 045
- 一、课程内容结构 045
- 二、学习方法 046

第二单元　"生而有教"阶段城市人口管理 049

第一节　"生而有教"阶段中国城市人口现状 051
- 一、"生而有教"阶段中国人口概况 051

二、"生而有教"阶段中国城市人口概况 ……………………………… 052
第二节 "生而有教"阶段相关概念与理论 …………………………………… 054
一、"生而有教"阶段的相关概念 ……………………………………… 054
二、"生而有教"阶段的基本理论 ……………………………………… 057
第三节 国内及国外主要国家生育现状及管理制度 …………………………… 059
一、全球生育现状与特征 ……………………………………………… 059
二、全球主要国家的生育政策 ………………………………………… 070
三、国内外相关的生育保障制度 ……………………………………… 077
四、相关的职能部门与职责 …………………………………………… 081
第四节 国内外主要国家教育现状及相关政策 ………………………………… 087
一、国内外教育现状 …………………………………………………… 087
二、国内外教育体系概况 ……………………………………………… 096
三、相关教育政策的发展 ……………………………………………… 099
四、相关的职能部门与职责 …………………………………………… 107

第三单元 "成而有业"阶段城市人口管理 …………………………………… 113
第一节 "成而有业"阶段相关概念与理论 …………………………………… 115
一、"成而有业"阶段人群的年龄划分 ………………………………… 115
二、"成而有业"阶段的相关概念 ……………………………………… 115
三、"成而有业"阶段的基本理论 ……………………………………… 122
第二节 国内外劳动力人口现状与相关政策 …………………………………… 126
一、世界主要国家"成而有业"阶段发展概况 ………………………… 126
二、世界主要国家"成而有业"阶段就业政策 ………………………… 129
三、中国"成而有业"阶段人口发展现状与特征 ……………………… 130
四、中国"成而有业"阶段城镇就业政策 ……………………………… 139
第三节 中国城市流动人口现状与管理 ………………………………………… 144
一、中国流动人口的发展与特点 ……………………………………… 144
二、中国城市流动人口管理概况 ……………………………………… 148
三、不同等级城市流动人口的管理策略 ……………………………… 150
第四节 国内外"成而有业"阶段人口管理体系 ……………………………… 155
一、中国政府管理机构概述 …………………………………………… 155
二、中国人力资源与社会保障管理体系 ……………………………… 158

三、中国职业教育管理体系 ……………………………………………… 160
　　四、中国劳动力人口效率的改进措施与保障体系 ……………………… 162
　　五、世界主要国家"成而有业"阶段的政府管理 ………………………… 164

第四单元　"老有所养"阶段城市人口管理 …………………………………… 167

第一节　"老有所养"阶段人口管理概念与理论 ………………………………… 169
　　一、"老有所养"阶段人口界定 …………………………………………… 169
　　二、"老有所养"阶段相关概念 …………………………………………… 169
　　三、"老有所养"阶段理论基础 …………………………………………… 171
　　四、"老有所养"阶段与经济、社会的关系 ……………………………… 173

第二节　"老有所养"阶段国内外城市人口现状与相关政策 …………………… 182
　　一、世界老龄化现状 ……………………………………………………… 182
　　二、国外老龄化的政策应对 ……………………………………………… 185
　　三、中国老龄化发展概况 ………………………………………………… 190
　　四、中国城市养老政策 …………………………………………………… 198

第三节　国内外"老有所养"阶段城市人口管理体系 …………………………… 207
　　一、"老有所管"——养老管理制度体系 ………………………………… 207
　　二、"老有所依"——养老社会保障体系 ………………………………… 212
　　三、"老有所托"——养老服务体系 ……………………………………… 216
　　四、国外"老有所养"阶段人口的政府管理 ……………………………… 219

第四节　新科技对"老有所养"阶段城市人口管理的影响 ……………………… 221
　　一、未来新科技在养老方面的应用 ……………………………………… 221
　　二、未来新科技应对老龄化社会的展望 ………………………………… 224

参考文献 ………………………………………………………………………… 227

第一单元
人口管理基础内容

第一节 人口管理的基本概念与相关理论

一、基本概念

人口管理的概念众多,从方便理解的角度出发,可以采用描述人口状态和人口管理相关的基本概念。

(一) 关于人口学的基本概念

对于人口状态进行描述的概念是实施人口管理和开展人口管理研究的基础,根据描述内容的不同,一些重点概念包括人口数量与人口质量、人口出生率与人口死亡率、人口迁移与人口流动、人口自然增长率与人口机械增长率、人口结构等。

1. 人口数量与人口质量

人口是数量和质量的统一。人口总数(Population)是指一定时间和地域范围内有生命力的个人的总和,它是由不同性别、不同年龄、不同民族的人所组成的[①]。人口总数是最基本的人口统计指标,是计算其他各种人口构成、分布和人口再生产等指标的基础,是反映一个国家或地区人口信息以及进行人口管理的基础指标。

人口质量又称人口素质,是在一定生产方式下,在特定的区域或特定的时间内,人口群体所具有的认识世界、改造世界的条件和能力。这里所说的认识和改造世界的对象,不仅包括自然界,还包括人类社会和人类本身;而"条件"是指人口群体认识世界和改造世界所具备的素质状况,即人口群体的身体素质、文化教育素质和思想道德素质三个方面的状况;"能力"主要是指这三个方面素质的应用和作用的发挥状况。

人口群体的身体素质是指人口群体的身体健康状况及大脑机能的状况,即身体发育是否健全、智力是否正常、体质强弱、动作的敏捷程度、耐力以及对自然环境的适应能力等。

人口群体的文化教育素质主要是指人口的文化教育水平和劳动机能,即对科学文化掌握的程度、技术水平以及运用科学文化技术进行劳动的能力。

人口群体的思想道德素质是指人口的思想意识和品质,包括世界观、人生观、思想品质、道德观念和对社会规范的遵守等。

2. 人口出生率与人口死亡率

人口出生率又称总出生率或粗出生率(Crude Birth Rate),表示一定时期、一定地域范围内平均每千人中出生人数所占的比例,也是反映一定时期内按全部人口计算的人口出生状况的相对指标,计算公式为

$$CBR = \frac{B}{P} \times 1\,000‰$$

---

① 温勇,尹勤.人口统计学[M].南京:东南大学出版社,2006.

式中，CBR 为人口出生率，B 为年出生人数，$\bar{P}$ 为年平均人口数。年平均人口数指某年内各个时点人口的平均数，能综合反映全年的人口规模。从理论上讲，年平均人口准确的计算方法应当是每天人口数相加，除以相应的日历天数。日历天数所取的时间间隔越小，年平均人口数就越准确。但在实际统计工作中，一般用下式计算：

$$年平均人口=（年初人口数+年末人口数）/2$$

从指标性质上讲，人口出生率只能粗略地反映某一区域人口在某一时期内出生的相对水平。因为，从人口出生率的计算指标上来看，其分子是年出生人数，分母却是与之相对应的平均人口数，其中包含了与出生人数无直接关系的男性人口数、尚未成年和已经退出育龄期的女性人口数等。依据这些指标和公式所计算出来的人口出生率，容易受到人口年龄结构的强烈影响。所以，该指标一般不可用于不同区域人口间的直接比较。[①] 不过从实用角度来看，计算人口出生率的这些指标的数据都较易获取，计算方法也较为简单，因此该指标也具有一定的实用性。

人口死亡率指一定时期一定地域范围内相对于每千人的死亡人数所占的比例。通常以一年内死亡人数与同年平均人口数之比表示，反映该地区人口的死亡强度。其计算公式为

$$CDR = \frac{D}{\bar{P}} \times 1\,000‰$$

式中，CDR 为人口死亡率，D 为年死亡人数，$\bar{P}$ 为年平均人口数。由于人口死亡率由死亡人数与总人口平均数比较而得，故又称为总死亡率或粗死亡率（Crude Death Rate）。[②]

粗死亡率是一种只对人口总数进行了标准化的指标，所需原始数据少而简单，容易估算，亦能粗略地反映死亡水平。不过它同以上出生率一样，容易受到人口年龄结构的严重影响，不同地区或者同一地区不同时期的粗死亡率的比较，往往不能真实地反映生活水平与医疗保健条件差异造成的死亡率的差异。[③]

3. 人口迁移与人口流动

人口迁移和人口流动是人口机械变动的两种情况，是两个相关却又不同的概念。

人口迁移（Migration）是指人们出于某种目的或动机而有意识地改变常住地址从而引起人口地区分布上的变动。[④]

人口流动（Population Mobility）是指人们不以改变常住地为目的、越过一定区域界限的移动。流动人口相对于定居人口而言，是不以改变常住地为目的、跨越一定行政区域的各种移动人口。[⑤]

4. 人口自然增长率与人口机械增长率

人口自然增长率是反映人口自然增长的趋势和速度的指标，指一定时期内人口自然增

---

① 温勇，尹勤.人口统计学[M].南京：东南大学出版社，2006，61.
② 温勇，尹勤.人口统计学[M].南京：东南大学出版社，2006，68.
③ 曾毅，张震，顾大男，等.人口分析方法与应用[M].北京：北京大学出版社，2011，93.
④ 温勇，尹勤.人口统计学[M].南京：东南大学出版社，2006，76.
⑤ 王秀银，鹿立，崔树义.现代人口管理学[M].济南：山东人民出版社，2001，122.

长数(出生人数减去死亡人数)与该时期内平均人口数之比,通常以年为单位计算,用千分比来表示,计算公式为

$$人口自然增长率 = (年内出生人数 - 年内死亡人数)/年平均人口数 \times 1\,000‰$$
$$= 人口出生率 - 人口死亡率$$

人口自然增长的水平取决于出生率和死亡率二者之间的相对水平。

人口机械增长是指一国或一地区在一定时期内(通常为一年)由于人口迁入和迁出而引起的人口数量变化。而人口机械增长率指的是一年内一国或一地区人口因迁出和迁入因素的消长,导致人口增减的绝对数量与同期年平均人口数之比。其计算公式为

$$人口机械增长率 = (年内迁入人口数 - 年内迁出人口数)/年平均人口数 \times 1\,000‰$$

5. 人口结构

人口本身是具有诸多规定性内容和关系的总体。它的生物属性和社会属性使其具有不同的标识,如性别、年龄、民族、文化、婚姻、职业、地区分布等,各种标识把人口归类成若干组成部分。人口结构是指在一定地域、一定时间内,总体人口中存在着不同标识的人口组合状况和比例关系。

人口结构用人口数的构成指标来表示。一个国家或地区总的人口结构以组成它的各个要素分别占总人口的百分比表示,每个要素的结构以该要素占总人口的百分比表示。如人口性别结构,以男性人口和女性人口分别在人口总数中所占的比例表示;人口职业结构,以各个不同职业人口在人口总数中所占比例表示;人口年龄结构,可以用社会抚养比、少年儿童抚养比、老年抚养比等来表示,这些指标皆为不同年龄段人口数的比值。

人口结构的产生和存在必须具备两个条件:一是在人口总体中必须有两个以上组成部分,只有一个组成部分的总体不能形成结构;二是必须以一定的时间和空间为前提,没有时间和空间界限的人口结构是不存在的。总之,人口结构是在一定时间和地点内对人口状况的真实反映。

人口结构是人口发展变化的结构,是一定社会经济、政策的产物,它的形成受到社会经济和原人口状况的制约,同时,一定的人口结构形成后,反过来又会对社会经济发展和人口发展产生一定的影响。

(1) 根据其形成原因和性质的不同可分人口自然结构、人口地区结构和人口社会经济结构三类。

人口自然结构是按人口的自然标识将人口划分为各个组成部分而形成的人口构成,主要包括人口的性别结构和年龄结构。人口的自然标识是在自然规律(主要是生物学规律)作用下产生和形成的,社会力量无法改变人的某种自然特征,比如不能把老年人变成幼年人。但是社会力量能够影响人口自然结构中各个组成部分的比例关系,如实行计划生育政策能够改变人口的年龄结构、人口自然结构的发展变化,受自然和社会两种力量的制约,其特点是变化缓慢,稳定状态持续的时间比较长。

人口地区结构是按地域标识将人口划分为各个组成部分而形成的人口构成,主要包括

人口自然地理结构、人口行政区域结构和人口城乡结构等。人口地区结构同区域气候、地形、自然资源等自然条件和社会发展状况有密切关系。

一般说来，自然条件优裕、社会经济文化发达、交通便利的地方，人口比较稠密集中。反之，人口相对稀少。另外，人口迁移也能在一定程度上改变人口地区结构状况。人口在空间的某种重新分布，人口城市化既是社会发展的推动力，又是社会进步的标志。随着社会发展和进步，人口地区结构变化的社会经济意义越来越大。

人口社会经济结构是按一定的社会经济标识将人口划分为各个组成部分而形成的人口构成，是人口社会属性的反映。人口社会经济结构主要有人口的阶级结构、民族结构、文化结构、行业结构、职业结构、劳动力资源结构、婚姻家庭结构等。一个国家或地区的人口社会经济结构是社会经济长期发展的产物，受社会经济制度和有关方面条件的制约。随着社会生产力水平的不断提高，脑力劳动者比重增加，民族、文化和语言融合，宗教变迁，家庭规模缩小等，是人口社会经济结构发展的必然趋势。①

（2）根据其不同属性，还可以将人口结构分为人口自然结构、人口经济结构、人口社会结构、人口质量结构和人口地域结构等。

如表 1-1 所示，人口自然结构又可分为人口性别结构、人口年龄结构和人种结构；人口经济结构可分为人口产业结构、人口职业结构、人口收入分配结构和人口消费结构；人口社会结构可分人口阶级结构、人口民族结构、人口宗教结构、人口语言结构和人口婚姻结构；人口质量结构可分为人口体质结构和人口文化结构；人口地域结构可分为人口自然地域结构、人口行政区域结构、人口城乡结构。

人口结构是人口发展变化的结构，是一定社会经济、政策的产物，它的形成受到社会经济和原人口状况的制约，同时一定的人口结构形成后，反过来又会对社会发展和人口发展产生一定影响。②

表 1-1 属性不同的人口结构分类

人口结构	人口自然结构	人口性别结构
		人口年龄结构
		人种结构
	人口经济结构	人口产业结构
		人口职业结构
		人口收入分配结构
		人口消费结构
	人口社会结构	人口阶级结构
		人口民族结构

---

① 王秀银，鹿立，崔树义.现代人口管理学[M].济南：山东人民出版社，2001，101.
② 李通屏，朱雅丽，邵红梅.人口经济学[M].北京：清华大学出版社，2014，107.

(续表)

人口结构	人口社会结构	人口宗教结构
		人口语言结构
		人口婚姻结构
	人口质量结构	人口体质结构
		人口文化结构
	人口地域结构	人口自然地域结构
		人口行政区域结构
		人口城乡结构

6. 抚养比

抚养比实际上是对人口年龄结构的一种反映,又可以称为抚养系数或负担系数。其重点是从经济活动角度出发,将人口分为劳动适龄人口与非劳动适龄人口,二者的比例关系可以反映劳动适龄人口对非劳动适龄人口的负担程度。根据抚养的非劳动年龄人口的不同,可以分为社会抚养比、少年儿童抚养比、老年抚养比。

社会抚养比即人口总体中,非劳动适龄人口数与劳动适龄人口数之比;少年儿童抚养比与老年抚养比即分别是少年儿童人口数、老年人口数与劳动适龄人口数之比。抚养比的数值可以理解为每100名劳动适龄人口所负担的非劳动适龄人口数。

7. 人类发展指数

人类发展指数(Human Development Index,HDI)是由联合国开发计划署(UNDP)在1990年《人类发展报告》中提出的,用以衡量人类福祉的一个综合指数,由健康指数/教育指数和收入指数综合而成。其中,健康指数用出生时预期寿命来表示;教育指数用成人识字率(占1/3权重)及小学、中学和大学综合毛入学率(2/3权重)表示,成人识字率用15岁以上能读写人口占15~64岁总人口的百分比来估算,综合毛入学率用6岁以上在校生总人数占比与6~24岁学龄人口占比的比值估算。其中,6岁以上在校生总人数占比等于各地区本科、专科、普通高中、初中、中等职业、小学和特殊教育在校生总数除以各地区人口数。收入指数按美元购买力平价的人均国内生产总值计算。①

(二)关于人口管理的基本概念

1. 人口管理

管理活动依据管理客体的不同可以分为经济管理、政治管理、社会管理、军事管理、文化管理等,人口管理属于社会管理的一种。人口管理的主要内容是人口变动和人口发展,尤其是现代人口管理,是一项综合性很强的管理活动。它是管理者为了一定需要和目的,对人口变动和人口发展进行决策、计划、组织、指挥、监督和调节等一系列活动的总和。②

---

① 王圣云,罗玉婷,韩亚杰,等.中国人类福祉地区差距演变及其影响因素——基于人类发展指数(HDI)的分析[J].地理科学进展,2018,37(8):1150-1158.

② 王秀银,鹿立,崔树义.现代人口管理学[M].济南:山东人民出版社,2001.

2. 人口制度

人口制度是一个国家的基础性社会制度。依据现代的制度人口学的基础理论,人口管理的本质在于制度,制度决定人口的发展,不同的制度安排导致人口发展的不同效率和质量。①

在制度人口学的框架下,人口制度包括基本人口制度和具体人口制度两类。基本人口制度具有宏观性、综合性和根本性,针对的是一个国家的人口总体,涉及人口行为的根本方向,是人口发展的框架目标和根本原则。具体人口制度针对的是某一特定的人口群体,在宏观综合的基本人口制度框架下,这类人口制度可进行适当的调整,如人口生育制度、人口流迁制度、人口教育制度、人口就业制度和人口保障制度等。②

3. 人口政策

人口政策指的是政府为调节和干预人口发展变化而采取的态度、手段和措施,有广义和狭义之分。从狭义角度来看,人口政策是指直接调节人口再生产的政策和法规。从广义角度看,人口政策既包括直接调节人口变量的政策和法规,也包括直接影响人口生育行为的社会经济政策和措施。人口政策影响和干预人口变化的全过程,包括人口自然变动和人口迁移变动。人口政策体系全方位影响和干预人口的各个因素,不仅调节人口数量的增减,而且也影响和干预人口质量、人口构成和人口分布的变化。③

(三)城市人口管理的主要概念

1. 城市人口

城市人口(Urban Population)与城市活动有密切关系,常年居住生活在城市的范围内,构成城市的社会主体④。从不同的学科角度出发,城市人口的界定各有不同。

从城市规划学和城市生态学角度来看,城市人口是指城镇集中连片部分和它周围能够享受城镇各种生活的人口。联合国和世界银行也有类似的界定,即城市人口或城镇人口指的是居住在国家统计定义的城市地区的人口。不过,城市区域具体范围的划分标准因地区、时期的不同而不同,这也造成了城市人口界定的不确定性。

从城市管理角度来看,城市人口泛指居住在城市范围内从事生产经营活动和其他工作的非农业人口,包括拥有城市户籍的常住城市人口,以及来自其他城市和农村的暂住城市的流动人口。⑤

从经济学角度来看,按居民所从事的经济活动性质划分,人口总体可划分为城市、乡村人口,城市人口从事的是非农业生产性产业。

总体来看,城市人口界定的主要依据是人口生活的区域和从事的经济活动类型,但不

---

① 龙峰.宪法视野下人口制度与国家安全的关系研究[J].河北工业大学学报(社会科学版),2016,8(02):62-69.
② 申鹏.基于中国人口实践的制度人口学研究内容探析[J].西北人口,2010,31(02):1-6.
③ 中共中央党校教务部,国家人口和计划生育委员会宣教司.人口理论概要[M].北京:中共中央党校出版社,2009:104.
④ 金浩然,戚伟,刘盛和,等.1982—2010年基于不同统计数据的中国城市人口规模体系研究[J].干旱区资源与环境,2017,31(08):1-6.
⑤ 程俐骢.城市管理概论[M].上海:同济大学出版社,2009.

同地区、不同时期城市区域与非农经济活动的界定各不相同,这也就导致了城市人口具体界定的模糊性与地域差异性。

2. 城市人口管理

一般而言,城市人口管理是指城市政府对城市常住居民户籍和人口变动的行政管理,以及对城市暂住的流动人口管理两个方面。其核心内容是城市人口的数量调控、质量提高和就业引导。

城市人口管理的内容,按照管理对象分,包括常住人口管理和流动人口管理;按照管理事务划分,主要包括户口管理、人口普查和预测、居民身份证管理、城市计划生育的管理及人口的控制等。

二、古代主要的人口管理思想

(一) 中国古代人口管理思想

在中国古代的漫长历史中,产生了许多针对人口管理的思想。结合朝代更迭与思想演变的特征,主要分为先秦时期、秦汉南北朝时期、隋唐时期、宋元时期、明至鸦片战争前五个阶段。中国古代人口管理思想是在地域广袤而生产力水平有限的大背景下形成的,彼时,人口是经济社会发展的决定性因素,因而,中国古代人口思想总体上都是从"民之众寡为国之强弱"的认识出发,形成了以"增殖人口观"为主导的人口思想。

1. 先秦时期的人口管理思想

先秦时代是中国人口管理思想的发轫期。彼时,诸子百家争鸣,在人口管理思想方面也有着多种不同的观点,其中主要有两种不同的观点,一是主张增加人口,二是主张控制人口。春秋战国时期的管仲、勾践、孔子、墨翟、商鞅等是鼓励增加人口的代表,韩非子则是主张控制人口的代表。

孔子提出"众民"和"仁政"的观点。"众民"即是增殖人口,而"仁政"也包含统治者应采取各类社会经济措施来增加人口的含义。以孔子为代表的儒家思想深刻地影响了中国传统生育观念,至今仍在影响着中华民族的繁衍和发展。

韩非子则从韩国人多地少的实情出发,提出要控制人口。他在《五蠹》中写道:"今人有五子不为多,子又有五子,大父未死而有二十五孙,是以人民众而货财寡,事力劳而供养薄,故民争。虽倍赏累罚而不免于乱。"这体现了韩非子已经初步认识到人口再生产与生产生活资源之间的紧密联系。

2. 秦汉南北朝时期的人口管理思想

秦汉南北朝时期人口增殖思想占据了主流。秦汉南北朝的大部分时段社会都处于动荡状态,人口锐减,劳动力严重不足,在这样的背景下,无论是民众出于生存的需求,还是统治阶级出于增加税收的需求,都对人口增殖都有着强烈的意愿。

此外,这一时期除了关于人口总量的思想外,还有了关于人口素质的思想。贾谊强调提高人口道德素质的重要性,并提出要将道德教化作为治国的主要方法,即通过教育的潜移默化,使百姓逐步接近善良而远离罪恶,从而从根本上杜绝违法犯罪。而周瑜则主张让男子在不同年龄段分习文、武,13～17岁习文,包括道德教育与知识教育,18～20岁习武,包括作战技巧与军事指挥。

3. 隋唐时期的人口管理思想

隋唐时期人口管理主流思想是从国家财政角度强调人口增殖的重要性,同时关于户籍管理的思想和制度也逐步完善。隋唐时期中国人口总量起伏较大,既有人口快速增长时期,也有人口急剧下降时期。

隋唐时期人口思想强调国家财政税赋与人口数量的正相关关系。如刘晏把人口作为国家财政的基础,认为应该通过增加人口来增加国家财政收入;杜佑分析了人口数量与国家财政的关系,认为只有人民生活宽裕,才可以"免流离之患,益桑农之业,安人济用",他还和商鞅一样,主张对全国人口的户籍进行调查登记;陆贽阐述了物质生产与人口生产以及国家财政的关系,强调以养人为本。

4. 宋元时期的人口管理思想

宋元时期是中国人口思想的发展期,人口思想不再过多局限于人口数量方面,而是涉及人口与社会经济发展联系方面的内容。虽然宋元时期人口数量有一定程度增加,但是由于战乱和元朝统治者的民族歧视政策,导致大量北方人口南迁,中国人口东南稠西北稀的分布格局从这个时候开始形成。

针对此时期人口增长、迁移、空间分布情况,萌发了一系列关于人口与资源关系、人口分布的思想。刘基的"天地之盗"就论述了人口与资源环境之间的关系,他认为人不是消极地适应环境,而是能动地改造环境,但权势者对资源的过度掠夺会破坏人口与资源之间的平衡关系,从而造成严重的经济社会后果,因而人口与资源之间应该保持合理的平衡关系。

陈亮指出人口与物质资料之间关系密切,物质生活资料是人口赖以生存的基础,他还主张通过僧尼受田来压缩消费人口在总人口中的比重。

苏轼针对人口空间分布不均的问题提出了"均民"的思想,他认为人口分布不均会导致人口与土地之间关系的失衡,因而主张将人口从密度高的地区迁往密度低的地区。

5. 明至鸦片战争前的人口管理思想

明清时期由于人口的快速增长,开始有了对增长规律的探讨,以及出现了主张控制人口增长的思想。这一时期国家基本处于安定发展的状态,尤其是清朝康熙、雍正、乾隆时期,是中国封建社会后期的"黄金时代"。尤其是实施康熙的"滋生人丁,永不加赋"和雍正的"摊丁入亩"政策后,家庭不再负担人口税,长期隐匿的户口列入了统计,人口自然增殖也显著增加。到了乾隆时期,全国人口连续突破一亿、两亿、三亿,这一时期也成为中国人口增长的关键时期。

一方面,由于人口的快速增长,这一时期人口思想中出现了对人口增长规律的探讨。明代时期,徐光启通过分析明朝皇亲贵族子孙繁衍的情况,提出了每三十年人口增长一倍的规律。冯梦龙也提出了类似的看法,他在《古元之》中看到和神国中"人生二男二女,为邻则世世为婚姻"时,加批说道:"不若人生一男一女,永无增减,可以长久。若二男二女,每生加一倍,日增不减,何以养之?"

另一方面,由于人口的快速增长,人口与资源的矛盾也日益突出,此时也出现了许多主张控制人口增长的学说,代表性的人物包括洪亮吉、龚自珍、汪士铎等。洪亮吉人口学说的要点是耕地和住房的增长总是跟不上人口增长的速度,因此要控制人口的增长。王梵志、冯梦龙也有了节制生育的思想,和现代控制生育的观点较为相似。此外,这一时期还有"人地相称""以人称秩"等体现适度人口思想的观点。①

6. 中国古代人口管理思想总结

人口管理思想是基于一定的历史背景和阶段而产生的,中国古代人口管理思想总体上是以主张人口增殖的思想为主流。人口增殖的思想是基于大一统的历史主流背景而产生的,在统一与和平的环境下,小农经济社会下人们基于生产的需求可以自由地生育与迁徙,而统治者基于保障国家收入、巩固统治的需要,也会采取鼓励人口增长的政策。

只是到了明清时期,由于人口增长速度过快,超过了资源环境的承载能力,因而关于人口增长规律和控制人口的思想才开始出现并逐渐得到人们的重视。

(二) 西方古代人口管理思想

基于历史阶段和人口管理思想发展特征,西方古代人口管理思想的演进历程主要分为古希腊时期、古罗马时期、早期基督教时期、欧洲中世纪时期、重商主义时期五个阶段。

1. 古希腊时期的人口管理思想

古希腊时期(公元前800年—公元前146年)的人口管理思想主要是基于城邦国家发展和管理的需求而提出来的,具有城市人口管理思想萌芽,主要分为两种思想:一种是主张人口增长,代表人物为色诺芬;另一种是主张适度人口以及强调人口质量,代表人物是柏拉图和亚里士多德。

一方面是主张人口增长。色诺芬的人口管理思想集中在人口增长与经济发展关系方面,至今对于人口理论的发展与政策制定仍有一定的启发作用。他的人口管理思想主要包括:促进工商业发展以扩大人口容量,吸引境外移民以增加一国财富和人口,把人口增长作为行政管理绩效评价的重要标准,劳动力人口与其他生产要素要保持恰当比例等。

另一方面,随着人口增长到一定规模后,开始出现适度人口的思想。柏拉图和亚里士多德生活在希腊各城邦普遍经历危机的时期,战争频发,奴隶的反抗也日益加剧。他们基于城邦的防御和管理出发,提出了适度人口的思想,认为人口不能过多也不能过少,应当适度。同时,他们还强调人口质量,提出了一系列旨在提高人口素质的主张,强调优生、优育、优教。

柏拉图认为稳定的人口是社会存在和发展的关键因素,最理想的人口状态是城邦国家的人口潜能得到充分发挥,理想的城邦国家有必要设计最令人满意的、适度的人口数量。

亚里士多德则认为,政治家应该把人口规模作为治理国家的第一手资料,评价政府好坏的标准是一个国家是否规定了人口发展的规模。从经济和军事出发,一个国家应该有适

---

① 中共中央党校教务部,国家人口和计划生育委员会宣教司.人口理论概要[M].北京:中共中央党校出版社,2009:74—81.

度的人口规模,人口太少,不利于组织军队和增加国家财源;人口太多,资源就会紧张,一部分人将得不到财产和收入,社会就会不稳定。因此,人口应该稳定在适当规模,超过一定量就应当停止,应借助法律手段限制人口。

2. 古罗马时期的人口管理思想

古罗马早期(公元前7世纪—公元476年)"扩张型"的人口管理思想是主流,主要体现在其相关法律与制度中。古罗马将人口增殖视为国家力量的源泉,设立风纪官专司婚姻、生育,并且制定了相应的法律和奖惩制度。在古罗马时期特别是帝国早期的法令和法案中,有很多体现统治阶级对待人口问题的观点和主张,这些法典、法令的颁布,都是为了加速人口增长、满足古罗马的政治经济利益对人口数量的要求,主要包括以下三个方面内容。

一是关于结婚的规定。古罗马法律对于结婚年龄、权利义务有明确的规定,男人25~60岁、女人20~50岁必须结婚才能享有授予财产的权利。对于离异女子和寡妇,需在离婚或变成寡妇18~24个月内再婚,否则要承担包括缴纳独身税在内的各种独身者义务。

二是关于激励人口增殖的规定。古罗马法律规定对于结婚的人要给予奖金,对生儿育女则提供抚养和教育补助,子女越多则补助越多。同时,对于无子女者则限制其社会权利。

三是关于男女平等的规定。古罗马法律规定无论是普通市民妇女,还是已经解放的奴隶妇女,其所生女孩都与男孩在法律面前具有平等的地位。

3. 早期基督教时期的人口管理思想

早期基督教时期是指从基督教诞生的公元1世纪到公元4世纪,这一时期的人口思想具有浓厚的神学色彩,对这个时期乃至此后的中世纪的社会历史进程都产生了深远的影响。早期基督教的人口思想可以概括为四个方面的内容,涉及人口规模变化、禁欲主义、重视婚姻家庭关系、避孕与终止妊娠等。

一是人口规模变化。对于人口规模的变化,早期基督教教会将其解释为上帝意志的结果。

二是禁欲主义。早期基督教将人的欲望尤其是人的情绪视为一种祸害,因而主张禁欲主义。但人身上客观存在的欲望并不会随着禁欲主义而消失,因此到了公元2世纪,早期基督教教会对于合法的两性关系就变得较以往更加宽容了。

三是重视婚姻家庭关系。早期基督教教会及其思想家在主张和宣传独身和禁欲主义的同时,也更加重视婚姻与家庭关系。因此,宣传独身和禁欲主义与比较重视婚姻家庭关系并行不悖。

四是避孕与终止妊娠。从公元4世纪中叶开始,基督教教会已经允许早婚早育现象的出现,但是仍然禁止离婚和堕胎,并且强烈反对避孕。这种思想对于现在基督教比较盛行的地区仍然有很大的影响,在这些地区实施避孕和节制生育的措施仍然是困难重重。

4. 欧洲中世纪时期的人口管理思想

欧洲中世纪是从公元5世纪西罗马帝国灭亡到15世纪后期人文主义者参与的文艺复

兴时期,这一时期的人口管理思想经历了禁欲主义向反独身主义的演变,主要分为三个阶段,即早期的禁欲主义和贞操观念、中期的自然权利理论、后期的反独身主义。

一方面,中世纪早期的禁欲主义和贞操观念是主流人口管理思想。中世纪的神学在思想文化领域占有绝对的统治地位,这也导致人口管理思想不可避免地受宗教教义的影响,从而在早期,禁欲主义与贞操观念是主流的人口管理思想。

另一方面,中期和晚期形成了自然权利理论与反独身主义思想。由于欧洲频繁的战争和各种灾害对人口产生了很大的影响,人口增殖的思想也逐渐产生,因而在中期和后期分别出现了自然权利理论与反独身主义,其典型代表分别是托马斯·阿奎那和马丁·路德。

其中,阿奎那人口管理思想的特点是折中主义,他一方面维护和赞扬宗教的禁欲主义与独身主义,另一方面却又以人口应当延续种族繁衍为理由,认同结婚和生育子女的正当性,赞同人口的增长。而马丁·路德是一位宗教改革领袖,他尖锐抨击基督教的旧教义,反对独身主义。他认为除了身体有先天缺陷或后天问题外,结婚是完全应当的,而独身者反而是罪恶的。马丁·路德的人口思想适应了当时欧洲增殖人口的现实要求。

中世纪欧洲人口管理思想从禁欲主义到反独身主义的演变,基本上与中世纪欧洲意识形态和社会经济发展相吻合。随着中世纪后期大规模宗教改革的推进,人口管理思想中关于反独身主义的观点,成为人们从中世纪思想禁锢中解放出来的重要标志之一,也符合彼时社会经济发展对人口变化的理性要求。

5. 欧洲重商主义时期的人口管理思想

欧洲重商主义时期大约在16世纪初至18世纪中叶,这一时期的人口管理思想一反欧洲对待人口增长的谨慎传统,转而追求人口增殖,将人口规模与财富规模紧密联系起来。重商主义主张依靠政府的干预来推动国家的发展和强盛,而这就需要发展制造业,扩大贸易规模,进而创造更多的财富。重商主义这一基本思想反映在人口管理思想上,就是极力推崇扩大人口规模的益处,这与西方社会小心谨慎地对待人口规模扩大的传统相背离。重商主义人口增殖思想的代表人物包括托马斯·曼、尼古拉斯·巴尔本、查尔斯·达维南特。

英国重商主义者托马斯·曼就认为,庞大的人口规模是国家和君主最大的财富与力量来源,人口众多和技艺先进的地方,一定是商业繁荣并可彰显国力强盛的地方。尼古拉斯·巴尔本也有类似观点,他认为"人民是一个国家的财富和力量"。另一位重商主义代表人物、英国经济学家查尔斯·达维南特也认为,人口是一个国家财富的基础。总之,重商主义时期的主流思想就是"人比最大的财富都更值得珍惜"。在重商主义人口管理思想的影响下,欧洲各国采取各类措施来鼓励多生多育,主要包括鼓励早婚、多育,歧视独身和不育者等。

虽然欧洲在罗马帝国时期也追求人口的增长,但重商主义时期的人口思想及其采取的政策并不是对罗马帝国时期的简单重复,而是对重商主义所处时代特征的反映,是手段和目的的统一。一方面,追求人口规模的增加是各个国家壮大自身实力的手段,这一点与罗马帝国时期的人口思想相仿;另一方面,重商主义把人口视为财富,在重商主义者看来,人口的增加会提高每个人平均的实际收入,因此追求人口规模的增加实际上就是目的本身。

重商主义时期是西方为数不多的追求人口增殖的时代,这在当时的历史条件下有着一定的合理性。不过重商主义直接将人口等同于财富的思想本身并不合理,这种思想只强调了人是物质财富创造的主体,却没有考虑到人同样是物质财富的消耗者。并且,人只有与一定的生产手段相结合才能成为财富的创造者,即并不是所有人都能创造财富。重商主义追求人口数量的绝对增长,从长远的角度来看是缺乏理性的,也是对西方传统适度人口思想的背离,这也决定了重商主义时期的人口思想只能是特定时代的产物。随着时代的变迁,社会总体认知水平提高,单纯地、绝对地追求人口数量的思想会逐步被新思想所取代。[①]

三、近现代主要人口管理思想及主要理论

近现代西方世界在很多领域的理论体系取得了较大发展,其中人口管理思想与理论在经济学等学科发展的基础上,也有了较深入、具体和系统的研究。中国的人口管理思想主要借鉴西方相关理论,指导了当时的人口管理政策。

(一) 近现代宏观层面人口管理思想与理论

1. 马克思主义人口理论

马克思主义人口管理思想与理论以辩证唯物主义、历史唯物主义为理论基础,将人口发展问题置于生产力与生产关系、经济基础与上层建筑的矛盾运动中进行考察。马克思主义人口理论认为人口现象本质上是一种社会现象,人口发展受人的生理条件及其他自然条件所制约,但其发展变化过程是一种社会过程。[②] 其理论内容主要包括四个方面。

一是"两种生产"理论。"两种生产"理论是马克思主义人口理论的核心内容,即社会生产是由"人类自身的生产"和"物质资料的生产"构成,人类社会的存在与发展统一于这两种生产,人在这两种生产中都发挥着不可替代的主体作用。两种生产若不能相适应,就会出现人口问题。劳动力相对生产力数量过多,就会产生相对贫穷的剩余人口;劳动力相对生产力数量过少,就无法为生产力发展提供充足劳动力,从而阻碍生产力发展。因此,为了促进社会整体发展水平的提高,需要适时调整人口政策,以适应生产力发展水平。

二是人口与社会生产方式理论。马克思主义人口理论认为,人口的发展受社会生产力和生产关系的制约,社会特定生产方式决定了人口的产生、变化和发展,这是社会和人口发展的基本规律,不同社会生产方式决定着不同的人口规律,其否定了马尔萨斯的人口自然规律决定理论。社会生产方式不同,生产力水平也就不同,生产力水平的变化会影响人口的出生率、死亡率、人口素质、人口生产和再生产等。"人口数量和人口密度是社会内部分

---

① 中共中央党校教务部,国家人口和计划生育委员会宣教司.人口理论概要[M].北京:中共中央党校出版社,2009:81—88.
② 谢卫金.马克思主义人口理论及其中国化实践——评《马克思恩格斯列宁斯大林论人口问题》[J].西北人口,2020,41(03):127.

工的物质前提,而人口和人口的增长是分工的基础。"①因此,人口会影响社会分工,社会分工能促进生产力的发展。

三是人口质量理论。人的全面发展是马克思主义的根本价值,要实现人的全面发展,就要不断提高人口质量。人口质量由人口身体素质、科学文化素质和思想道德素质构成,身体素质是从事一切活动的物质前提,科学文化素质提升加速人口质量提升,思想道德为提高人口素质提供思想保证。

随着社会大生产的发展,资本家不再使用传统绝对剩余价值的方式剥削劳动力,而是利用科学技术提高生产效率,获得相对剩余价值。这意味着资本家不再从人数和规模上剥削劳动力,转而要求劳动力提高劳动技能素质。面对就业的压力,劳动力不得不通过学习和培训来提高自身素质,以适应就业市场的要求。在资本主义生产方式下,广大劳动者被固定在社会大分工所形成的职业体系中,被资本家剥削和压迫,无法实现自由而全面的发展。

人是社会的主体,劳动者是社会生产中最活跃的要素,要不断提高社会生产力,推动社会的全面发展,就需要不断提高劳动人口素质,而劳动者素质的提升最本质和关键的部分在于人自由全面的发展。人口管理的原则和人口政策的制定也应当以人的自由全面发展为最终目标,自由全面的发展是提高人口质量的理论根据、本质要求、关键所在以及最终目标。

四是相对过剩人口理论。在资本主义生产方式下,人口的生产被资本支配,劳动力人口数量的增长受到资本剥削的调整,劳动者人口数量的变化受资本积累以及增值需要的调整,其具体表现为随着资本积累不断壮大,资本主义生产方式发展过程中产生相对过剩人口。

资本家为了追求剩余价值,会不断改进生产技术,从而提高单个劳动力所能推动的生产资料数量。随着资本技术构成的提高和资本积累的增加,对于劳动力的需求会相对地减少,从而形成了人口相对过剩,也即"工人人口本身在生产出资本积累的同时,也以日益扩大的规模生产出使他们自身成为相对过剩人口的手段"。② 资本主义的人口过剩不是由生产力不足而造成,相反,正是生产力的增长要求减少人口,借助于饥饿或移民来消除过剩的人口属于生产力压迫人口的性质。③

2. 人口经济增长长波理论

人口经济增长长波理论是根据经济学中长波理论提出来的,认为人口增长与劳动力增长也存在长波。经济增长存在波动和周期现象,这种波动和周期有长短之分。苏联经济学家康德拉季耶夫于1919—1922年提出了长波假说,认为资本主义经济存在50~60年一次的长波。而美国经济学家西蒙·库兹涅茨于1930年提出了大体以20年为周期的长波理论。

---

① 马克思,恩格斯.马克思恩格斯全集:第1卷[M].北京:人民出版社,1972:39.
② 马克思,恩格斯.马克思恩格斯选集:第2卷[M].北京:人民出版社,2012:284.
③ 朱解放.马克思主义人口问题与社会发展理论探析[J].中国劳动,2016(04):16-20.

基于库兹涅茨的长波理论，美国人口经济学家理查德·伊斯特林于20世纪60—70年代提出了人口经济增长长波理论，该理论认为人口增长与劳动力增长也存在长波，它与经济增长长波相对应，构成人口经济变动长波，人口的增长对经济周期有影响。长期波动是一种复杂的运动过程，不论波动周期是50年、30年还是20年，在人口变量与经济变量之间都存在一定的相互作用关系。而人口因素与经济因素之间的联系点是劳动力，人口规模决定劳动力规模的大小，从而决定劳动力市场的供给，而劳动力的需求受到经济条件的制约，如收入的上升和就业机会的增加意味着劳动需求的增加，人口变量与经济变量的变动可以归结为劳动供给与劳动需求的变动。

伊斯特林以美国经济与人口变动为经验基础，认为美国经济的发展在一定程度上建立在劳动力供给的基础上。20世纪20年代以前美国人口的变动主要是由人口的迁移所引起的，但是在20年代之后，由于美国加强了移民的限制，此后人口的变动就主要是由生育率起作用，尤其是40年代后，生育率是美国人口增长中最重要的因素，而生育率的波动主要受经济条件的影响，从而经济条件的变动会引起人口的变动，此阶段美国经济增长的高涨与人口的激增几乎同时发生，经济增长长波与人口及劳动力增长长波相联系。

3. 长期停滞理论

长期停滞（Secular stagnation）是指经济发展到比较成熟的阶段后出现增长缓慢甚至停滞的现象，长期停滞理论认为这是由人口增速放缓引起投资下滑所导致的。在20世纪30年代美国经历"大萧条"期间，美国经济学家汉森（Alvin Hansen）在讨论"大萧条"后经济如何复苏时首次提出了"长期停滞"一词。在一次名为"经济发展与人口增速放缓"的演讲中，"长期停滞"被汉森视为一种长期的历史性趋势，这一趋势背后的机制主要是人口增速放缓引起投资下滑。由此汉森认为，除非实施额外的刺激政策，否则美国经济很难凭借自身力量摆脱大萧条。不过"长期停滞"的大部分讨论仍然停留在对现象的描述和解释层面，在理论和实证经验上尚不完善。[①]

4. 人口零增长

在发展中国家乃至世界人口快速增长，以及工业发达国家资源和生态环境问题日益严重的背景下，控制人口增长的理论在西方社会极为盛行。这种理论多是以系统论等为分析方法，将人口纳入世界发展的大系统来考察。

人口零增长理论即属于控制人口增长理论的一种，由美国学者D·L·梅多斯创立。他于1972年出版的《增长的极限》一书指出，世界的人口、农业生产、自然资源、工业和污染这五种因素是相互影响和相互联系的，如果维持现有的人口增长速度和资源消耗速度的话，由于世界的粮食短缺、资源耗竭和环境污染，世界人口和工业生产能力将可能发生非常突然和无法控制的崩溃。而唯一能够防止这种崩溃的办法就是在1975年停止人口增长，到1990年停止工业投资的增长，即实现人口和国民生产总值乃至整个经济的迅速停滞，以实现"增长为零"的"全球性均衡"。

---

① 邹静娴，申广军.金融危机后"长期停滞"假说的提出与争论[J].国际经济评论，2019(04)：26-43.

人口零增长理论既是一种关于人口发展的学说，也是当时的一种全球性的社会思潮。不过人口零增长理论的缺陷是离开了社会生产方式来谈论人口发展，该理论并没有认识到人口零增长的到来需要一个缓慢而非爆发性的过程，是经济社会发展的结果。人口零增长并不意味着经济也是零增长，而是以经济社会的发展为前提条件。以梅多斯为代表的悲观主义思潮，公开宣扬世界末日论，实际上是马尔萨斯主义的重复，虽然比较客观地描述了世界人口转变过程，但其理论并不完善，没有形成统一的理论体系。

总的来看，虽然人口零增长理论对世界前途做出了过分悲观的估计，但其提出的"人口零增长"概念以及其对人口与资源关系的警示，仍然具有一定的积极意义。

5. 人口转变论

人口转变论是在西方发达国家人口转变历史进程基本结束的背景下产生的，一些西方人口学家使用历史的实证方法来研究西方发达国家人口发展过程的演变规律，特别是分析生育率长期下降的原因，继而创立了人口转变理论。法国学者兰德里和美国社会学、人口学家汤普森被认为是"人口转变论"的初创者、奠基人。兰德里最早提出了人口转变论，他认为人口发展是同经济发展相适应的，并据此将人口发展过程分为原始阶段、中期阶段和现代阶段。他在1934年出版的《人口革命》一书中进一步论述了人口发展的三阶段，并把两个阶段之间的人口转变称为"人口革命"。沃伦·汤普森进一步发展了人口转变理论，他在1929年发表的《人口》一文中，联系经济发展和出生率与死亡率的变动趋势，把世界人口分为三类地区，实际上反映了人口发展的三个不同阶段。

美国的诺特斯坦完善了人口转变论理论体系，该理论的核心观点认为，人口发展过程同社会经济发展过程有着密切的联系，人口转变的前提是社会经济条件的发展与变化；人口转变主要通过出生率（生育率）和死亡率的变动来实现，是一个含有不同阶段、不同类型的历史发展过程。通常来说，人口再生产类型的转变要经历三个阶段，分别是："高—高—低"阶段，即高出生率、高死亡率和低自然增长率阶段；"高—低—高"阶段，即高出生率、低死亡率、高自然增长率阶段；"低—低—低"阶段，即低出生率、低死亡率、低自然增长率阶段。

6. 现代马尔萨斯主义

现代马尔萨斯主义又称新马尔萨斯主义，是由19世纪的马尔萨斯主义演变而来。马尔萨斯主义的基本观点是把资本主义社会的贫困和罪恶归咎于人口的增长，坚持"人口决定论"。

现代马尔萨斯主义人口理论与先前的马尔萨斯主义一脉相承，都认为人口的快速增长会给食物生产、资源和环境带来巨大的压力，广大工人和劳动群众贫困、失业和饥饿的根本原因就在于人口增长过快，因此，现代马尔萨斯主义主张用节制生育的方法来解决各种经济矛盾和问题。否则，如果人口继续快速增长，世界将会面临"人口危机"，势必造成粮食短缺、资源枯竭，人类将走向毁灭。

7. 人口与发展理论

人口与发展理论主要研究人口与发展之间的关系，以挪威的布伦特兰为代表。人口与发展理论最突出的贡献是突破了古典经济学派把人口问题理解为经济问题而忽视非经济因素的局限,该理论把人口作为发展的要素,将经济因素和非经济因素等结合在一起,从自然资源、生态环境和社会经济环境等全方位透视人口问题。不过人口与发展理论实现这种突破也是经历了几个阶段的转变。

人口与发展理论最初主要研究人口与经济增长之间的关系,后来扩展到对人口与社会发展之间关系的研究。到了20世纪80年代中期,发展和可持续发展概念被引入人口理论研究领域,成为当时国际社会人口研究的新热点,人口与发展理论最后也深入对人口与社会、经济、自然环境和资源之间关系的研究,并且在时间上由当代延伸到后代。实现转变的人口与可持续发展理论主张,必须在实现经济增长、消除贫困、促进经济社会全面发展和保护环境的框架内解决人口问题,不能以破坏人类赖以生存的生态环境为代价,更不能以牺牲子孙后代比我们生活得更好的权利为条件,这就要求发展必须是可持续的,要以人的全面发展为中心。

(二)近现代微观层面人口管理理论

在20世纪50年代末,西方人口研究出现了新的动向,研究重心由宏观分析转向微观分析。

1. 成本与效益比较理论

微观人口经济学由美国学者莱宾斯坦创立,其问世是西方人口研究转向微观分析的标志。该理论运用经济学的原理和方法,对个人或家庭的生育行为和生育子女数量进行成本-效益分析,提出了"边际孩子合理选择"理论,有广泛的应用价值。

首先,莱宾斯坦将一个家庭的支出分为三类:第一类是维持家庭地位的支出,例如用于购买家用电器、汽车、住宅等高档耐用消费品或高级礼品的支出;第二类是用于抚养孩子的支出;第三类是用于家庭日常生活的支出。在收入一定的情况下,这种支出是互相制约、此消彼长的。家庭日常生活必需品的支出是绝对需要的,可以有所取舍的是其他两类支出。

其次,莱宾斯坦认为,在抚养孩子的支出和维持家庭地位的支出之间,不同社会地位的人有各自不同的选择与决策。处于不同社会地位群体中的人,对各种消费品及抚养孩子有偏好不同的支出预算。在市场经济条件下,社会地位的主要标志一般是其经济地位,较高社会地位的群体,其收入水平较高,为了保持已有的社会地位,通常偏向维持社会地位的费用支出,而偏向相对较少地抚养孩子以减少费用支出。因此,收入高的家庭总体比收入低的家庭偏向少要孩子。此外,人们总是期望由低向高的社会地位移动,当人们沿等级制承认的社会集团阶梯向上移动时,人们的趣味发生变化,对孩子的偏好减少,对物品的偏好则增加。在这种前提下,人们选择边际孩子的位次必然低。

再次,处于同一社会地位群体中的人,在生育行为上是互相影响的,这就是人际互动变量的作用。同一社会地位群体里存在一个代表这一层次人群的平均消费水平,称为"目标消费水平"或"一般消费水平"。在达到一般消费水平之前的家庭,人们购买物品得到物质和精神上的满足,以及"出人头地"等心理上的满足,收入用于物品支出所带来的边际收益递增,这样,人们对于物品的偏好自然大于对孩子的偏好。一旦达到该社会地位群体的平均消费水平,其社会地位已被认可时,对孩子数量的需求有可能高于那些尚未达到目标消费水平的家庭。但是,人们的欲望无止境,还渴望更高的社会地位,于是为实现更高的目标消费水平,又开始了对物品的偏好选择。

总之,"只要存在支出的边际效用递增,而不是相反,高收入家庭组比低收入家庭组就可能只要较少的孩子"。在人们的消费行为中,在某种商品达到一定量之前,不仅购买商品(尤其是维持家庭社会地位的高级消费品)的边际效用递增,且收入边际效用(家庭每增加1美元的效用)也上升,这就更加提高了家庭把增加的收入用于维持家庭地位支出的积极性。[1]

2. 生育率革命学说

美国的伊斯特林提出生育率革命学说,建立了"生育率决定供给—需求理论模型",该学说运用微观经济学供给与需求分析理论来研究生育率变化,认为对孩子的供给和需求共同决定了一个家庭的生育率水平。由于现代医疗卫生条件的改善等原因增加了孩子的供给,而抚养成本的提高、节育成本的降低等原因又降低了对孩子的需求,对孩子的供需发生变化,从而引发了生育率革命。生育率革命的第一个基本特征是,育龄妇女生育孩子数量的大幅度下降,即生育率的急剧下降;另一个基本特征是生育调节机制的转变,即从各种社会习俗和生物学机制调节生育转向各个家庭自主地、有意识地调整生育。

生育率革命学说用供求理论来分析生育率由高到低的转变,是对莱宾斯坦和贝克尔理论的进一步补充,该理论既强调经济因素对生育率变动的影响,也注意到了非经济因素的作用。现代化使人的生育观念、生育行为发生了巨大的变化,生育率革命和人口转变的实质就是这种生育观念和生育行为的转变。他认为对于发展中国家而言,由于人们的文化水平普遍较低,没有节育的基本意识,因此,要通过普及义务教育、改善公共医疗卫生条件、推动家庭生育计划等方式来降低生育率,实现人口转变。他的理论对发展中国家控制人口、实现人口转变有重大影响。

3. 代际财富流理论

代际财富流理论,是澳大利亚著名人口学家考德威尔在研究生育率转变过程和人口转变过程时创立和提出的。该理论认为生育行为是家庭理性权衡经济收益的结果,经济动因决定生育行为,决定生育率高低的根本条件是家庭关系的革命,特别是家庭内部代际财富流的革命,即财富在父代和子代之间流动的方向、数量和净差值的变化。"财富流"指的是"一个人提供给另一个人的金钱、物品、服务以及担保等",而用"财富"代替一般描述家庭经济条件的"收入",是为了强调它并不限于金钱货币。[2]

考德威尔认为,原始社会和传统社会孩子的价值完全不同于现代社会,造成这种差别的根本原因是现代化。在传统社会,孩子从小就要为家庭劳动而创造财富,代际财富流是

---

[1] 中共中央党校教务部,国家人口和计划生育委员会宣教司.人口理论概要[M].北京:中共中央党校出版社,2009,:98-99.
[2] 中共中央党校教务部,国家人口和计划生育委员会宣教司.人口理论概要[M].北京:中共中央党校出版社,2009,99.

单向向上的,即孩子的财富流向父母,孩子越多,家庭财富也就会越多,从而引导家庭倾向于多生多育。而进入现代社会,教育水平与经济地位之间有着明显的相关关系,父母更加重视孩子的教育,对于孩子的投入也更多,但孩子成年工作后便离开家庭进入社会,既不再获得父母的财富,也不使自己的财富流向父母,从整体来看家庭财富是父母流向子女,这种财富流向的转变就增加了控制生育数量的可能性,导致了家庭的低生育率。

(三) 近现代城市人口管理思想与理论

1. 城市 PRED 系统对人口管理的影响

20 世纪 70 年代以来,城市人口快速增长,人类各项经济社会活动的广度和强度也空前加剧,由此在世界各国引发了一系列的问题。为了协调人与自然界的相互关系、优化生存环境、调控失调的地球表层,国际社会提出了区域 PRED 系统。区域 PRED 系统是人口(Population)、资源(Resources)、环境(Environment)和发展(Development)四大问题在具体区域复合成的一个紧密联系的统一体。城市是一种特定类型的区域,因此,城市 PRED 系统是区域 PRED 系统的一种特殊表现形式。

城市 PRED 系统具有整体性、动态性和可调控性的特征。整体性是指各子系统及其组成元素或环节都不能离开系统的整体而单独研究,局部的问题必须放在全局中协调解决。动态性是指人口增长、资源枯竭、环境恶化和经济发展等问题都是随时间的推移而变化的动态过程,PRED 四大子系统处在不断的发展与演化进程中,它们互相交织,共同推动整体系统的演进与变换。特别是,对于人口规模过大的城市,人口问题已经成为制约其 PRED 系统协调发展的重大问题。可调控性是指在 PRED 复杂系统中,存在若干个主要的参数或杠杆作用点,称之为"政策作用点"或"调控开关",城市人口规模、产业结构、资源价格、环保标准等都是政策作用点,这些作用点的政策发生变化,影响将在系统中蔓延。从对这些灵敏度较高参数的调控入手,可以有效地改善 PRED 大系统的总体功能,在城市 PRED 系统内部重新组合、调整各要素之间的关系达到最佳的结构,从而获得最佳的经济、社会、生态效益。

2. 城市人口承载力思想

人口承载力的思想萌芽最早可追溯到托马斯·马尔萨斯(Thomas Malthus),他在 1798 年所著的《人口论》中提到,人口增长率与食物增长率并不一致,因此,需要通过不婚、节欲等方式控制人口数量,从而保持适度的人口规模。1949 年,艾伦(Allen W.)首次正式提出了"人口承载力"的概念,将其界定为一个地区在一定技术条件和消费习惯下,在不造成环境退化的前提下,所能永久支持的最大人口规模。1985 年,联合国教科文组织提出,一个国家或地区的人口承载力是指在可预见的时期内,利用本地能源、自然资源、智力、技术等条件,在保证符合其社会文化准则的物质生活水平条件下,该国家或地区能持续供养的人口数量。

在国家或地区人口承载力概念与理论的基础上,国内学者对"城市人口承载力"的概念与理论展开了研究。总结相关研究,对城市人口承载力的诠释需要考虑五个方面的内容。一是时空界定,即要确定一个可预见的时期或某一发展阶段,以及确定特定的城市地域范围;二是自然环境既定,即一定的生态容量作为承载人口的环境基础,如土地、水资源、气候环境等;三是经济社会要素支撑,包括城市经济发展、基础设施建设、技术进步等一切为人口生存与发展所提供的经济社会要素;四是承载的基本目标,即在符合社会文化与道德准则的前提下,居民生产、生活等各种活动能正常进行,特别是满足人们对生活质量的要求;五是容量上限,满足以上条件或要求的城市人口数量一定有一个容量限制,即城市人口不能无限制地增长。①

3. 托达罗理论

托达罗理论主要解释了城市人口流入与失业并存的现象。托达罗认为,农村居民是否迁入城市主要取决于其对城乡收入差别的预期,这种预期又取决于城乡实际收入差距和进城后找到工作可能性的大小。当城乡实际收入差别不变时,就业概率越大,则城乡预期收入差别也越大,城市对农民的吸引力就越大,农民前往城市的规模也就越大。而城市就业概率的大小,一方面取决于城市本身的失业率大小,另一方面取决于城市新创造的就业岗位的多少,并且还受流动人口在城市中停留时间长短的影响。较高的城市失业率与较少的就业机会将对人口流入城市产生负面影响,但如果流动人口在城市中停留时间延长,则实现就业的可能性又会增加。因此,即使城市存在很高的失业率,人口仍然会不断地涌入城市。

解决城市失业与人口流入并存的问题,不仅需要增加城市就业岗位,更需要大力发展农村经济。其一,仅仅依靠工业扩张不能完全解决失业问题。一方面,资本的积累伴随着劳动生产率的提高,因为对劳动需求的增长要低于工业产出的增长;另一方面,城市现代产业部门扩张得越快,就业岗位创造得越多,就业概率就越大,但失业人口的规模会越多。其二,收入差距的拉大会吸引更多的农村劳动力流入城市,从而加剧城市失业问题。但是降低城市收入水平难度大,因此,需要提高农村经济发展水平来缩小城乡收入差距。其三,大力发展农村经济是解决城市失业问题的根本出路。政府应当改变"重工业,轻农业"的发展战略,把更多的资金和资源用于改善农村的生产生活条件,提高农业劳动者的实际收入水平。

四、当代主要人口管理思想与理论

(一)当代人口管理思想与理论的转变

人口理论从传统古典人口理论到微观人口理论,再到当代人口理论,其发展经历了两次大的理论跨越,基本遵循了从理性主义到人本主义演变的趋势。中国特色社会主义人口理论价值取向也顺应了人口理论发展的基本趋势,实现了由工具性向目的性、由国家主义向以民为本转向的双重转换。②

在理论内容方面,20世纪80年代中期以后,随着可持续发展理念深入人心,该理念也被引入到人口管理思想与理论中,并逐步成为指导当代人口管理思想与理论的理念。在可持续发展理念影响下,人口管理问题被纳入促进经济社会全面发展、保护环境的框架内,不

---

① 张燕,张喜玲.城市人口承载力的研究进展与理论前沿[J].国际城市规划,2013,28(01):37-43.
② 吴俊蓉,杨成钢.中国特色社会主义人口理论演进脉络[J].绵阳师范学院学报,2016,35(09):23-27.

能以破坏人类赖以生存的生态环境为代价,更不能牺牲子孙后代的发展权利为条件,要求发展必须是可持续的,要以人的全面发展为中心。这就突破了古典经济学派将人口问题理解为经济问题的局限,将经济因素和非经济要素等结合在一起,从自然资源、生态环境和社会经济环境等全方位透视人口问题。①

在可持续发展理念等的影响下,以及随着城市化的快速发展,环境污染、交通拥挤、犯罪率提升等城市人口问题日益凸显,城市适度人口、城市人口均衡发展、城市人口承载力、城市人口调控和城市人口安全等城市人口管理思想与理论进一步发展,丰富和更新了城市人口管理理论体系。

当代人口问题涉及内容复杂多样,相应地,人口管理理论分析的视角也更加多样,当代人口管理思想与理论的发展也日益多元化、复杂化。进入21世纪,人口管理理论研究多层次的分析方法得到更广泛的应用,为人口可持续发展做出了重要贡献。

(二) 人口均衡理论

人口均衡理论综合了人口转变、适度人口和可持续发展等传统人口理论,并总结了中国人口管理的实践经验,是中国人口管理理论的新发展。该理论认为,在一定的社会生产条件下,依据人口的数量、质量、结构等内部关系决定人口供给,依据人口与社会、经济、资源和环境等要素的外部关系决定人口需求。当人口供给与人口需求达到平衡、可持续状态,便实现了人口的均衡。我国人口科学研究者们将人口均衡概念界定为"人口发展与经济社会发展水平相协调,与资源环境承载能力相适应,并且人口总量适度、人口素质全面提升、人口结构优化、人口分布合理以及人口内部各要素之间协调平衡发展"。②

人口均衡分为内部均衡和外部均衡。内部均衡包括合理的人口自然结构、适度人口规模和高素质人口构成三个部分,合理的人口自然结构即科学合理的人口年龄结构、性别结构,适度人口规模即稳定的人口数量、现代化的人口再生产类型等,高素质人口构成包括良好的身体素质、高标准的文化素质、较高的受教育水平等。人口外部均衡即人口与社会、经济、环境及资源之间无明显的矛盾与冲突,人口系统与其他系统之间相互协调与适应。③

"均衡人口发展理论"将人口的社会发展背景纳入可持续发展体系中,将人口、社会、经济、资源及环境等诸多要素综合考虑,以谋求达到均衡协调的理想状态,弥补了传统"适度人口"理论片面强调人口数量与经济条件、国家实力相适应的不足。《中华人民共和国国民经济和社会发展第十二个五年规划纲要》中明确提出:"坚持计划生育的基本国策,逐步完善政策,促进人口长期均衡发展。"真正将"均衡人口"理念理论应用到了国家人口管理实践中。

(三) 新时代中国特色社会主义思想人口观

马克思主义人口思想与理论在中国传播与发展逾百年,形成了一系列具有中国特色的人口理论。其中,习近平新时代中国特色社会主义思想中的人口观是马克思主义人口理论

---

① 中共中央党校教务部,国家人口和计划生育委员会宣教司.人口理论概要[M].北京:中共中央党校出版社,2009:104.
② 《人口研究》编辑部.为什么要建设"人口均衡性社会"[J].人口研究,2010,34:40-52.
③ 陈友华,孙永健.非均衡发展:人口发展理论的批判与建构[J].学海,2021(04):47-55.

中国化在当代的最新成果,是对马克思主义人口理论及前期中国化成果的继承与发展,是在世界大国人口管理实践中不断发展出来的人口管理思想与理论。其最终目的就是要更好地满足人民群众切身的、根本的利益,实现人口长期均衡发展及人口与经济社会、环境资源协调和可持续发展,实现人口管理目标和社会治理目标的人性化、法制化与常态化。[①]

习近平新时代中国特色社会主义人口观主要包括四个方面。一是将人口问题摆在全局性、战略性的地位上,将其作为治国理政最重要的国情基础。二是坚持人口与经济社会和资源环境协调可持续发展的理念,并将其上升至生态文明建设的高度。三是坚持以人为本的理念,并将其上升至一切以人民为中心、以民为本的高度,反映了马克思主义为绝大多数人谋福利、以广大人民群众为中心的社会理想愿景。[②] 四是在人口老龄化等重大人口挑战与问题上强调积极应对、科学应对的管理理念,强调应对重大人口问题要注重战略的贯彻,以及政策体系与制度框架的完善。

(四) 新科技对人口管理思想与理论的影响

新科技的发展将深刻地改变人口内在的均衡关系、人口与资源环境的紧平衡,引发人口管理模式的重大变革,也会带来人口管理思想与理论的重大转变。

以数字化变革为代表的新科技已经渗透到社会经济的方方面面,人口管理与科技实现了前所未有的深度融合。在理论研究方面,大数据、人工智能和云计算等数字科技与社会科学融合发展,形成了计算社会科学。其中,人口学科因为良好的基础条件而成为受数字科技的影响最为广泛的学科之一。同时,数字科技在人口管理实践中的应用也十分广泛,人口数据的获取、处理、计算,以及变化趋势的感知和分析能力都获得了前所未有的提高。尤其是在新冠疫情的冲击下,大数据、云计算、人工智能等数字技术在疫情监测分析、病毒溯源、防控救治和资源调配等方面起到了支撑作用,迎来了在人口管理领域应用的契机。

数字科技为人口管理带来突破的同时,也带来了数据隐私安全、规制缺失等新风险。解决这些新的风险与挑战成为人口管理思想与理论重要的创新方向,新人口管理思想与理论将在数字经济、人口普查、人口监测、人口治理、健康管理、应急管理、疫情防控、智慧城市建设和完善基本公共服务等领域实现重要的指导作用。[③]

五、人口统计方法

人口统计的结论是制定人口政策与进行人口管理的坚实基础,因此,了解人口统计方法可以帮助了解人口政策制定的出发点,为了解人口管理内容提供更具体的视角。

(一) 方法论基础

正确的研究方法有赖于正确理论的指导,辩证唯物主义和历史唯物主义是社会科学的

---

① 吴俊蓉,杨成钢.中国特色社会主义人口理论演进脉络[J].绵阳师范学院学报,2016,35(09):23-27.
② 杨成钢,杨紫帆.中国共产党百年人口思想与马克思主义人口理论的现代化和中国化[J].人口研究,2021,45(06):3-13.
③ 贺丹.人口转变背景下的数字和计算人口学的诞生与发展——在首届数字和计算人口学论坛上的发言[J].人口与健康,2020(09):6-7.

指导思想,是认识客观事物发展变化及其相互联系的最根本方法,也是进行人口统计和研究分析的方法论基础。离开了这个方法论基础,人口统计就丧失了社会性,而变成了一门无异于生物统计或数理统计的纯粹自然科学,这不利于人口科学的发展。

在方法论的基础上,人口统计实践中使用的统计和研究方法主要有两种,即一般研究方法和特殊研究方法。

(二) 一般研究方法

人口统计学是统计学科的一个重要分支,因此,统计学的一般原理、原则和方法在人口统计学中也有广泛而深入的应用,在人口统计实践中,会普遍采用统计学的一般研究方法。

1. 搜集人口资料阶段

在搜集人口资料阶段,采用大量观察法。目前各类的人口调查,都要借助于大量观察来取得大量的原始资料。只有通过大量的观察才能排除偶然的随机差异,从而尽可能如实地反映出人口总体的必然变化趋势与规律性。

2. 整理人口资料阶段

在整理人口资料阶段,普遍采用分组法。面对大量零散的原始资料,要对其进行加工整理使其条理化和系统化,就必须要借助于科学的分组、归纳和汇总。经过科学的统计分组,有助于取得对人口总体及其内部结构更全面、深入的认识和了解。

3. 分析人口资料阶段

在分析人口资料阶段,根据人口统计目的和要求的不同,可以灵活运用多种多样的统计分析方法。例如采用综合指数法、相关分析和回归分析等方法,对于正确探寻各种人口现象的内在联系,认识人口发展变化的规律,把握人口发展趋势,编制人口规划和制定人口政策等,都具有重要意义。

(三) 特殊研究方法

由于人口现象和人口过程的特殊性,除了一般的统计分析方法外,还需要采用一些特殊的统计和研究方法,才能完成人口统计分析的任务。在人口统计实践中采用的特殊研究方法很多,其中主要的有实际一代人法和假设一代人法、时间序列法和年龄序列法、生命表法、静止人口和稳定人口分析法、标准化法、年龄移算法等。

1. 实际一代人法和假设一代人法

实际一代人法,是对同一年里发生过某种共同性质的人口事件(如同一年出生)的一批人进行实际的跟踪观察,记录下这批人在其人生不同年龄段发生的各种人口事件,以作为研究人口过程的依据。

而假设一代人法,则是将同一年内各种不同年龄的人的统计特征(分年龄的统计指标,如分年龄死亡率、分年龄生育率等)看作是实际上并不存在的某一些人在这个年龄的相对指标,对这种假定的一代人可能发生的人口过程进行研究。

2. 时间序列法和年龄序列法

时间序列法和年龄序列法,是人口统计学中常用的一种研究方法。该方法针对时间的推移或年龄的增长与人口现象之间的内在联系,进行动态序列的观察分析,这也成为研究人口过程变动规律性和进行人口预测的最有效方法。

3. 生命表法

生命表法即按照分年龄死亡率编制生命表，以考察假设一代人的完整生命过程。这种方法为分析人口再生产过程、研究人口结构变动、进行人口预测等提供了重要依据。

4. 静止人口和稳定人口分析法

根据完全理想的条件建立起的静止人口和稳定人口发展模型，作为考察和比较一个现实人口结构的参照系，对于确定人口发展目标、研究人口演变过程、进行人口动态分析以及人口趋势分析都是一个有力的工具。

5. 标准化法

标准化法用来排除人口结构不同的影响，从而可以按照同一标准结构对各种人口统计指标进行处理，保证指标的可比性，是人口统计实践中常用的分析方法。例如，在生育率、死亡率研究中，常常采用标准化的方法分析比较同一地区不同时期，或同一时期不同地区人口总体的出生和死亡水平。

6. 年龄移算法

年龄移算法是利用时间的推移与年龄增长的一致性，根据人口再生产过程的规律进行人口移算，实际上是假设一代人法和时间序列法结合起来使用的一种方法，是进行人口预测分析的基本方法之一。

除此之外，在人口统计实践中使用的统计和研究方法还有很多，如人口矩阵分析法、人口间接估计技术、模型生命表法等。随着统计实践的深入、分析技术和手段的提高，特别是人工智能、大数据等新技术的应用，还将出现更多新的研究方法，将进一步推动人口统计科学的发展。[1]

（四）人口统计指标分类

人口统计根据统计指标的不同，主要分为人口状态统计和人口变动统计。人口状态统计包括人口数统计、人口性别统计、人口年龄构成统计、人口社会构成统计、人口主要经济特征统计、人口地区分布统计；人口变动统计包括出生统计、死亡统计、人口迁移和人口流动统计、人口增长统计。

城市人口与城市活动有密切关系，城市人口常年居住生活在城市范围内，构成城市的社会主体。严格意义上来讲，划定城市人口首先需要确定城市的实体概念，即集中城市设施、以非农业用地和非农业经济活动为主体的城市型景观范围[2]。在中国，结合城市发展特征，一般将与乡村人口相对的人口称为城镇人口，将城镇人口的统计范围界定为居住在城镇范围内的全部常住人口。在进行人口普查和统计时，城市人口、城镇人口、乡村人口的标准即是按照城区、镇区、乡村的划分为依据。本书聚焦于城市人口的范围。

---

[1] 温勇,尹勤.人口统计学[M].南京:东南大学出版社,2006:9—10.
[2] 周一星,史育龙.中国城市统计口径的出路何在:建立城市的实体地域概念(上)[J].市场与人口分析,1995(3):7—11.

第二节　世界人口发展的历史与现状

一、世界人口发展历史阶段

根据人口发展的特点，并结合社会形态的变化，可以将世界人口发展的历程划分为四个阶段，即史前时期（公元前100万年—公元前3000年）、古代至资本主义生产方式建立前（公元前3000年—公元1650年）、近现代时期（1650年—1950年）、当代发展时期（1950年以后）[①]。

（一）史前时期

史前时期的新石器时代（公元前9000年—公元前3000年）以前，社会生产方式以采集渔猎为主，极大地受自然环境限制，人口增长极其缓慢，世界人口数估计为500万左右。进入新石器时代以后，社会生产方式由原始的采集渔猎经济转向了生产型的农业经济，食物来源开始稳定，人类开始定居的生活方式，婚姻家庭制度也由血缘婚进入对偶婚，带来了人类历史上的第一次人口浪潮。据联合国估计，新石器时代末期的世界人口数增至3 000万左右。

总体来说，整个史前时期世界人口的增速都相当缓慢。此时期世界人口的特征主要有以下几点：

第一，人口增长速度极为缓慢。在旧石器时代早期，世界人口每千年增长不到1%，到了旧石器时代晚期每千年增长约为8%；在中石器时代，世界人口每千年增长15%，在新石器时代则每千年增长约30%。

第二，高出生率伴随着高死亡率。史前时期的出生率和死亡率水平相接近，高达50%左右。高出生率同时伴随着高死亡率，人口增长缓慢。

第三，平均寿命低。据欧洲和非洲发掘出来的公元前8000年的300多具成年人（15及15岁以上）骨骸的考证，他们的平均死亡年龄为30岁上下，其中成年男人为33岁，成年妇女为28岁，活到40岁以上的人极少。

第四，频繁迁移、不断扩散和不均衡的人口分布。史前时期的世界人口在采集渔猎的经济条件下不断地迁徙，人类除原来居住的水和温度条件较好的中纬度地区外，向其他气候带不断扩散。人类最早分布于亚、欧、非三个人类起源区，到旧石器时代晚期的公元前43万年前后，亚洲的人口经过白令海峡陆桥，到达阿拉斯加；公元前2.5万年前后，到达澳大利亚；公元前1万年到达美洲的南端。至此，世界人口已遍布六个大洲。

（二）古代至资本主义生产方式建立前时期

公元前3000年以后，金属工具开始取代石器工具，人类的生产力得到了进一步的提升，

[①] 中共中央党校教务部，国家人口和计划生育委员会宣教司.人口理论概要[M].北京：中共中央党校出版社，2009：41-42.

一直持续到17世纪中期欧洲各国陆续建立资本主义生产方式前。这一时期,人类摆脱了史前时期低迷的人口增长,开始进入一段相对稳定的较为缓慢的增长阶段。

公元前3000年—前2000年,世界人口由3 000万上升至5 000万,每年增加2万人;公元前2000年—前1000年,世界人口由5 000万人上升至1亿人,每年增加5万人;公元前1000年—前500年,世界人口由1亿上升至1.5亿,每年增加10万人;到了公元元年,世界人口约为2.3亿人;公元1000年,世界人口为2.75亿人;1300年,世界人口为3.84亿人;到了1650年,世界人口达到了5.45亿人。

总的来说,这一时期的人口发展具有以下特征:

第一,世界人口曲折增长。公元前3000年至前2000年世界人口的年均增长率为0.066‰,公元前2000年至公元元年约为0.076‰,而公元元年至1000年年均增长率又降至0.02‰,公元1000年至1299年升至0.1‰,公元1300年至1399年年均增长率为负,公元1400年至1650年升至0.2‰。

第二,死亡率有一定程度的下降,但仍然较高。随着生产力水平的提高,这一时期的死亡率有一定程度的下降,但是由于连年的战争和饥荒,以及重大疫情的发生,导致了死亡率仍然较高,且有较大的波动。

第三,人口密度仍然较低。这一时期的人口主要集中在亚洲,亚洲人口约占世界人口的2/3;其次是欧洲;最后是非洲、美洲和大洋洲,其人口分布少。

(三) 近现代时期

1650年,欧洲各国陆续建立了资本主义生产方式,人类的社会生产力有了质的飞跃,这也为世界人口的快速增长提供了物质基础。从1650年到1950年的300年时间里,世界人口从5亿增加到25亿,平均每年增长约700万人,是人类的第二次人口浪潮。

这一时期的人口发展呈现以下几个方面的特征:

第一,从人口增速方面来看,世界人口出现前所未有的快速增长。这一时期人口净增近20亿,增速远高于前几个时期,尤其是后期的1920年至1940年左右,世界人口年均增速达到1%的水平。

第二,死亡率和出生率在不同国家出现分化。这一时期的发达国家死亡率先于出生率下降,且下降速度较快,而发展中国家死亡率仅在这一时期的后期有所下降,出生率则一直处于上升状态。

第三,世界人口分布状态发生变化。亚洲和非洲人口占世界比重下降,而欧洲、美洲、大洋洲的比重均有上升。世界人口密度也有了大幅上升,由1900年的每平方公里约11人上升至1950年的每平方公里约17人。

第四,平均预期寿命大幅度提高。由于医疗水平、公共卫生状况改善等原因,这一时期世界各地预期寿命均有不同程度的提高,发达国家预期寿命的提高幅度要高于发展中国家。

第五,城市化兴起。18世纪中叶至19世纪末,城市化的发展速度超过了先前的任何一个时期。1800年世界城市人口比重仅为3%,1900年则达到了13.6%,1950年达到了28.8%。

(四) 当代发展时期

20世纪50年代后,世界人口增长速度进一步加快,发展中国家成为全球人口剧增的主角,人口的快速增长迎来了第三次人口浪潮,世界人口问题被广泛关注。

20世纪后半叶,世界进入人口爆炸性增长阶段,世界人口从25亿增长至世纪末的61.2亿,平均每年增加7 000万以上。不断加快的世界人口增长还可以从世界人口每增加10亿所需要的时间不断缩短得到进一步说明。人类经历了数百万年,直至1804年才达到10亿人口,从1804年的10亿到1927年的20亿历时123年,到1960年的30亿历时33年,到1974年的40亿历时14年,到1987年的50亿历时13年,到1998年的60亿历时11年,到2011年的70亿历时13年。

从这一时期人口自然变动来看,世界人口的出生率和死亡率都是趋于下降的。但是,二者下降的起点、幅度和速度均不相同。世界人口的出生率从50年代上半叶的36‰下降到90年代初期的27‰,下降了9个千分点。同期死亡率则从19.7‰下降到9‰,下降了10.7个千分点。世界人口自然增长率在50年代初为1.83%,1963—1972年这10年间每年的增长率均超过2%,随后虽然有所下降,但1976—1990年仍基本维持在1.74%~1.8%的水平。20世纪90年代开始,世界人口自然增长率呈现下降趋势,但一直维持在1.1%以上的水平,2019年开始下降至1.1%以下,2020年世界人口自然增长率为1.036%(图1-1)。

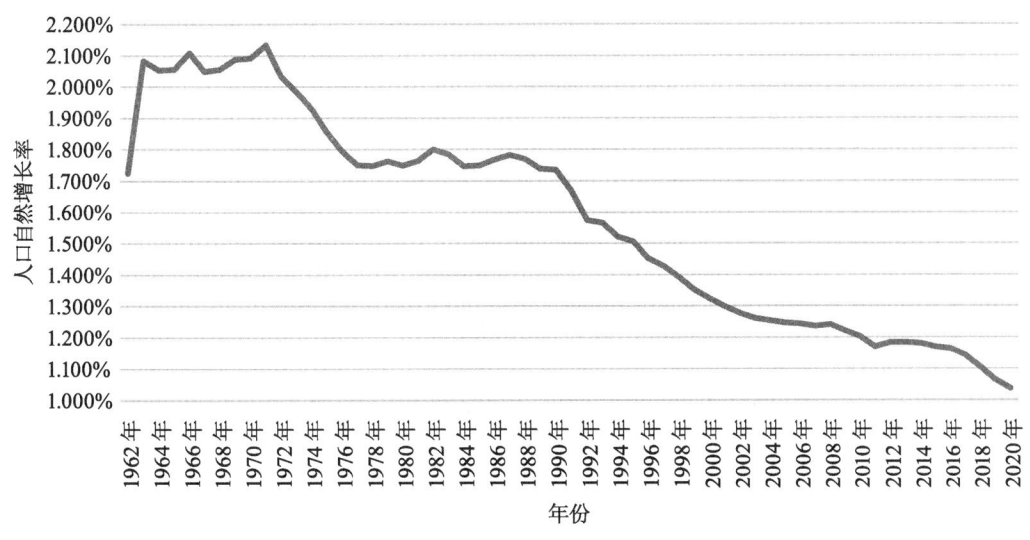

图1-1 1962—2020年全球人口自然增长率

数据来源:世界银行数据库。

二、世界人口现状特征

当今世界人口现状主要表现在世界人口增速放缓、绝对数量持续增长,全球人口分布极不均衡,全球老龄化趋势继续加剧,世界人口红利分化等几个特点。

(一) 世界人口增速放缓,绝对数量持续增长

根据联合国人口司《世界人口展望》(2017年修订版)的数据,近年来,越来越多的国家进入低生育水平。在201个国家或地区中,维持高生育率水平(每个妇女生育5个孩子及以上)的国家或地区数量,从2000—2005年的41个减少到2010—2015年的22个。而在125个2005—2010年总和生育率高于更替水平(平均每个妇女生育2.1个)的国家中,117个国家的生育率于2010—2015年都有所下降。2020年,世界人口总生育率下降为2.403,增长率下降为1.04%。

虽然增速放缓,但是全球人口的绝对数量仍在持续增长,2020年年底,世界人口达到77.53亿。根据联合国中位数预测,即使生育率继续下降,至少到2050年,世界人口的绝对数仍将持续增长,将达到98亿。预计全球一半以上的人口增长来自非洲,非洲人口占比将从17%上升至26%;亚洲其次,其人口占比将从60%降至54%[①];再次为拉丁美洲和加勒比海地区、北美洲和大洋洲,人口增长较为缓和,欧洲是唯一人口负增长的地区。

(二) 全球人口分布极不均衡

1. 各大洲人口分布不均

在人口规模方面,根据联合国人口司的数据,2020年全球人口中有59.5%(46.41亿)生活在亚洲,17.2%(13.41亿)生活在非洲,9.6%(7.48亿)生活在欧洲,8.4%(6.54亿)生活在拉丁美洲及加勒比地区,其余5.3%生活在北美(3.69亿)和大洋洲(0.43亿)(图1-2)。中国(14.1亿人口)和印度(13.8亿人口)仍旧是世界上人口最多的国家,两国的人口都超过了10亿,分别约占世界总人口的19%和18%。

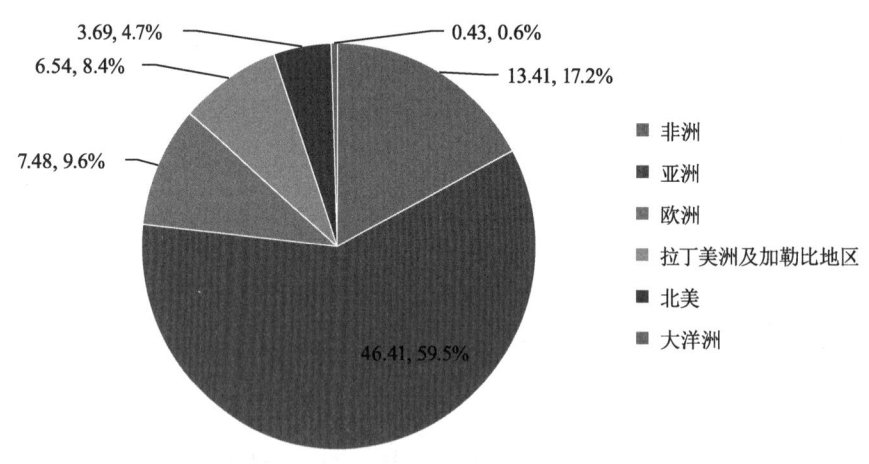

图1-2 2020年各大洲人口规模(亿人)及占比

数据来源:联合国人口司。

在人口增长方面,非洲、亚洲增长规模大,而欧洲人口增长低迷。非洲目前是人口增长

---

① 乌拉尔·沙尔赛开.世界人口展望:人口、资源与环境[J].生态经济,2017(9):2-5.

最快的大陆,预计从2017年到2050年,非洲将占全球人口增长的一半以上。从2010年到2015年,每年人口增长2.55%,2020年人口年增长率仍然高达2.6%,是世界增长率最高的地区。虽然非洲未来的生育率存在一定的不确定性,但由于非洲大陆当前有大量青年人口,他们将在未来几年进入生育高峰期,因此,非洲将在未来几十年内高度影响世界人口规模和分布。亚洲将是未来全球人口增长的第二大贡献者,从2015年至2050年,亚洲人口增量预计将达9亿。

与非洲和亚洲形成鲜明对比的是,目前所有欧洲国家的生育率都低于实现全面人口更替的水平。世界上有48个国家或地区的人口预计在2015年至2050年期间减少,除日本外,其余47个国家均为欧洲国家。其中,波斯尼亚和黑塞哥维那共和国、保加利亚、克罗地亚、匈牙利、日本、拉脱维亚、立陶宛、摩尔多瓦、罗马尼亚、塞尔维亚和乌克兰等国人口到2050年预计将减少15%以上。

2. 区域和国家人口分布不均

在人口规模方面,2020年世界上前五大人口大国(中国、印度、美国、印度尼西亚和巴西)共占世界人口的46.4%,这些国家只占全球陆地面积的21%;前20名的人口大国人口共计占全球的70%,这些国家占世界陆地面积的41%;剩下的人口分布在其他大约175个国家中,这些国家共占世界陆地面积的59%。

在人口增长方面,2020年世界人口的年均增长率是1.036%,这意味着每年净增长人口约8000万,但在这一数字背后存在着很大的差异性。世界上人口增长速度居前的国家多数集中于中低纬度地区,且这些国家经济普遍不发达,而发达国家的增长率较慢。如欧洲国家和日本在2050年的人口会比现在少,而世界其他地方的人口会不断增长。

(三) 全球老龄化趋势继续加剧

目前,全球大部分地区都已经进入了老龄化社会。从2015年全球老龄化情况来看,除非洲、西亚、南亚、东南亚、中美洲等部分地区老龄化程度较低外,其余大部分地区都进入了老龄化社会,并且全球老龄化的趋势还在进一步加剧。

2017年,全球60岁及以上人口为9.62亿,不及15岁以下儿童人口数量的一半[1]。而2020年,全球65岁以上人口规模达到了7.22亿人,占总人口的9.3%。预计到2050年,60岁及以上人口将翻番达到21亿,与15岁以下的儿童人口数量大致相等。

2017—2050年增长的60岁及以上老年人口中,亚洲占65%,非洲占14%,拉丁美洲和加勒比地区占11%,其他地区占10%。2100年,60岁及以上人口估计将达到31亿。[2]

(四) 世界人口红利分化

人口红利可以解释为社会抚养比低而劳动年龄人口占比高,从而带来的短期经济利益。人口红利在西方国家基本上已经消失殆尽,虽然新兴国家和发展中国家也在经历老龄化,但除了少数新兴和发展中国家人口红利几近消失外,多数新兴和发展中国家的人口红

---

[1] 联合国人口司《世界人口展望》(2017年修订版).
[2] 乌拉尔·沙尔赛开.世界人口展望:人口、资源与环境[J].生态经济,2017(9):2-5.

利还可以保持20~30年,其中非洲国家保持的时间最长①。

仅从人口红利角度看,东、西方世界之间的经济政治格局正在发生变化,东方世界正在形成人口优势,而西方世界正在失去人口优势,西方文明主导的世界将不得不适应亚洲、非洲、中东地区和拉丁美洲等新经济体和地区的大国崛起。

三、世界城市人口②发展现状

(一)城市人口主导世界人口发展

城市人口是当今世界人口发展的主导。2007年,世界城市化率达到50.14%,世界城市人口首次超过农村人口,进入了城市主导的时代。到2020年,世界城市化率为56.15%(图1-3),世界城市人口总数为43.52亿人,未来世界城市人口还将进一步发展。未来30年,世界人口还将继续由农村向城市转移和集聚,到2045年世界城市人口规模将超过60亿,约占世界人口总数的2/3③。

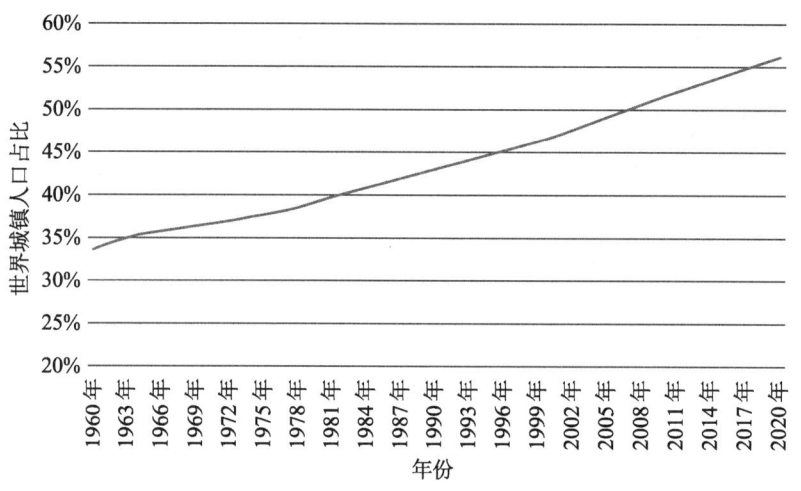

图1-3 1960—2020年世界城镇人口占比变化

资料来源:世界银行数据库;世界银行中文官网使用的指标名称为"城镇人口"(Urban population)。

虽然世界城镇人口的规模与占比在不断增加,但从半个世纪以来的增长情况来看,城镇人口的年增长率整体上呈下降趋势。根据世界银行的数据,1961年世界城镇人口年增长率为2.8%,在1963年达到最高值3.23%后,整体上开始下降,2020年世界城镇人口年增长率为1.83%(图1-4)。随着世界城市化水平的进一步提高,城市人口增长率的趋缓是城市化发展一般规律的体现。

---

① 乔治·马格纳斯.人口老龄化时代——人口正在如何改变全球经济和我们的世界[M].北京:经济科学出版社,2012:47.

② 在实际工作中,很难将城市人口与城镇人口作严格区分,因此,若未做特别说明,城市人口和城镇人口仅为表述差异,并无特殊内涵与外延上的不同。

③ 资料来源:世界银行数据库。

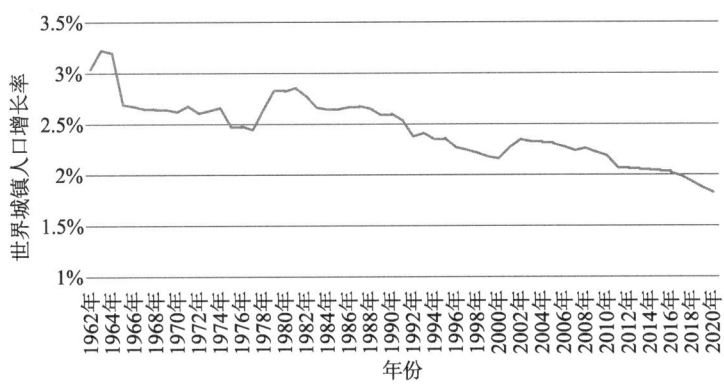

图 1-4　1962—2020 年世界城镇人口年均增长率

资料来源:世界银行数据库。

(二)世界城市人口地区差异大

从城市人口发展现状来看,总体上欧洲、美洲、大洋洲地区的城市化发展水平最高,非洲的发展速度快,而亚洲的增长规模大。而从城市人口变化情况来看,城市人口变动率基本与收入水平成反比,即收入水平越高,城市人口变动率越小。1995—2015 年,高收入国家城市人口年均变化率仅为 0.88%,而同时期低收入国家城市人口年均变化率高达 3.68%。对应到具体地区,非洲和亚洲是近 20 年全球城市人口年均变化率最高的两个地区,欧洲、美洲、大洋洲则变化率较小,其中欧洲是变化率最小的地区,年均变化率仅为 0.31%(表 1-2)。

表 1-2　1995—2015 年世界各地区城市人口年均变化率

地区	整个时期	分时段				
	1995—2015	1995—2000	2000—2005	2005—2010	2010—2015	2020 年
全球	2.16%	2.13%	2.27%	2.20%	2.05%	1.83%
高收入国家	0.88%	0.78%	1.00%	1.00%	0.76%	0.57%
中等收入国家	2.63%	2.74%	2.77%	2.61%	2.42%	2.10%
低收入国家	3.68%	3.54%	3.70%	3.70%	3.77%	4.05%
非洲	3.44%	3.25%	3.42%	3.55%	3.55%	—
亚洲	2.78%	2.79%	3.05%	2.79%	2.50%	—
拉丁美洲和加勒比地区	1.74%	2.19%	1.76%	1.55%	1.45%	1.21%
欧洲	0.31%	0.10%	0.34%	0.34%	0.33%	—
北美	1.24%	1.63%	1.15%	1.15%	1.04%	0.66%
大洋洲	1.53%	1.43%	1.49%	0.78%	1.44%	—

资料来源:1995—2015 年数据来自联合国人居署《2016 年世界城市状况报告》,2020 年数据来自世界银行数据库。

到 2050 年,在新增城市人口中,有近 90% 的人口将居住在亚洲和非洲,且高度集中在几个国家,其中印度、中国和尼日利亚合计占到新增城市人口的 35%,预计从 2018 年到 2050 年,印度新增城市人口为 4.16 亿,中国新增 2.55 亿,尼日利亚新增 1.89 亿[①]。

(三)主要城市人口集聚在大城市

从半个多世纪以来城市人口集聚的历程来看,超过 100 万人口城市或城市群中的人口占世界人口比重不断增加。2020 年,全世界约有 18.87 亿人口生活在人口超过 100 万的城市或城市群中,约占世界总人口的 24.4%,占世界城市人口的 43.4%,少数的大城市集聚了相对更多的人口(图 1-5)。而全世界几十座人口超过千万的超大、特大城市则集聚了数亿的人口,如人口超过 3 000 万的东京,超过 2 000 万的孟买、上海、北京等。随着城市人口的不断增长,世界各国尤其是发展中国家,将面临为这些城市人口提供基本城市服务,包括教育、住房、基础设施、交通、就业、健康等的巨大挑战。

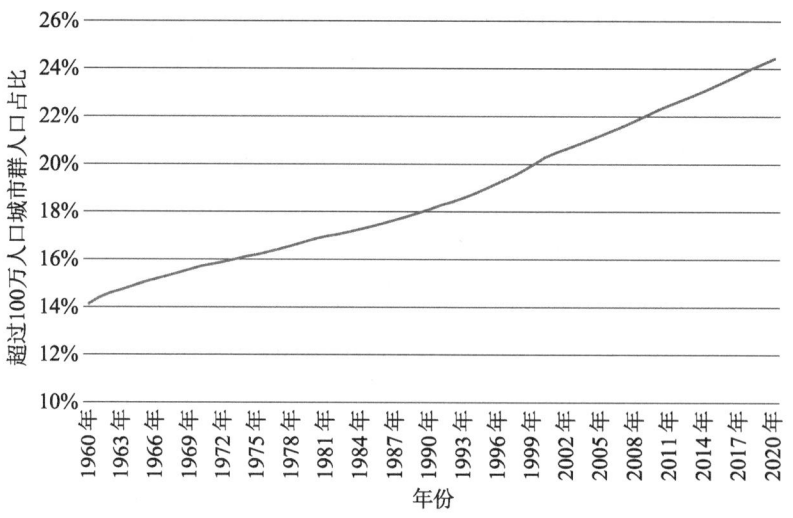

图 1-5　1960—2020 年人口超过 100 万城市群中人口占世界人口比重

资料来源:世界银行数据库。

从全球范围看,欧洲、美洲、大洋洲整体的城市化水平较高,而亚洲、非洲的多数国家和地区整体水平较低,不过由于亚非地区尤其是亚洲的总体人口规模和城市人口规模较大,因此分布了大量 100 万以上的大城市,而在 1 000 万以上人口城市数量方面,亚洲比其他地区的总和还要多。未来亚非地区新增的城市人口也将有很大一部分分布在这些 100 万以上人口的大城市中。

---

① 联合国人口司《2018 年世界城镇化展望》。

第三节　中国人口发展的历史与现状

一、中国人口发展历史阶段

(一) 中国古代的人口发展与管理

从公元前21世纪的夏王朝开始，一直到清朝，中国古代的人口发展就一直伴随着制度化的人口管理，其中又以户口管理、婚育管理和迁移管理最为突出。

1. 户口管理

中国是世界上最早建立户口制度的国家，户口制度是历代统治者分定赋税、徭役，划定行政区域的依据，是其巩固统治的重要工具，历朝历代都会制定专门的法律，设立专门的机构，以及配备专职的管理人员来进行户口管理。

夏商时期就已经有了户口登记。根据司马迁《史记》记载，在夏商时期中国就有"禹平水土、定九州、计民数""抚有民千三百五十五万"，这也是世界上最早有关人口登记的数字之一。

周朝时期开展了中国最早的人口调查，并建立了完善的户籍管理制度。约公元前800年，周宣王开展了"料民"，即户口登记，这是中国最早的关于人口调查的历史记载。周朝还设立了专管户籍的"司民"之官，建立了比较完善的户籍管理制度。

春秋战国时期，户口制度有了进一步发展。春秋时期鲁、齐、卫、吴、越等国先后采用的以25户为一社的"书社制度"，即"社之户口，书于版图"。战国时期韩、赵、魏、秦推行"上计"制度，即地方官员年初将辖区的居民户数、钱、粮、赋税等内容写在"卷"上送呈国君收存，年终再将本年度人口增减的实数和赋税结算的文册送上报请核实。秦献公则对户口制度进行了改革，采取五户编为一伍、十户编为一什的"户籍相伍"制度。商鞅则在此基础上推出了"连坐法"，还第一次提出了在全国范围内建立周密的、经常性的人口统计制度，开创了人口出生和死亡的动态登记，并按照人口性别、年龄、社会成分和职业进行分类统计。

西汉初期颁发了"编户齐民"政策，制定户律，通过编制户籍来掌管全国人口，租赋、徭役、兵役等都按户籍办事。居民一律按户籍固定居住，不得随意搬迁，被户籍固定的居民就叫作"编户齐民"。由于户籍簿是当时的主要册籍，土地情况也作为附带项目录入户籍中，所以户籍又起到地籍和税册的作用，这样一套完整的户口管理制度也使得其户口统计数较为确切。

魏晋南北朝时期废除了两汉按人口计算的租赋制，实行以户计算的户调制，即以户为单位征收赋税。因此这一时期的登记调查以户为主，缺乏对人口数的确切统计。

隋朝时期户口管理的特征是利用了国家的强制力量对户口制度进行贯彻实施，包括健全地方基层组织，以及进行大规模人口清查。隋时还制定了"输籍法"，将居民应纳税款依照每户财产状况，分别规定税额，登记在册籍内，这就把户籍管理与赋税管理更加紧密地结合在一起。

唐朝户籍管理制度的完备程度为同时代的世界前列。唐朝设有专门的"户部",颁布有"户籍法"和"手实法",通过规定"四家为邻,五邻为保,百户为里,五里为乡"建立了户籍管理基层组织,用来催督粮税,维持社会秩序。唐时官府每年年底令居民报告年龄及田地面积,编成"乡账"或"手实",并据此编造每3年一变的户籍。

宋、元、明、清基本沿袭了隋唐时期形成的严密的户籍管理制度。既有三五年一次的户口检查制度,以"检括隐漏人口",也包括延续唐朝的"四家为邻,五邻为保,百户为里,五里为乡"的户籍管理组织。宋以后还将"连坐法"中的株连三族延伸到"保内连坐",并定期清理流民,控制流动人口。户籍管理进一步超出统计、治安、赋税等一般意义,成为稳定社会统治的重要手段。

2. 婚育管理

纵观中国古代的婚育管理,基本原则都是推行早婚早育,抑制不婚不育,鼓励多生多育,禁止一切妨碍多生多育的行为。这是中国古代一以贯之的婚育管理原则,这也导致中国人口规模从古至今一直领先于世界各国。

在婚育管理方面,主要是为鼓励生育服务。古代婚育管理基本都是只规定最晚结婚年龄,而不规定最低年龄,结婚越早越好,甚至不禁童婚,这样一来,推行早婚就有利于提高人口增殖率。如春秋战国时期,齐桓公就下令"丈夫二十而室,妇人十五而嫁";西汉时期则出现"五倍罚税"的规定,女子15岁还不出嫁,要加倍缴税,每超过5年加征一级,30岁不嫁,每年就加征5倍的赋税。

在生育管理方面,主要是鼓励多生多育,并有一些质量管理。汉朝规定,妇女生一个孩子,免产妇三年税,丈夫一年税。此外,中国古代还有一些对于生育质量的管理,如对于影响后代健康的近亲结婚,历代都严加禁止,提出"同姓为婚,其生不蕃"。唐朝时就规定,同宗同姓为婚判处徒刑两年,五服以内通婚以乱伦罪处罚。

3. 迁移管理

同世界各国相似,中国古代也存在地广人稀的现象,在人口集中区的人口与生产力发展到一定程度时,统治者会适时调整人口布局,进行除户籍和婚育管理之外的人口迁移管理,这是人类社会进步的体现。中国古代的人口迁移管理基本是围绕着垦荒戍边来进行的。

在春秋战国时期,统治者主要以"徕民"政策为主,辅之以在内地垦荒的安民措施。秦国就颁布了《徕民法》,通过奖励官职与财物的方式鼓励官员吸引并安置好移民,而对于新移民垦荒者,则给予五年免赋税,其子女与秦民享受同等待遇。在史学界,《徕民法》的颁布被认为是中国历史上第一次有组织、有计划人口迁移行动的标志。

西汉统治者颁布了"招抚流亡、兴修水利、开垦荒地"的政令,当人口在内地密集,荒地开垦完后,又将人口迁移政策改为以"移民戍边"为主的奖励法令,政府通过基础设施建设、财物补贴、封赏官爵等方式鼓励移民戍边,西汉的这种移民戍边措施对后世影响深远。

魏晋南北朝时期迁移管理基本以奖励安置流民、遣返边民为主。这是因为魏晋南北朝时期是中国古代战乱最持久的时代,流民甚多。一旦战乱停止,政府想要恢复人口,就必须把安置流民作为首要任务。

隋唐时期,社会安定,移民戍边活动又开始多起来。此时政府不仅看到了移民垦荒的经济效益,还看到了它的政治功能,政府认为移民戍边既可减少征发兵役戍边的麻烦,又可以消除内乱,于是恢复了汉时定期、不定期的移民戍边政策。

宋元时期,中国初步形成了南稠、北稀、东南密、西北疏的人口分布格局。[①]

明朝初期,中央政府也专门颁布法令鼓励移民垦荒,并进行了严密的组织,移民规模之大在中国古代绝无仅有。仅在洪武年间,长江流域就有700万人口流入,华北地区有490万人移入,西北、东北、西南边疆共有150万人口移入,人口迁移规模合计1 300万余人。明朝开始,中国出现走西口、下南洋、闯关东、充实边疆等移民现象。

到了明朝中后期,工商业繁荣,人口流动较为频繁,政府也因此在原有人口管理制度的基础上,出台了一系列针对流动人口的新措施。这些措施涉及留置游民的多少、食宿店业的配置等;流动人口增加,赋税办法也进行了相应的改革,即将所有的赋税徭役在万历年间统改为折算白银交付。这为清代应付人口变化的"摊丁入亩制"打下了基础。

(二) 中国近代的人口发展与管理

中国近代从1840年起至1949年,以辛亥革命为界,分为清朝后期与中华民国时期两个阶段。

1. 清朝后期

清朝后期人口发展基本特征是人口大规模减少,但人口管制却更加严格。

一方面,关于人口发展,清朝后期由于自然灾害、重大疫情以及战乱频发等多重原因,人口出现了大规模减少的问题。在自然灾害与重大疫情方面,1849年长江流域大水、甘肃大旱、浙江大疫就导致超过1 500万人死亡;在战乱方面,持续14年、波及17省的太平天国运动,直接导致了全国人口规模缩减1/4,中国南方人口占全国比重也因此开始回落。直到1911年清朝覆灭,全国总人口数仍比1852年的历史巅峰值低8%。[②]

另一方面,关于人口管理,面对人口发展出现的一系列问题,清王朝不仅没有采取积极有效的人口管理措施,反而实行了更加严格的人口管制政策。清末统治者重新修订了清朝初期颁布的户口律,要求所有户籍每3年就要编审一次,并逐级汇总上报,直至皇帝。每户发放印牌,记载户主及家庭成员姓名等信息,人员外出要注明去处,归还时要注明来处,对寺庙观祠的僧道也如此管理。清末统治者对户籍上报要求严格,若发现隐漏户口不报或成年人口冒充老弱病残人口者,均要治罪。[③]

2. 中华民国时期

进入民国时期,人口仍然无法实现正常的再生产,人口管理政策也多有不合理。

---

① 李玉林.中国历代人口管理与变迁[J].农业·农村·农民(A版),2016(1A):54-56.
② 中共中央党校教务部,国家人口和计划生育委员会宣教司.人口理论概要[M].北京:中共中央党校出版社,2009:67-68.
③ 王秀银,鹿立,崔树义.现代人口管理学[M].济南:山东人民出版社,2011:28.

在人口发展方面,民国时期仍然是战乱不断,长期的军阀混战与反侵略战争,加上频繁的自然灾害,严重阻碍了人口正常的再增加。1911—1949年近40年间,全国总人口由4.1亿增长到5.5亿,年均增幅仅为0.77%。从区域来看,1949年,安徽、甘肃、山西、江苏、浙江、福建、江西、湖北等多个省份的人口总数甚至低于1851年,广东省的人口数也低于1911年。[①]

在人口管理方面,民国时期,尤其是国民党执政后,对人口仍然实施严格的管制。国民党政府颁布了《户籍法》《户籍法实施细则》《清查户口暂行办法》《户口调查统计报告规则》《户口普查条例》《户口异动登记办法》《暂住人口登记办法》《迁徙人口登记办法》《调整各省户口原则》等数十种人口管制法规。同时,实行严格的保甲制度和连坐制度,并专门颁布了《邻右连坐暂行办法》,把人口管制强化到了无以复加的地步。国民党政府覆灭前夕,还在警政司专门设立了人口局,以加强镇压。

除了大规模镇压和管制汉族人民,军阀政府和国民党政府还对少数民族采取了"归化""同化"和强迫迁移政策。一些民族生育率下降,一些民族几经迁徙,流离失所,人口急剧下降。政治上的迫害歧视使一些人口少的民族被迫退居深山老林。[②]

(三) 建国后的人口发展

新中国成立以来,中国人口发展经历了两个不同的时期:一是实行计划生育政策之前,人口发展处于无计划、自发的高增长时期;二是实行计划生育政策之后,人口发展逐步走向有计划、可控制的平稳增长时期。这两个不同发展时期的区别,不仅表现在出生率、死亡率的变化上,而且还表现在人口总量发展、人口再生产类型转变以及人口年龄结构的变化上。

1. 人口总量的发展

人口发展与社会经济的发展是密不可分的,结合社会经济发展的不同状况,可以把建国后中国人口总量的发展过程划分为以下6个阶段。

(1) 第一个人口高增长阶段(1949—1957年)

第一个人口高增长阶段发生在建国初期,在这一时期,由于摆脱了战乱频繁、社会动荡的不利因素,社会逐渐安定,经济恢复发展,人民的生活水平、医疗卫生水平等都得到了改善,死亡率大幅度下降,出生率维持在高水平,带来了高人口增长率。1949年,全国人口出生率为36‰,死亡率为20‰,自然增长率为16‰,年底全国总人口为5.42亿。此后死亡率持续下降,出生率则维持在高水平,到了1957年,死亡率下降到了10.8‰,而自然增长率上升为23.2‰,总人口达到6.47亿(图1-6)。1949—1957年仅8年的时间,人口净增1.05亿,这是建国以后出现的"第一次人口生育高峰"。

(2) 人口低增长阶段(1958—1961年)

1958—1961年,出现了连续三年的自然灾害,经济发展和人民生活水平在短时间内受到了严重的冲击,导致人口死亡率陡增和出生率的锐减。1959年人口死亡率上升到了14.6‰,1960年进一步上升到25.4‰,而人口出生率只有20.9‰,人口自然增长率也因此大

---

① 中共中央党校教务部,国家人口和计划生育委员会宣教司.人口理论概要[M].北京:中共中央党校出版社,2009:68.
② 王秀银,鹿立,崔树义.现代人口管理学[M].济南:山东人民出版社,2011:28-30.

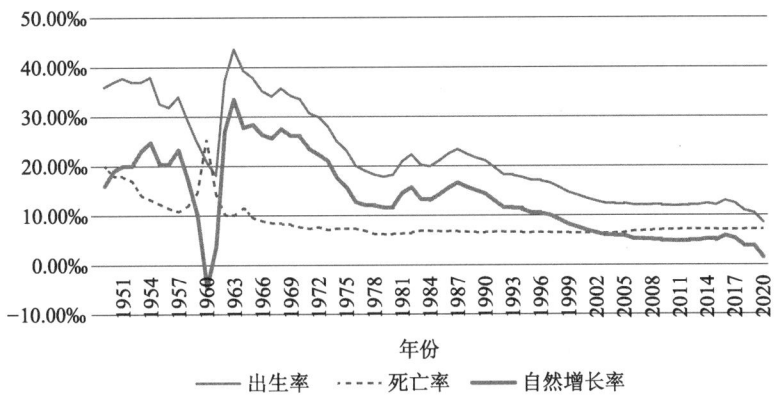

图 1-6　1949—2020 年中国人口出生率、死亡率、自然增长率

数据来源：历年中国统计年鉴。

幅度下降,甚至 1960 年和 1961 年连续两年出现人口的负增长。

（3）第二个人口高增长阶段（1962—1970 年）

随着三年自然灾害的结束,经济发展状况逐渐好转,影响人口发展的不利因素消除,人口死亡率开始大幅度下降,并且还伴随着强烈的补偿性生育,人口自然增长率快速提高,人口增长进入了建国后的又一个高峰期,并且持续到 20 世纪 70 年代初。这一阶段人口出生率的平均水平高达 36.8‰,最高达到了 43.6‰,与此同时,死亡率重新下降到 10‰ 以下,并且在 1970 年持续下降到 7.6‰。高涨的出生率与持续降低的死亡率使这一阶段的人口平均增长率达到了 27.5‰,年平均出生人口达到 2 688 万人,8 年时间人口净增 1.57 亿,从而形成了建国后的"第二次人口生育高峰"。

20 世纪 70 年代以前的这三个阶段的人口发展,实际上是无计划、自然发展的结果,没有形成明确的控制人口增长的政策与行动。虽然过程有所起伏,但这三个阶段的人口总体上是大幅增长的,这不仅给当时的经济社会正常发展带来了重大的影响,还对此后中国人口的发展和经济社会运行产生了深远的影响。

（4）人口有控制增长阶段（1971—1980 年）

新中国成立以来人口高速增长带来的压力,使人们认识到人口控制已迫在眉睫。政府开始实行计划生育,并陆续制定和完善计划生育政策,使人口高出生、高增长的势头得到迅速控制,中国人口发展迎来了根本性的转变。

人口由无计划、自发的高增长进入了有计划、可控制的增长时期。这一时期,人口出生率和自然增长率迅速下降,分别由 1971 年的 30.7‰ 和 23.4‰ 下降到 1980 年的 18.2‰ 和 11.9‰。然而,由于总人口基数庞大,这一阶段中国人口净增的绝对数仍相当可观。1971—1980 年,全国总人口由 8.52 亿增加到 9.87 亿,净增 1.35 亿,超过了第一次生育高峰时期的净增人口。

（5）第三个人口高增长阶段（1981—1990 年）

进入 20 世纪 80 年代后,国家把实行计划生育、控制人口增长提高到了战略高度,计划生育被确定为一项基本国策,控制人口增长的措施更加严格。但是,由于20世纪60年代初"第二次人口生育高峰"中出生的人口陆续进入生育年龄,加之20世纪80年代初婚姻法的修改造成许多不到晚婚年龄的人口提前进入婚育行列,使得人口出生率出现回升。人口出生率由1980年的18.2‰、1981年的20.9‰,达到1987年23.3‰的峰值。1981—1990年净增1.43亿,平均年增长人口1584万,1990年总人口达到11.43亿。这是建国以后出现的"第三次人口生育高峰"。

(6) 人口从平稳到低速增长阶段(1991—2020年)

进入20世纪90年代后,随着计划生育工作的不断加强和完善,20世纪80年代人口的高出生率得到控制,并持续稳步下降。1991年人口出生率为19.7‰,2008年降至12.1‰,13年下降了7.6个千分点,并一直稳定在低水平上。1998年人口自然增长率首次降到10‰以下,从2000年开始,年净增人口低于1 000万。虽然近年出生率下降,2015年实施全面二孩政策,2021年实施三孩政策,但中国的总人口规模仍然处于增长阶段。

2. 人口再生产类型的转变历程

在新中国成立至今的70余年时间里,随着社会经济、人民生活水平和国家人口政策的变化,中国人口的再生产类型发生了两次重大的转变。这两次转变符合由美国人口学家诺特斯特等人建立起来的人口转变理论基本规律,即人口随着经济社会发展,一般会先后经历传统型、过渡型、现代型三种人口再生产类型。传统型人口再生产类型的基本特征是高出生率、高死亡率、低自然增长率,过渡型特征为高出生率、低死亡率、高自然增长率,现代型则是低出生率、低死亡率、低自然增长率。

第一次转变即由新中国成立前的传统型转向新中国成立后的过渡型。新中国成立后,社会安定,人民生活水平不断提高,社会整体医疗卫生事业不断发展,这为生育提供了良好的环境,除了三年自然灾害时期外,人口出生率一直居高不下,死亡率也整体下降,这就导致了中国人口再生产类型发生了历史上的第一次重大转变,即由高出生、高死亡、低自然增长阶段进入了高出生、低死亡、高自然增长的阶段,这个阶段一直持续到20世纪70年代初,横跨了新中国成立以来人口增长的前三个阶段、两次生育高峰期。

第二次转变开始于20世纪70年代,由过渡型向现代型转变。20世纪70年代开始,由于计划生育政策的广泛实施,出生率开始不断下降,20世纪70年代初为30‰左右,到20世纪80年代下降到20‰左右,进入20世纪90年代,出生率继续降低,到2008年已降到12.1‰。与此同时,死亡率继续延续着稳定下降的趋势,人口死亡率一直处于较低水平,由1971年的7.3‰逐步降低到1977年的6.9‰以后,死亡率此后一直保持在7‰以下的水平。到目前为止,中国人口已完成了向低出生、低死亡、低自然增长的第二次重大转变,进入现代型的人口再生产类型。

3. 人口年龄结构的变化历程

人口年龄结构是指一定时期内各年龄组人口在全体人口中的比重,它是过去和当前人口出生、死亡、迁移变动对人口发展的综合作用,也是经济增长和社会发展的结果。世界上大多数国家的人口年龄结构,都是随着人口转变以及社会经济发展,逐渐从年轻型、成年型向老年型转变的。西方发达国家的人口转变是伴随着工业化和现代化逐步深化的渐进过程,经历了大约150多年的时间。中国则是在经济不发达的条件下,因有计划生育政策的影响,经历着更加迅速的人口转变,从相对年轻型人口结构,快速地转变为相对老年化的人口结构。中国人口年龄结构的演变过程,可以以历次人口普查为标志进行阶段划分:

其一,年轻型。1953年和1964年第一、第二次人口普查时,中国的人口年龄结构属于年轻型。新中国成立后,死亡率迅速下降,特别是低年龄人口比其他年龄人口死亡率下降幅度更大,而出生率仍维持在高水平,因此人口出现了爆炸式的增长,1962—1970年创造了迄今为止历史上人口年增长速度的峰值水平,人口年龄结构也处于年轻型。

其二,成年型。到1982年第三次人口普查,人口年龄结构已初步进入成年型;到1990年的第四次人口普查,人口年龄结构已变为典型的成年型。进入20世纪70年代以后,尤其是大力推行计划生育政策后,伴随人口出生率和总和生育率急剧下降,少儿人口比重下降,老年人口比重升高,使人口年龄结构类型的转变加快。

其三,老年型。2000年第五次人口普查,中国65岁及以上人口达到8 811万,占总人口的6.96%;2010年的第六次人口普查,65岁及以上人口超过1.18亿,占总人口的8.87%;2020年的第七次人口普查,65岁及以上人口超过1.9亿,占总人口的13.5%。根据国际上65岁及以上人口占比大于7%就表示进入老龄化社会的标准,意味着中国在2000年全面进入了老龄化国家行列,而且这一老龄化进程在不断加速,最终导致了人口年龄结构向老年型转变并进一步加深,未来一段时期将持续面临人口长期均衡发展的压力。

二、中国人口现状特征

《国家人口发展规划(2016—2030)》指出,进入21世纪后,中国人口发展的内在动力和外部条件发生了显著改变,出现重要转折性变化。中国全面推行计划生育的40多年来,人口过快增长得到有效控制,人口再生产类型实现历史性转变,对资源环境的压力有效缓解,有力促进了经济发展、社会进步和民生改善,为现代化建设提供了重要保障和基础性支撑,为全面建成小康社会奠定了坚实基础。但与此同时,老龄化社会的加剧、人口红利的消退等也成为新时代需要积极应对的人口问题。中国人口现状有以下几个特征。

(一)人口数量保持平稳增长

中国在人口规模方面已经保持了多年的平稳增长,2008—2017年10年间人口自然增长率基本维持在5‰左右,10年间年均增长688万。受全面二孩政策影响,2016年和2017年人口增长数分别为809万和737万。但从2018年开始,人口自然增长规模与增长率急剧下降,2018年自然增长率仅为3.81‰,2019年全国人口总量首次超过14亿,达到14.000 5亿,比上年末增加467万,自然增长率为3.34‰,再创历史新低(图1-7)。而根据第七次全国人口普查公报数据,2020年11月全国人口为14.12亿[①]。

---

① 指中国大陆31个省、自治区、直辖市和现役军人的人口,不包括居住在31个省、自治区、直辖市的港澳台居民和外籍人员。本书中数据若不作特殊说明,均未包括香港特别行政区、澳门特别行政区和台湾地区的人口数据。

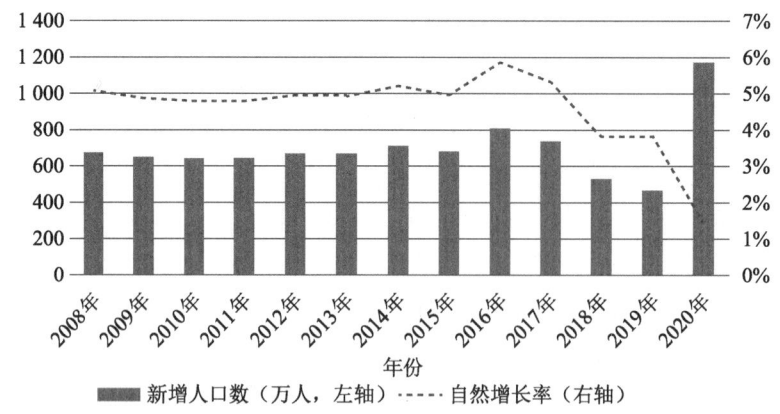

图 1-7　2008—2020 年中国新增人口数与人口自然增长率

数据来源:2008—2019 年数据来自历年中国统计年鉴,2020 年数据来自第七次人口普查公报。

注:2020 年第七次人口普查数据较为全面,相比历年数据波动较大。

(二)人口城乡结构进一步优化

人口城乡结构发生重大变化。2010—2017 年,常住人口城镇化率从 49.95% 提升至 58.52%,户籍人口城镇化率从 39.34% 提升至 42.35%。流动人口[①]从 2010 年的 2.21 亿增加到 2014 年的 2.53 亿,但在 2015 年、2016 年和 2017 年分别为 2.47 亿、2.45 亿和 2.44 亿,呈逐年下降趋势。2018 年和 2019 年流动人口进一步下降为 2.41 亿和 2.36 亿,流动人口规模连续五年下降(图 1-8)。不过根据第七次全国人口普查数据,2020 年 11 月全国流动人口规模调整为 3.76 亿。

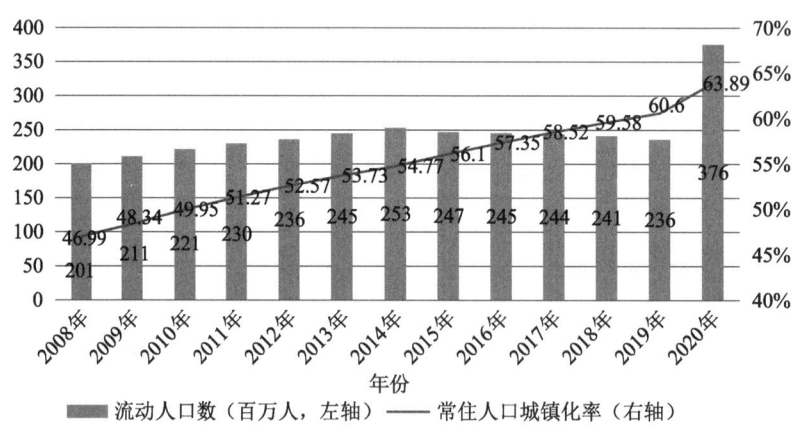

图 1-8　2008—2020 年中国常住人口城镇化率及流动人口数

数据来源:2008—2019 年数据来自历年中国统计年鉴,2020 年数据来自第七次人口普查公报。

---

① 流动人口是指人户分离人口中扣除市辖区内人户分离的人口。

(三)"未富先老、未备先老"

中国老龄化发展速度非常快,1982年,中国60岁及以上老年人口占总人口比重为5%,属于成年型人口结构,到1999年这一比例就达到了10%,属于老年型人口结构,人口年龄结构从成年型转为老年型,中国仅用了18年,而发达国家完成这一历史性转变一般需要几十年甚至上百年的时间。第七次全国人口普查公报显示,到2020年,中国60岁及以上年龄人口数为2.64亿,占总人口比重达到18.70%,65岁及以上年龄人口超过1.9亿,占总人口比重为13.50%。

与此同时,中国人均收入水平、养老相关配套的发展速度却未跟上老龄化的发展速度,呈现"未富先老、未备先老"的特征。发达国家进入老龄化社会时的人均GDP基本在5000~10000多美元,而中国1999年进入老龄化社会时,人均GDP仅为837美元,是当年世界平均水平的1/6。面对急速的人口老龄化,无论是养老、医疗,还是长期照料服务和公共资源分配等社会管理和社会政策体系,中国都处在"未备先老"状态。

(四)人口红利消退

2008—2017年近十年间,中国社会抚养比经历了先下降后上升的"V"字形变化过程,2010年社会抚养比达到改革开放以来的最低值,随后从2011年开始持续上升,到2020年中国社会抚养比达到45.9%(图1-9)。社会抚养比的持续上升,意味着中国人口红利的消退。16~59岁劳动年龄人口也在2012年首次出现绝对数量的下降,不过2020年总体规模仍然高达8.9亿多。

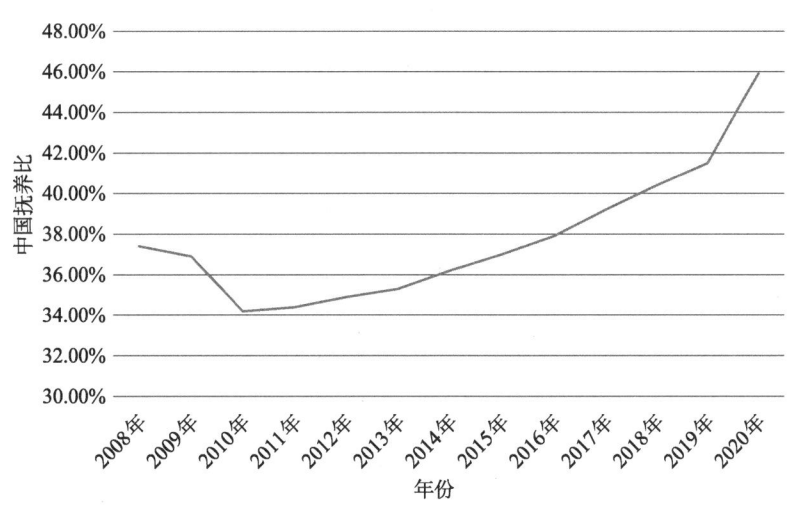

图1-9 2008—2020年中国抚养比变化

数据来源:2008—2019年数据来自历年中国统计年鉴,2020年数据来自第七次全国人口普查。

(五)人口素质稳步提升

在基本的人口身体素质和人口文化教育素质方面,中国近年来都有了很大的提高。

1. 人口身体素质

根据国家卫生健康委员会的数据,在出生缺陷发生率方面,2012年中国新生儿出生缺陷总发生率为 5.6‰，与全球中等收入国家的平均水平接近。由于出生缺陷包括上万种，有的发生率在下降，有的发生率在上升，所以，目前中国新生儿出生缺陷总发生率应在 5.6‰ 左右。

在婴儿死亡率方面，总体上呈下降趋势，2008 年中国婴儿死亡率为 14.9‰，2010 年为 13.1‰，2020 年降至 5.4‰。

在孕产妇死亡率方面，每十万例活产中孕产妇的死亡人数 2008 年为 34.2 人，2010 年为 30 人，2020 年下降至 16.9 人。

在人口平均预期寿命方面，2010 年中国人口平均预期寿命为 74.83 岁，到 2020 年提高到 77 岁。

2. 人口文化教育素质

第七次人口普查数据显示，截至 2020 年 11 月 1 日，全国 15 岁及以上人口的平均受教育年限由 2010 年的 9.08 年提高至 9.91 年。与 2010 年第六次全国人口普查相比，文盲人口（15 岁及以上不识字的人）减少 16 906 373 人，文盲率由 4.08% 下降为 2.67%；每 10 万人中拥有大学文化程度的由 8 930 人上升为 15 467 人，拥有高中文化程度的由 14 032 人上升为 15 088 人，拥有初中文化程度的由 38 788 人下降为 34 507 人，拥有小学文化程度的由 26 779 人下降为 24 767 人。

三、中国人口发展在世界的地位

从历史的视角来看，中国人口的增长趋势大体上与世界人口的增长趋势相一致，增长速度也相差不大，并且中国也一直保持着世界人口大国的地位。中国人口在世界人口中占有相当重要与稳定的占比，大约是世界人口的 1/4～1/3，这也使得中国长期是世界上人口最多的国家[①]（表 1-3）。

表 1-3 中国人口占世界人口比重

时期	世界人口	中国人口	中国人口占世界人口比重
公元前 100 万年	1 万～2 万	—	—
公元前 10 万年	20 万～30 万	—	—
公元前 1.5 万年	300 万	—	—
公元前 3000 年	3 000 万	1 000 万	33%
公元元年	2 亿	6 000 万	30%
1750 年	7.3 亿	1.9 亿	26%
1800 年	9.1 亿	2.8 亿	31%
1860 年	11.8 亿	2.9 亿	25%

---

① 王秀银，鹿立，崔树义.现代人口管理学[M].济南：山东人民出版社，2011，19-21.

(续表)

时期	世界人口	中国人口	中国人口占世界人口比重
1900年	16.2亿	4.3亿	27%
1950年	25.2亿	5.5亿	22%
2000年	61.2亿	12.6亿	21%
2020年	77.5亿	14.1亿	18%

数据来源:1950年及以前数据来自蒋正华,张羚广.中国人口报告[M].沈阳:辽宁人民出版社,1997. 2000年及以后数据来自世界银行。

中国保持世界人口大国地位的原因,与"多生多育"的观念和制度分不开。中国古代主流的生育观念是"多生多育",不仅如此,历朝历代的统治者还建立起了与之相适配的鼓励生育的管理制度。社会主流观念与管理制度的结合,使得中国人口的发展具有很强的韧性,在几千年的历史长河中,尽管会出现灾害、战乱等对人口增长的不利因素,导致人口增长出现波动,但波动后最终还是会恢复增长。

不过近年来,由于计划生育政策的实行,以及社会生育观念改变等原因,中国人口的增长速度明显低于发展中国家以及世界人口的平均增速,中国人口占世界人口的比重也逐步下降(表1-3),预计未来还会继续下降。1970年,中国人口占世界人口的比例约为22%,但此后中国人口的占比就不断下降,至2020年,中国人口占世界人口的比例约为18%,预计到2050年下降到14%,而到21世纪末将下降到约9%。在一个半世纪的时间里,中国人口占比将由近1/4,减少到不足1/10。[①]

尽管中国人口占世界的比重在不断下降,但目前中国仍是举足轻重的世界第一人口大国,并且在未来相当长一段时间内仍然扮演着人口大国的角色。因此,中国人口管理的成效在很大程度上对世界人口的发展进程产生重要影响。2020年,中国城镇化水平已超过60%,中国城市人口管理从规模、速度、结构、素质等方面都深刻地影响着中国人口的发展及管理的水平。

四、中国城市人口发展现状与趋势

总结中国目前城市人口发展的基本特征,主要包括三个方面,即在总量上,城市人口的规模庞大;在进程上,城镇化发展的速度快;在空间上,主要人口集聚在大城市以及发展良好的城市群内。

(一)城市人口规模庞大

结合中国实际情况,常用"城镇人口"指标来表示与农村人口相对应的人口。仅从城镇人口规模来看,不论是城镇常住人口还是城镇户籍人口,中国都是世界上拥有城镇人口最多的国家。2020年11月,中国常住人口城镇化率达到63.89%,相比2019年提高了3.29个百分点,城市数量达687个。由于中国人口基数庞大,在超过60%的城镇化率水平下,中国城

---

① 陈卫.国际视野下的中国人口老龄化[J].北京大学学报(哲学社会科学版),2016,53(6):82-92.

镇常住人口规模超过了9亿人,相比2010年城镇人口增加2.36亿人。如果按照城镇户籍人口的标准来看,2020年中国户籍城镇化率则为45.4%,户籍城镇人口规模为6.4亿人。①

随着城镇化的继续推进,中国城镇人口规模还将进一步扩大,并将在相当长一段时间内保持世界最多城镇人口国家的地位,中国的城镇化进程对于世界城镇化的发展也有着举足轻重的影响。

(二) 城镇化发展速度快

建国后至今,中国城镇化率总体上处于正向发展的状态,但各阶段的发展速度有所差别。建国初期,中国城镇人口规模呈较快增长的状态,但从20世纪60年代起,就进入了近20年的波动发展阶段。改革开放后,中国的城镇化进程重新进入正常轨道,特别是在进入21世纪后,城镇化加速推进,城镇人口规模大幅度增加,城镇化率快速提高(图1-10)。2000—2020年,中国城镇化率年均提高1.57个百分点,城镇人口年均增加2 212万人。

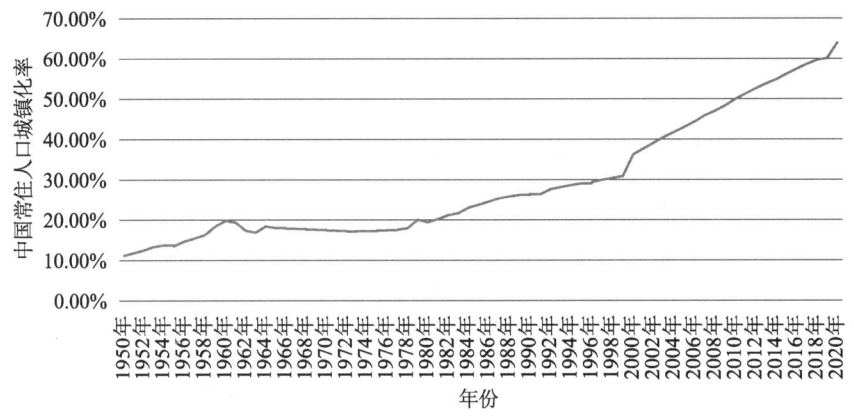

图1-10　1950—2020年中国常住人口城镇化率

数据来源:1981年及以前数据为户籍统计数,1982,1990,2000,2010年数据为当年人口普查数据推算数,2020年为当年11月份人口普查数据,其余年份数据为年度人口抽样调查推算数据。

根据世界城镇化发展的普遍规律,当城镇化率处于30%~70%时,城镇化的发展速度较快,中国的城镇化目前仍然处于这一快速发展区间,在一定时期内,仍然会有较大规模的农村人口继续向城市转移。不过随着国内外发展环境的深刻变化,城镇化发展需要从量的增加向质的提升转变,围绕以人的城镇化为核心推进新型城镇化。

(三) 城市人口向大城市及城市群集聚

城市群是经济社会发展到一定阶段的重要标志,从国际经验来看,发达国家的城镇化会向以大城市为核心的都市圈化和城市群化发展。截至2018年,中国主要形成了19个不同发展水平的城市群,城镇化率61.7%,城镇人口规模达6.5亿,占全国城镇人口的78.3%。以约占全国25%的土地承载了约占全国75%的人口,人口总规模达到10.5亿,这些城市群集聚了中国绝大多数的人口,城镇化发展水平高于全国平均水平,是中国城镇化发展的主

---

① 数据来源:第七次全国人口普查公报。

导者。这些主要城市群中,长三角、珠三角、京津冀是具有代表性的城市群,以5%的国土面积集聚了近1/4的全国人口,而成渝、长江中游等城市群也进入快速发育期,黔中、呼包鄂榆等城市群尚处于雏形发育期(表1-4和表1-5)。

表1-4 中国主要城市群

城市群发展阶段	城市群
成熟发展期(0个)	—
趋于成熟期(2个)	长三角城市群、珠三角城市群
快速发育期(11个)	京津冀城市群、成渝城市群、长江中游城市群、海峡西岸城市群、山东半岛城市群、中原城市群、辽中南城市群、关中平原城市群、北部湾城市群、哈长城市群、山西中部城市群
雏形发育期(6个)	黔中城市群、呼包鄂榆城市群、滇中城市群、天山北坡城市群、兰州—西宁城市群、宁夏沿黄城市群

资料来源:恒大研究院。

表1-5 中国三大城市群主要指标对比

城市群	常住人口	常住人口城镇化率	GDP	面积	城市数量
长三角	1.65亿	67.38%	20.5万亿元	21.17万平方公里	26座
珠三角	0.78亿	85.30%	8.95万亿元	5.5万平方公里	9座
京津冀	1.07亿	66.23%	8.6万亿元	21.5万平方公里	13座

资料来源:各地统计年鉴,恒大研究院。
注:常住人口和GDP为2020年数据,城镇化率为2018年数据。

在人口逐步向大城市及城市群集趋势的推动下,包括长三角、珠三角、京津冀等较为成熟的城市群,以及成渝、长江中游等成长性较高的城市群,将是承担吸纳新增城镇人口、推动城镇化进程功能的主体。随着城市人口的规模不断扩大,城市人口管理逐渐成为人口管理的重心。但如何针对不同年龄阶段、不同社会层级的城市人口开展有效的管理,成为亟需解决又极具现实意义的问题。

从不同年龄段人群的管理重点来看,可以将城市人口的管理分为少年儿童阶段、适龄劳动阶段、老年阶段。处于不同年龄阶段的城市人口,其管理的重点内容也有所不同,少年儿童阶段城市人口管理的主要内容在于生育与教育,适龄劳动阶段人口管理的主要内容包括就业、流动与迁移等,而老年阶段的人口管理则主要是养老。这三个阶段的城市人口管理目标,可以概括为"生而有教""成而有业""老有所养",城市人口管理的制度、政策等都是围绕着这三大基本目标展开。

第四节 课程内容结构安排和学习方法

一、课程内容结构

本课程共有四个单元(图1-11)。第一单元是人口管理基本内容介绍;第二单元是从出生到义务教育阶段人口的基本概念、相关理论、国内外发展现状与人口特征,重点介绍国内外涉及生育与义务教育的管理制度与政策,主要的管理部门与其职能;第三单元是从适龄就业到退休之前这个阶段人口的相关概念、理论,国内外发展现状与人口特征,重点介绍国内外涉及就业、人口流动与迁移的相关管理制度与政策,相关政府部门及其职责的内容;第四单元是老龄阶段人口的基本概念、理论,国内外老龄人口群体的发展现状与特征,重点介绍国内外涉及老龄化社会的应对问题的相关管理制度与政策,相关政府部门及其职责的内容。

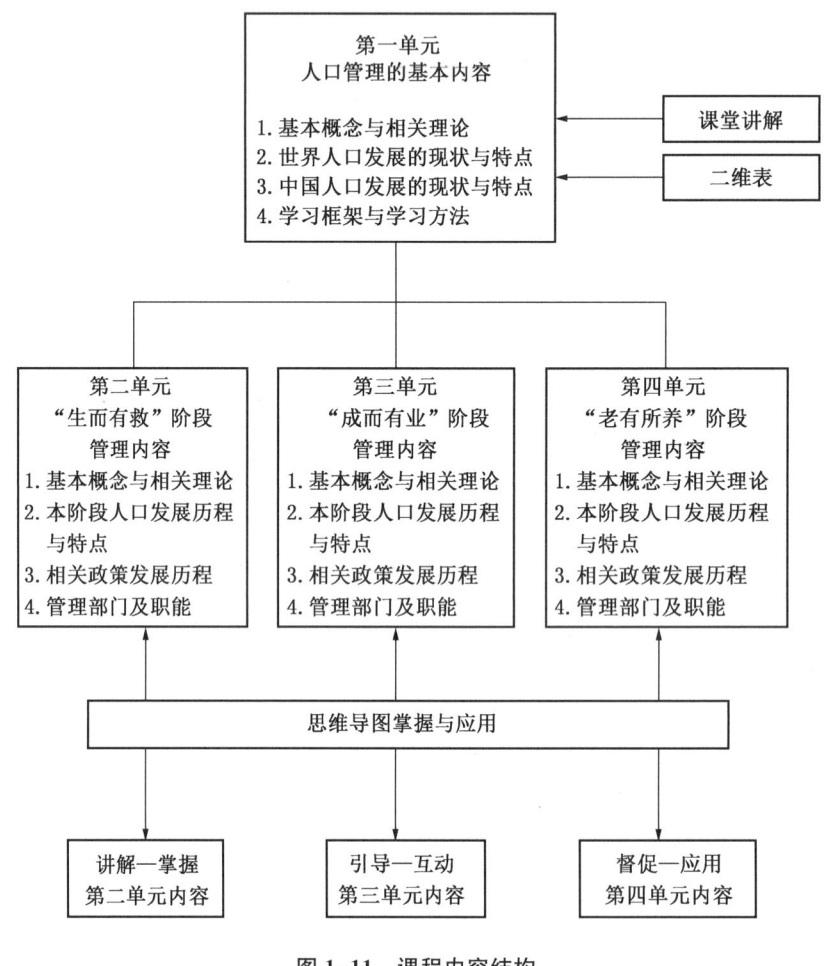

图1-11　课程内容结构

二、学习方法

本课程使用了"二维矩阵"分析法和"思维导图"学习法。具体来说,不同年龄阶段在内容结构上是相似的,因此,为了防止学生在学习过程中对类似的结构失去兴趣,根据内容的先后顺序,采用"讲解—掌握、引导—互动、督促—应用"的方式学习课程内容,不仅使学生学习知识,同时也掌握了学习类似内容的学习方式(表1-6)。思维导图是针对每一单元的四部分学习内容,用导图的方式先建立学习框架,然后再根据掌握的单元框架深入学习详细内容。

(一)"二维矩阵"分析法

表 1-6　二维矩阵表

年龄阶段/内容	相关概念与理论	现状与特征	相关制度与政策	管理部门与职责
生而有教		讲解—告知方法—被动学习		
成而有业		引导—练习方法—互动学习		
老有所养		督促—掌握方法—主动学习		

根据单元内容的先后顺序,第一和第二单元采用"讲解—告知方法—课堂讲授式学习"的方式,学习第三单元的内容,采用引导—通过布置作业的互动掌握的方式,第四单元采用督促—提出学习目标和问题,寻求答案的主动探索的方式学习课程内容,不仅使学生掌握了知识,同时也掌握了学习类似内容的学习方法。

(二)"思维导图"学习法

三个不同年龄阶段人口管理的内容,用思维导图的方式将本单元内容先做出总体了解,再根据总体框架进行具体内容的学习,通过作业再次回顾本单元的课程内容,这种安排符合人们"总—分—总"的思维方式,便于学生记忆(图 1-12)。

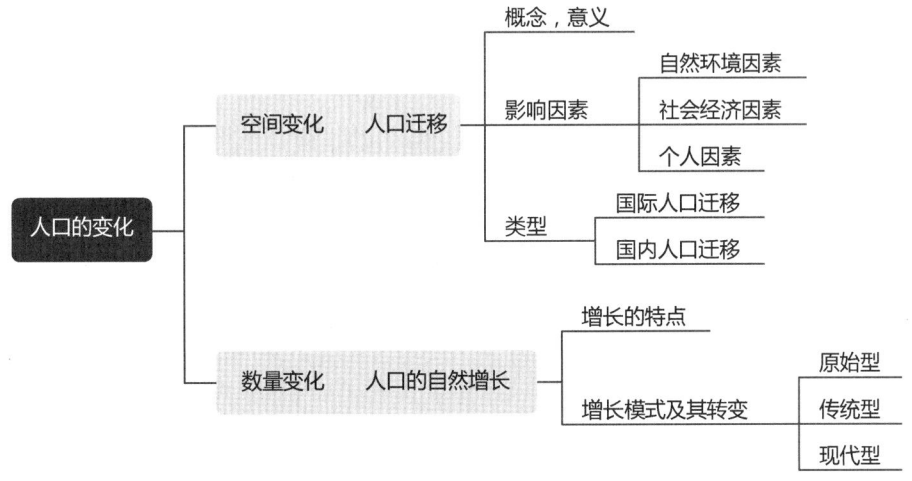

图 1-12　"思维导图"学习法示例

第二单元
"生而有教"阶段城市人口管理

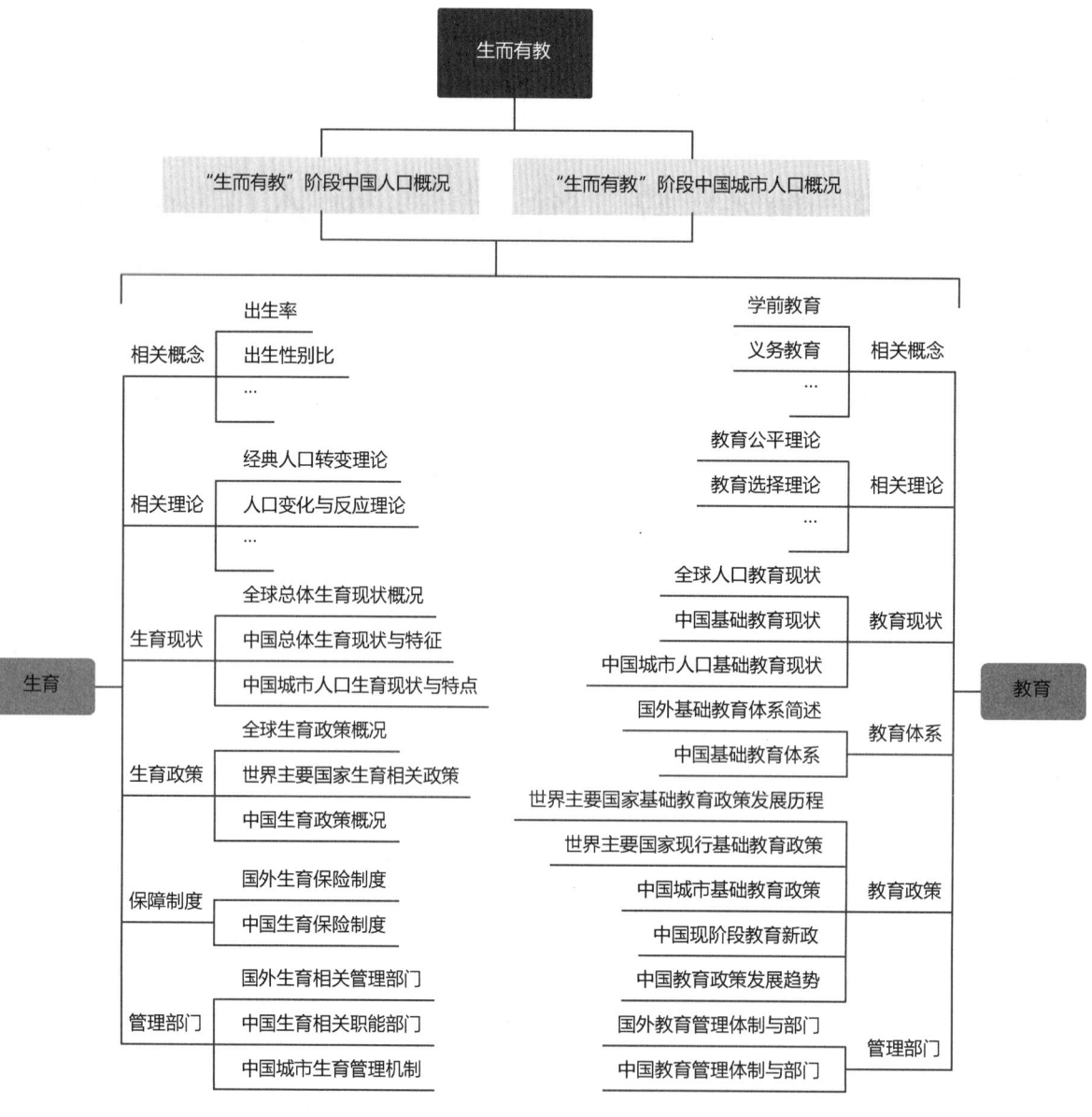

第一节 "生而有教"阶段中国城市人口现状

从出生到死亡,人的一生会经历不同的阶段。其中,"生而有教"阶段是人生的开端,也是其后各阶段的基础,该阶段的主体内容包括生和育两部分,即生殖和教育,二者紧密相关、不可分割。一个新生命的诞生,是一次人口数量的变化,但其对人口的更大影响需要通过适当的教育来实现,包括树立正确的人生价值、获取基本的知识技能、培养良好的生活习惯等,以此积累参与社会分工的能力,顺利完成人口质量的延续与提升,为其后各阶段打好基础。

作为人生的基础阶段,"生而有教"单元主要阐述未参与社会劳动的人口的管理。按照中国适龄劳动年龄法定的标准,该阶段的研究对象主要是0～15岁的少年儿童,涉及新生儿出生到完成义务教育的全过程。

一、"生而有教"阶段中国人口概况

(一) 全国0～15岁人口规模保持增长

近年来,在二孩政策等多种因素的影响下,中国0～15岁的人口总规模稳步增加。根据第七次全国人口普查结果,截至2020年,全国0～15岁总人口有26 871万人,约占全国总人口的19.03%。与2013年相比,增加了2 996万人。

表2-1 2013—2020年中国0～15岁总人口及常住人口城镇化率

指标＼年份	2013	2014	2015	2016	2017	2018	2019	2020
全国0～15岁总人口(万人)	23 875	23 957	24 166	24 438	24 719	24 860	24 977	26 871
常住人口城镇化率	53.73%	54.77%	56.10%	57.35%	58.52%	59.58%	60.60%	63.89%

数据来源:2013—2019年数据源于各年的《国民经济和社会发展统计公报》,2020年数据源于《第七次全国人口普查公报》。

(二) 低龄儿童健康水平显著提升

2010年以来,中国覆盖城乡的儿童健康服务体系进一步完善,儿童医疗保健服务能力不断加强,儿童健康水平显著提升,儿童死亡率持续下降。2019年,婴儿死亡率和5岁以下儿童死亡率分别为5.6‰、7.8‰,分别比上年下降0.5和0.6个千分点。2019年,全国儿童低出生体重发生率为3.24%,5岁以下儿童贫血患病率和低体重率分别为5.38%和1.37%,均比上年下降0.06个百分点,儿童发育状况不断改善。

(三) 基础教育覆盖人口持续增加

近年来,中国大力发展公办幼儿园,积极扶持普惠性民办幼儿园,开展城镇小区配套幼儿园治理,普惠性学前教育资源迅速增加,接受学前教育的人口稳步增加,2019年学前教育

(包括幼儿园和附设幼儿班)在园幼儿4 713.9万人,比上年增长1.2%。

2019年,中共中央、国务院印发《关于深化教育教学改革全面提高义务教育质量的意见》,进一步推动了中国义务教育改革与发展。2019年,全国在校生1.54亿人,其中普通小学1.06亿人,初中0.48亿人,分别比上年增长2.6%、2.1%和3.8%。

(四) 流动儿童规模超过留守儿童规模

自2015年以来,义务教育阶段农村留守儿童规模平均每年减少159万人。根据教育部发布的2019年全国教育事业发展统计公报,2019年义务教育阶段进城务工人员随迁子女规模和农村留守儿童规模分别为1 427万人和1 384万人,农村留守儿童人数首次低于进城务工人员随迁子女人数。义务教育阶段进城务工人员子女与父母的"在一起"指数①从2015年的40.37%,提升到2019年的50.76%,首次超过50%,农村留守儿童问题有所改善。

二、"生而有教"阶段中国城市人口概况

(一) 中国0~15岁城市人口规模与增长

中国城市人口随着城市化进程的推进不断增加,0~15岁城市人口数也呈上升趋势(图2-1)。中国第三次全国人口普查显示,1982年0~15岁城市人口约为4 023万人。在人口惯性与政策调整的双重作用下,1981—1991年中国经历了第三轮婴儿潮,出生人口年均2 260万,0~15岁城市人口也快速攀升至1990年约4 904万人,相较1982年增加近900万人,2000年进一步上升至约5 239万人。

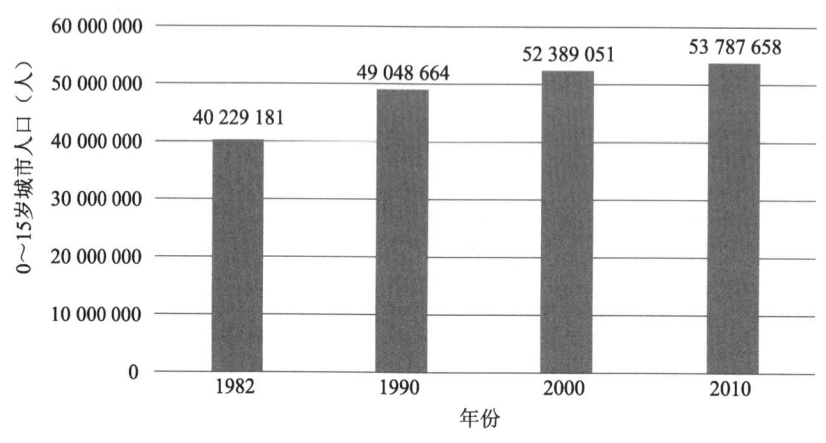

图2-1 1982,1990,2000,2010年中国0~15岁城市人口

数据来源:1982,1990,2000,2010年数据分别根据第三~第六次全国人口普查数据整理。
注:该图中城市人口不包括镇人口。

由于长期严格执行计划生育,本应于2010年后出现的第四轮婴儿潮并未出现,第三轮婴儿潮期间出生的人口也已成年,0~15岁人口的增长动力明显不足,2010年的普查数据显示0~15岁城市人口约为5 378万人,仅比2000年增加100多万人。2019年中国城市总

---

① "在一起"指数=进城务工人员随迁子女/进城务工人员(随迁+留守)子女。

人口中 0～15 岁人口占比为 14.35%。①

(二) 中国 0～15 岁城市人口占比

中国城市人口中 0～15 岁人口占比近年来保持稳定且总体偏低（图 2-2）。数据显示，中国 0～15 岁人口在城市总人口中的比重从 2001 年的 17.68% 下降至 2006 年的 14.61%，随后开始企稳且近十年来维持在 13%～14% 小幅波动。2019 年中国城市总人口中 0～15 岁人口占比为 14.35%，同期全国总人口中 0～15 岁人口的比重为 17.8%，这说明在 0～15 岁的低龄人口方面，农村人口的年龄结构比城市人口更有竞争力。

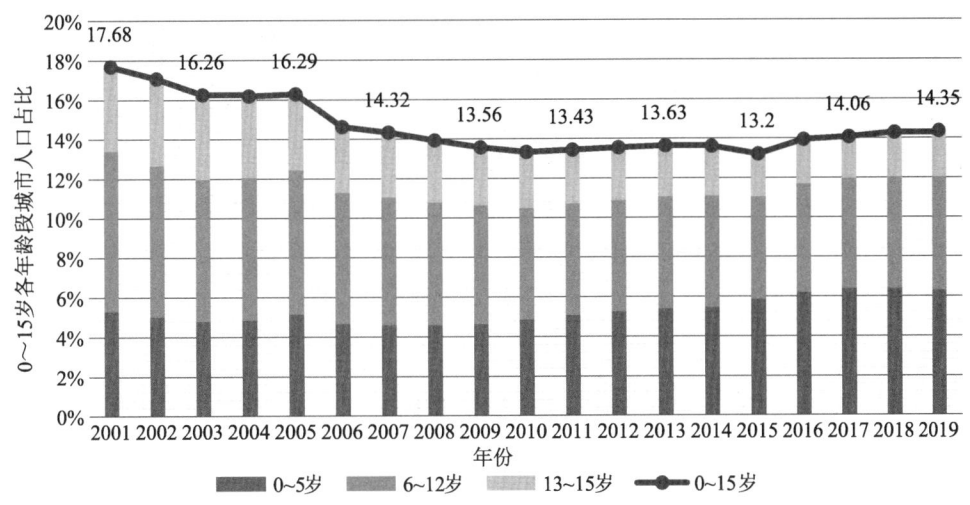

图 2-2　2001—2019 年中国 0～15 岁各年龄段城市人口占全国城市总人口比重

数据来源：2002—2020 年《中国人口和就业统计年鉴》。
注：该图中数据城市人口不包括镇人口。

如图 2-2 所示，在 0～15 岁的城市人口中，0～5 岁的人口占比在二孩政策的驱动下出现明显上升，由 2014 年的 5.46% 增加至 2019 年的 6.3%；6～12 岁的人口占比在 2001—2010 年间下降明显，从 8.08% 降至 5.64%，随后保持相对稳定，除 2015 年跌至 5.19% 以外，基本维持在 5.6% 左右；13～15 岁的人口占比总体上呈下降趋势，从 2001 年的 4.28% 压缩至 2019 年的 2.28%。

(三) 中国 0～15 岁城市人口性别比

中国 0～15 岁城市人口性别结构严重失衡且波动较大（图 2-3）。2001 年至 2019 年，中国 0～4 岁城市人口性别比在 110～117 范围内波动；5～9 岁城市人口占比从 2002 年开始保持在 114 以上，最高值为 2009 年的 118.44；10～14 岁城市人口性别比自 2005 年开始超过并维持在 110 以上的水平，2009 年达到最高，为 118.46；15 岁城市人口性别比总体上呈波动式上升，其中最低值为 2004 年的 97.94，最高值为 2017 年的 133.56。总体而言，中国 0～15 岁城市人口表现出女少男多的比例关系。

---

① 根据《中国人口和就业统计年鉴 2020》抽样数据计算所得。

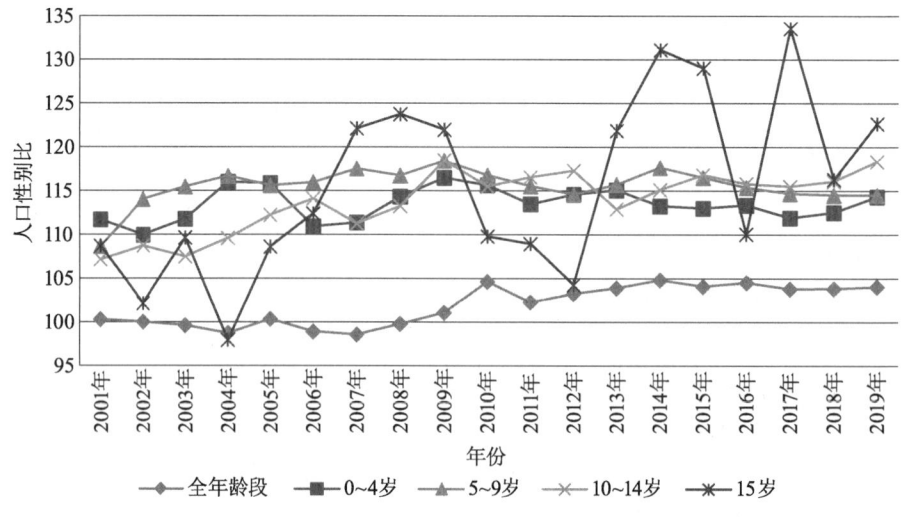

图 2-3 2001—2019 年中国 0~15 岁城市人口的性别比(女=100)

数据来源:2002—2020 年《中国人口和就业统计年鉴》。
注:该图中城市人口不包括镇人口。

第二节 "生而有教"阶段相关概念与理论

一、"生而有教"阶段的相关概念

(一)"生"的相关概念

"生"即"生殖"。这一阶段直接关系到新生儿及育龄期妇女这两大类特殊人群的人口管理。从新生儿的角度来说,主要涉及出生率、出生性别比、出生缺陷发生率、出生高峰、生育红利等概念;从育龄期妇女的角度来讲,主要涉及生育率、生育意愿等概念。

1. 出生率

出生率(Birth Rate),有时也称为粗出生率,是人口变动中的一部分,主要是指在一定时期一定地域范围内平均每千人中出生人数所占的比例,它是反映一定时期内按全部人口计算的人口出生状况的相对指标①。

2. 出生性别比

出生性别比,是指一时期(通常为一年)每新出生人口中 100 个女婴相对应的男婴的数量②。联合国认定的正常域值一般在 102~107,超出或低于则为异常,在不进行人为干预的自然状态下,一个国家或地区一年之中新生婴儿的性别比会维持在 105 左右③。

---

① 吴忠观.人口科学辞典[M].成都:西南财经大学出版社,1997.
② 李仲生.人口经济学[M].北京:清华大学出版社,2009.
③ 刘中一.出生性别比治理的公众参与研究[J].中共南京市委党校学报,2015.(3):77-81.

3. 出生缺陷发生率

出生缺陷发生率是年度出生缺陷儿占当年总出生婴儿数的千分比率,是衡量出生人口质量的重要指标。出生缺陷是指婴儿出生前在母体内发生的某种发育异常,通常包括遗传性疾病和不具遗传倾向的先天性畸形。①

4. 生育率

生育率通常是指每千名处于育龄期的妇女在一年中生育的子女(活婴)数。在国际上,育龄期妇女一般指15～49岁年龄段的女性。根据不同的计算方法和统计口径,生育率可以分为一般生育率、分年龄组生育率、总和生育率、终身生育率和政策生育率等。

一般生育率(General Fertility Rate)是指一年中每千名育龄妇女所拥有的活产婴儿人数,反映了育龄妇女总体生育水平②。

分年龄组生育率(Age-Specific Fertility Rate)又称年龄别生育率或按龄生育率,是一年内每千名某年龄组妇女拥有的活产婴儿数,可以表现不同年龄层次育龄妇女的生育水平与特征。

总和生育率(Total Fertility Rate)也称总生育率,是指假定一批刚进入育龄期的妇女按照当前(通常为某一年)的生育模式和生育水平度过整个育龄期,育龄期结束后平均每名妇女一生可能生育的孩子数。总和生育率不受年龄结构的影响,但未能反映这批育龄期妇女的实际生育水平。

终身生育率(Completed Fertility Rate)是指某地区某一时点上已经度过育龄期的一批妇女平均每人所生育过的孩子数,真实反映了妇女一生的生育状况和生育水平。

政策生育率(Policy Fertility Rate)是指如果严格按照政策规定完成终生的生育过程,平均每个女性终生生育的孩子数。该数据是为了反映中国的政策生育水平,评估计划生育工作。③

5. 出生高峰

判断是否出生高峰是根据出生率的高低和升高程度衡量,出生高峰指某一年或某一段时期的出生率明显突出地高于前后两个时期的时间节点④。

6. 生育意愿

生育意愿是人们对于生育的态度和看法,反映了人们认为的最好的、最理想的生育状况。生育意愿的内涵要素主要包括生育数量、生育性别选择、生育计划时间⑤、孩子的质量⑥、生育动机⑦等。

7. 生育红利

生育的红利效应是指生育不仅会增加未来劳动人口数量、未来储蓄和资本存量,降低

---

① 王秀银,鹿立,崔树义.现代人口管理学[M].济南:山东人民出版社,2011:80.
② 温勇,尹勤,帅友良.人口统计学[M].南京:东南大学出版社,2006:94-108.
③ 高文力,梁颖.试论时期总和生育率、终身生育率与政策生育率的关系[J].人口学刊,2012(1):3-11.
④ 查瑞传.我国第三次出生高峰不是一次生育高峰[J].人口研究,(03):9-16.
⑤ 顾宝昌.论生育和生育转变:数量、时间和性别[J].人口研究,1992(06):1-7.
⑥ 于学军.再论"中国进入后人口转变时期"[J].中国人口科学,2001(03):54-59.
⑦ 沈毅.苏南流动人口生育意愿研究——以吴江流动人口为例[J].市场与人口分析,2007,11(5):42-50.

社会抚养比,还会促进全要素生产率、产出以及人均产出的提升。①

(二) 与"教"相关的概念界定

1. 基础教育

基础教育是指为一个人的终身发展打基础的教育,也就是按照国家的规定对儿童和青少年实施的旨在培养国民素质的最低限度的普通教育②。基础教育是包括学前教育、小学教育、中学教育在内的普通教育的总称,现阶段基础教育的主体是小学五年或六年、初中四年或三年,合计九年的义务教育,是提高全体国民整体素质、建设现代文明社会的奠基工程③。

2. 学前教育

学前教育是对学龄前儿童所实施的保教活动的总称。学前教育由学前儿童、学前教育者、学前教育措施三个基本要素有机构成,具有基础性、启蒙性和公益性三大特点④。

3. 义务教育

义务教育,即依法律规定适龄儿童和青少年都必须接受,国家、社会、家庭必须予以保证的国民教育⑤。义务教育具有强制性、免费性、公益性和普及性等特征。目前,中国实行九年制义务教育,包含小学和初中的教育时段。

4. 普通高中教育

普通高中教育是在九年义务教育基础上进一步提高国民素质的、面向大众的基础教育⑥。普通高中教育是基础性教育。

5. 职业教育

职业教育是按照一定的社会目的和要求,在一定普通教育的基础上,通过传授某种职业或岗位所必需的知识、技能、职业道德等信息来促进和影响人的发展,使受教育者成为适应社会需要的应用人才。

6. 全纳教育

"全纳教育"的概念于1994年在西班牙萨拉曼卡世界特殊教育大会上被提出,并迅速得到了国际社会的认同⑦。联合国教科文组织2005年发布的《全纳教育指南:确保全民教育的通路》给出了全纳教育的明确概念:即通过增加学习、文化和社区参与,减少教育系统内外的排斥,应对所有学习者的多样化需求,并对其做出反应的过程。以覆盖所有适龄儿童为共识,以常规体制负责教育所有儿童为信念,全纳教育涉及教育内容、教育途径、教育结

---

① 杨华磊,张文超.生育红利、生育意愿与生育支持[J].上海经济研究,2019(07):57-69.
② 李森,宋乃庆.基础教育概论[M].成都:四川教育出版社,2004:2.
③ 王炳照,施克灿.中国教育改革30年·基础教育卷[M].北京:北京师范大学出版社,2009:1.
④ 朱宗顺,陈文华.学前教育学[M].北京:北京师范大学出版社,2012:9-21.
⑤ 中共中央关于教育体制改革的决定[EB/OL].https://www-moe-gov-cn.webvpn.usst.edu.cn/jyb_sjzl/moc_177/tnull_2482.html.
⑥ 教育部关于印发《普通高中课程方案(实验)》和语文等十五个学科课程标准(实验)的通知 http://old.moe.gov.cn//publicfiles/business/htmlfiles/moe/s8001/201404/xxgk_167349.html.
⑦ 倪胜利,李虹汎.全纳教育:历史检视与实践观照[J].西北师大学报(社会科学版),2019(6).

构和教育战略的变革和调整①。

7. 教育权利平等

教育权利平等是指社会成员接受教育的权利平等,要求每个人都能平等地享有接受教育的权利,不论其种族、肤色、阶级、性别、语言、宗教信仰、财产甚至政治见解如何②。

8. 教育机会平等

教育机会平等是指社会成员接受教育的机会平等,具体包括两个方面:一是作为平等权利的教育机会平等,要求所有教育系统的入学机会对所有社会成员开放,反对任何基于种族、肤色、阶级、性别、语言、宗教信仰、财产甚至政治见解之上的差别和歧视;二是作为平等起点的教育机会平等,要求国家或政府通过适当的物质资助和政策倾斜等方式,对由社会性因素造成的处于不利境地的受教育者进行扶持,使其与其他受教育者处于平等的起点之上③。

9. 教育结果公平

教育结果公平是指在保障受教育者权利平等和机会平等的条件下,个体在学业成就和发展前景方面的公平④。

10. 教育过度

教育过度是指个体所拥有的受教育程度超过了工作所要求的水平。如果以教育与职业的匹配来测量,那么教育过度就是个人所拥有的受教育程度超过了其所从事职业所需要的教育水平⑤。

二、"生而有教"阶段的基本理论

(一)与生育相关的理论

20世纪初,为了解释部分西方国家出现的人口、家庭规模的变化,学者从不同角度提出了很多重要理论,如兰德里(Adolphe Landry)等学者提出的经典人口转变理论,认为生育率下降主要是受文化心理和制度性因素影响,它往往滞后于死亡率的下降,但比死亡率的下降要困难,但是生育率一旦开始下降,会比死亡率的下降速度更快,最终导致人口增长缓慢或增长停止。又如戴维斯(Kingsley Davis)于1963年提出了人口变化与反应理论,认为死亡率的下降给家庭资源带来了更大的压力,当第二代人长大后,会采取各种措施限制生育子女的数量以避免父辈大家庭带来的种种问题,因此,死亡率的下降会导致生育率的下降。对生育有直接影响的还有如下重要理论。

1. 生育意愿抉择理论

1983年,鲁迪(J. Richard Udry)提出了生育意愿抉择理论,认为生育意愿的抉择主要

---

① 周满生.全纳教育:概念及主要议题[J].教育研究,2008(07):18-22.
② 钱花花.社会正义视域中的美国教育政策研究[D].吉林大学,2016.
③ 钱花花.社会正义视域中的美国教育政策研究[D].吉林大学,2016.
④ 钱花花.社会正义视域中的美国教育政策研究[D].吉林大学,2016.
⑤ 刘金菊.中国人口的教育过度:水平、趋势与差异[J].人口研究,2014,38(05):41-53.

有两种模式:一是同步模式,指夫妻双方在结婚时已经根据前期社会化影响及生儿育女的成本、效益确定了生育意愿;二是序次模式,该模式认为生育意愿不是恒定不变的,夫妻会在生育下一个孩子的过程中结合家庭经济状况等因素对再生育子女的成本与收益进行重新评估,然后做出生育决策,不同孩次具有不同的抉择模式①。

2. 孩子数量质量替代理论

贝克尔(Garys S. Becker)的孩子数量质量替代理论认为,对于家庭来说,孩子的数量和孩子的质量是两种可互为替代的商品,并且孩子数量的弹性小于孩子质量的弹性,也就是说对孩子质量需求的增长程度大于对孩子数量需求的增长程度。对孩子质量的需求增加会降低对孩子数量的需求,二者之间呈现出负相关关系。当家庭收入一定时,为了实现家庭效用最大化,父母对孩子质量需求的增加必然导致对孩子数量需求的减少。并且,随着家庭收入的增加,较少的、高质量的孩子成为家庭的首要选择。②

3. 低生育率陷阱理论

2005年,奥地利学者Wolfgang Lutz和Vegard Skirbekk在研究低生育率国家政策对生育进度的影响时提出了低生育率陷阱理论,该理论解释了西方低生育国家生育率持续降低并保持在很低水平难以回升的原因,是当今西方人口学界最有影响的理论之一。

该理论指出,当总和生育率降到1.5以下后,低生育率会自我强化,如同掉入陷阱,扭转生育率下降趋势将会变得很困难甚至不可能③。2006年,Lutz等人进一步提出了"低生育陷阱"的三个"自我强化机制":其一是人口学机制,因人口负增长惯性,潜在母亲数量的减少将导致出生人数的减少;其二是社会学机制,即年轻一代人受父辈低生育率的影响而降低生育意愿;其三是经济学机制,即相对收入的减少会限制生育④。因此,Wolfgang Lutz等认为要摆脱低生育率陷阱,政府应该采取措施提高生育率,特别是在年轻人理想孩子数还不是太低的时候,否则一旦理想孩子数降到很低的水平,采取措施就为时已晚⑤。

(二) 与教育相关的理论

1. 教育公平理论

教育公平的思想由来已久,从中国古代的思想家孔子到现代以约翰·霍普金斯大学教授科尔曼(James Coleman)和瑞典教育家胡森(Torsten Husen)等为代表的西方学者,分别从不同的角度提出了自己对于教育公平的看法,促进了教育公平理论的多元化发展。

综合来看,教育公平理论包含平等性原则、差异性原则和补偿原则。平等性原则即接受教育的权利和机会是平等的,该种平等不是结果的平等,而是在取得良好过程中平等的机会与可能性;差异性原则是采用多元化的教育资源和教育方式使不同的学生得到充分的

---

① 周苑."单独二孩"生育意愿及其影响因素研究[D].南京大学,2015:15.
② 彭松建.西方人口经济学概论[M].北京大学出版社,1987:333-334.
③ Skirbekk L V .Policies Addressing the Tempo Effect in Low-Fertility Countries[J]. Population and Development Review,2005,31(4):699-720.
④ 吴帆.欧洲家庭政策与生育率变化——兼论中国低生育率陷阱的风险[J].社会学研究(1期):49-72.
⑤ 石人炳.低生育率陷阱:是事实还是神话?[J].人口研究(2):109-114.

自我发挥；补偿原则是指在差异性原则的基础上对社会地位、经济条件、个人条件等较为落后的受教育者给予教育资源配置上的补偿。

2. 教育选择理论

随着全球经济市场化、文化生活多元化、个人需求多样化以及居民生活水平的不断提高，公共教育质量却呈现下降趋势。在该背景下，20 世纪 90 年代初美国教育经济学家 Henry M. Levin 和 Edwin G. West 分别发表了《教育选择经济学》和《公立学校和过重的负担》，提出了教育选择理论。该理论是指导美国及其他西方国家择校及教育私营化的主要理论依据。

该理论认为，学生和家长有权选择不同的学校类型、学校质量、教育计划及形式等。但是，教育选择是相对的、有条件的，应该遵循个人利益与公共利益兼顾、自愿与强制兼顾、愿望与能力兼顾的原则。Henry M.Levin 认为教育选择可以分为市场选择和公共选择两大类：市场选择主要指通过建立和改进私立学校，推行学券制，实行税收优惠或减免等市场机制的运作满足学生及其家长需要的教育选择；公共选择是学生及其家长在公共学校体系范围内作出的教育选择。[1]

3. 人力资本理论

1960 年，舒尔茨（Theodore W. Schultz）在美国经济年会上发表《人力资本投资》，正式提出了现代人力资本理论。舒尔茨认为人力资本是相对于物力资本而存在的一种资本形态，表现为人所拥有的知识、技能、经验和健康等。

该理论提出人力资本包括人口的数量和质量，提高人口的质量尤其重要，且关键靠教育。教育增长了一个人包括科学知识、生产技能以及凝集在劳动者身上各种生产能力在内的各种能力，是一种隐藏在人体内的能力增长的生产性活动。教育投资是一种生产性投资，是人力投资的主要组成部分。[2]

以上生育理论和教育理论是学者从不同的角度对不同的问题提出的理论解释和分析框架，可以提升对现实问题的思考深度和广度，在实践中发挥着重要的作用和价值。

第三节　国内及国外主要国家生育现状及管理制度

一、全球生育现状与特征

（一）全球总体生育现状概况

20 世纪 50—60 年代，战后经济逐步复苏，人民生活开始步入正轨，在劳动力需求大幅增加与社会福利制度逐渐完善的双重影响下，西方社会引发了"婴儿潮"现象。然而，进入

---

[1] 曲恒昌.西方教育选择理论与我国的中小学入学政策[J].比较教育研究,2001(12):43-47.
[2] 文海漓.城镇化进程中农村教育问题研究[D].广西师范大学,2014.

20世纪70年代后期,全球人口增长趋势明显分化,发展中国家的人口增长趋势仍然强劲,欧美等发达国家的"婴儿潮"现象开始减退。20世纪80年代后,人口的持续增加带来了严峻的环境问题与社会问题,计划生育和人口增速控制成为新的社会问题。20世纪90年代中期以来,世界人口增长率一直处于缓慢下降的态势,主要表现出以下特征。

1. 全球生育率总体上呈现显著下降趋势

根据联合国人口司发布的2019年《世界人口展望》报告,全球总和生育率(即总生育率)已从1990年的3.2下降至2019年的2.5。其中,撒哈拉以南非洲、北非和西亚、中亚和南亚、东亚和东南亚、拉丁美洲和加勒比、大洋洲国家(不包括澳大利亚和新西兰)分别从1990年的6.3、4.4、4.3、2.5、3.3和4.5下降至2019年的4.6、2.9、2.4、1.8、2.0和3.4。此外,澳大利亚和新西兰、欧洲和北美洲发达国家的生育率在1990年均已跌破2.0,目前分别降至1.8和1.7(表2-2)。

表2-2 2019年全球及各地区总生育率

地区	1990年	2019年
世界	3.2	2.5
撒哈拉以南非洲	6.3	4.6
北非和西亚	4.4	2.9
中亚和南亚	4.3	2.4
东亚和东南亚	2.5	1.8
拉丁美洲和加勒比地区	3.3	2.0
澳大利亚/新西兰	1.9	1.8
大洋洲*	4.5	3.4
欧洲和北美洲	1.8	1.7

资料来源:United Nations, Department of Economic and Social Affairs, Population Division(2019). World Population Prospects 2019: Highlights(ST/ESA/SER.A/423).

20世纪60年代以来,高收入国家的总生育率开始快速下跌,自1975年跌破2.1以后,开始保持微弱下滑的态势。近十几年一直在1.6~1.7小幅波动,长期处于低生育水平。2019年高收入国家的总生育率为1.57,远远低于世界平均水平(图2-4)。与总生育率的变化轨迹相似,高收入国家的粗生育率也一直保持下降的趋势,2019年仅为10.04%。

中高等收入国家的总生育率自1960年以来波动较大,总体呈阶梯式下降。中高等收入国家于1975年由高生育水平降至中等生育水平,并自1994年跌破2.1以后总体稳定在1.8~1.9的低生育水平。2019年,中高等收入国家总生育率和粗出生率分别为1.83和12.64%,均略高于高收入国家水平,但仍低于世界平均水平。

中低等收入国家的总生育率自20世纪60年代以来平稳下降,70年代初下降速度开始加快,2000年以后逐步放缓。1960—2019年间,总生育率从5.98下降到2.69,其中1994年开始降到了4以下,标志着中低等收入国家正式由高生育水平向中等生育水平过渡。目前,中低等收入国家依然处在中等生育水平阶段,总生育率略高于世界平均水平。

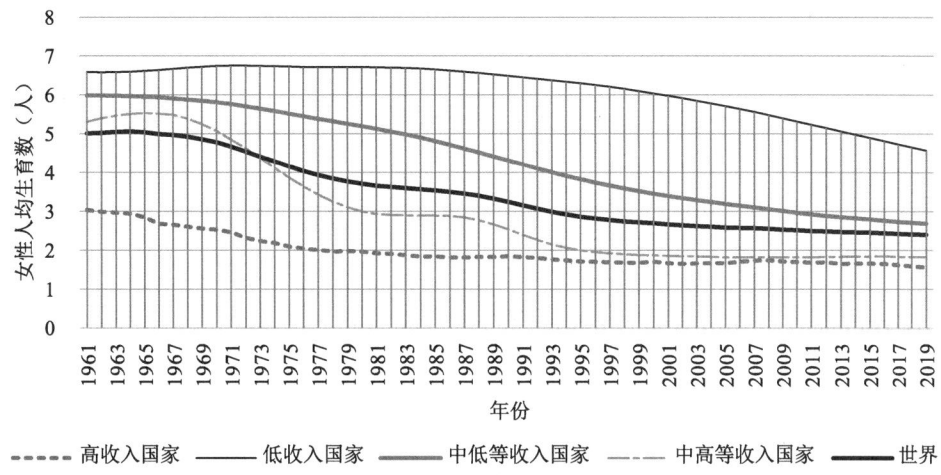

图 2-4　1961—2019 年各收入类型国家的总生育率

资料来源：世界银行数据库。

20 世纪 60—80 年代末，低收入国家的生育水平一直稳定在 6.5～6.8，自 90 年代开始，低收入国家的生育水平开始持续下降，从 1990 年的 6.48 下降至 2019 年的 4.57，仍处于高生育水平阶段，远高于世界平均水平和其他类型国家水平（图 2-5）。

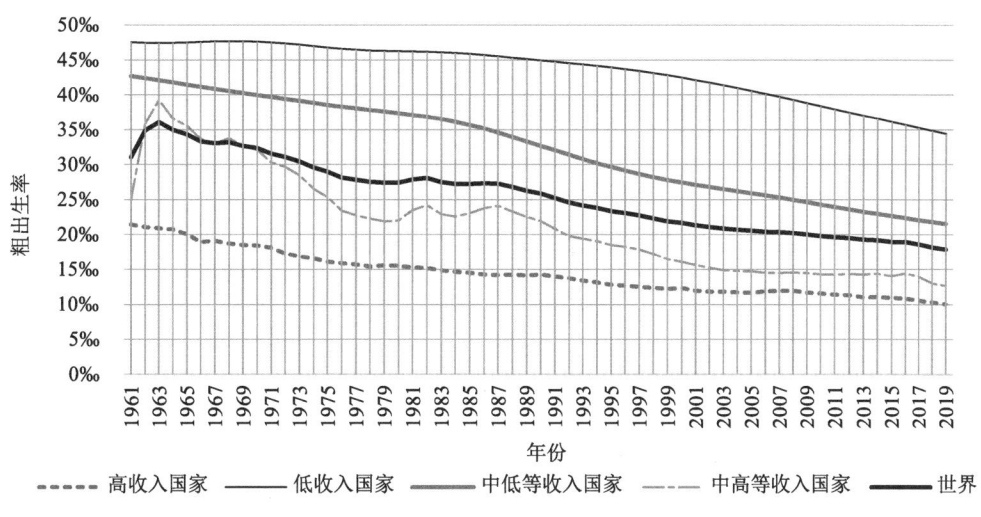

图 2-5　1961—2019 年各收入类型国家的粗出生率

资料来源：世界银行数据库。

2. 生育率水平呈现出明显的地域差异

从全球分布来看，不同的国家地区呈现出不同的生育率水平，其中大部分国家地区都处于低生育率水平。

高生育率国家（总和生育率大于 4）主要集中在非洲，主要分布在撒哈拉以南的非洲地区，包括尼日利亚、埃塞俄比亚、刚果民主共和国、坦桑尼亚联合共和国、乌干达和苏丹等。1990 年高生育率国家或地区的人口在世界总人口中占比超过三分之一，2019 年下降至12%。

中等生育率国家(总和生育率大于2.1小于4)遍布许多地区,分布则相对分散。其中最大的国家是印度、印度尼西亚、巴基斯坦、墨西哥、菲律宾和埃及。2019年中等生育率国家或地区人口占比约为40%。

低生育率国家(总和生育率低于2.1)现在包括所有的欧洲和北美洲国家、澳大利亚和新西兰,除此以外还有4个位于中亚和南亚,12个位于东亚和东南亚,20个位于拉丁美洲和加勒比,10个位于北非和西亚,2个位于大洋洲,1个位于撒哈拉以南非洲,如中国、美国、巴西、孟加拉国、俄罗斯、日本和越南等。1990年低生育率(总和生育率低于2.1)国家或地区的人口占比不超过1/4,2019年占比接近50%,其中生育率极低的国家或地区人口占到6%。

3. 生育质量水平大幅提高但地区间差距明显

在全球范围内,所有地区婴儿出生时的预期寿命都有所增加,5岁以下儿童死亡率从1990年的每千名活产婴儿死亡93人下降到2019年的38人(图2-6)。但是,各地区之间的生育质量仍有较大差距,2019年在撒哈拉以南非洲出生的儿童在5岁生日前死亡的几率是在澳大利亚/新西兰出生的孩子的20倍(图2-6)。

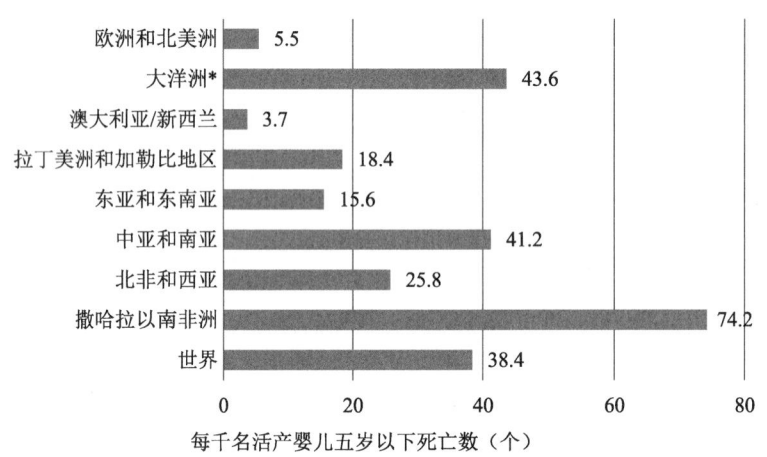

图2-6 2019年全球及各地区5岁以下儿童死亡率

资料来源:United Nations, Department of Economic and Social Affairs, Population Division(2019). World Population Prospects 2019: Highlights(ST/ESA/SER.A/423).

高收入国家的生育质量水平较高,孕产妇及新生儿的死亡率较低。高收入国家的福利保障与医疗卫生体系较为完善,充分保障了新生儿和孕产妇的健康。自20世纪90年代以来,随着医疗卫生水平的进一步提高,新生儿死亡率也保持平稳下降。2019年高收入国家的新生儿死亡率为2.9‰,远低于17.5‰的世界平均水平(图2-7)。

中高等收入国家的生育质量水平自90年代以来大幅提升,新生儿死亡率由1990年的26.4‰下降至2019年的6.9‰,逼近高收入国家的2.9‰。一方面说明中高等收入国家的医疗卫生状况近年来得到了有效改善,另一方面说明还具有一定的发展空间。

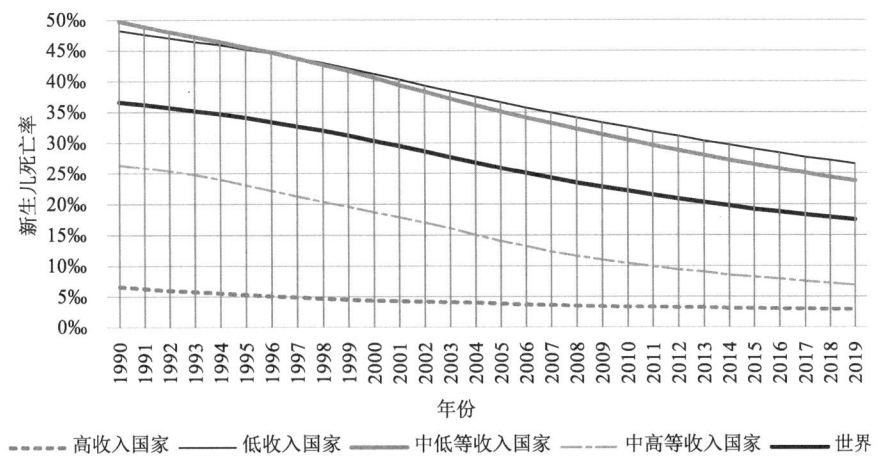

图 2-7　1990—2019 年各收入类型国家的新生儿死亡率

资料来源：世界银行数据库。

中低等收入国家的生育质量大幅提高，1990—2019 年新生儿死亡率降幅高达一半以上。2019 年中低等收入国家的新生儿死亡率为 23.8‰，分别是同期中高等收入国家和高等收入国家的 3.4 倍和 8.2 倍，仅相当于中高等收入国家在 1994 年的水平，相较而言整体水平仍然偏低，有待进一步提高。

1990—1996 年，低收入国家和中低等收入国家的新生儿死亡率十分接近，甚至略低于中低等收入国家。自 1997 年低收入国家新生儿死亡率超过中低等收入国家后，随着中低等收入国家新生儿死亡率降低速度的加快，二者的差距开始逐渐明显并扩大。2019 年低收入国家的新生儿死亡率由 1990 年的 48.2‰降为 26.6‰，略高于中低等收入国家的 23.8‰，但远远大于世界平均水平，相较而言生育质量水平仍然较低。

4. 全球出生人口性别失衡有所缓解

全球出生人口性别失衡自 20 世纪 70 年代开始恶化，近二十年来随着生育观念的改变，基于性别偏好采取措施进行性别选择的现象逐渐减少，全球出生人口性别结构逐渐向合理转变，高收入和低收入国家的性别结构都保持在较为合理的水平，但中高等收入国家的性别失衡问题依然突出。

高收入国家的出生人口性别比相较其他地区较低，出生人口性别结构比较为平衡。自 1962 年以来，高收入国家的出生人口中男女比例一直稳定在 105 左右。根据科学研究，自然条件下女婴出生的概率低于男婴出生的概率，因此，排除人为干扰因素出生人口性别比本身会存在一定比例的失衡。2019 年高收入国家的出生人口性别比为 105.1，稍低于 106.7 的世界平均水平，相较而言较为平衡（图 2-8）。

中高等收入国家出生人口性别比失衡较为严重，20 世纪 80 年代出生人口性别比快速上升，至 21 世纪初达到顶点，近十年开始回落。2019 年中高等收入国家出生人口性别比为 108.5，仍远远高于其他收入类型的国家，充分说明虽然中高等收入国家的出生人口性别失衡近年来有所改善，但该问题依旧十分突出。

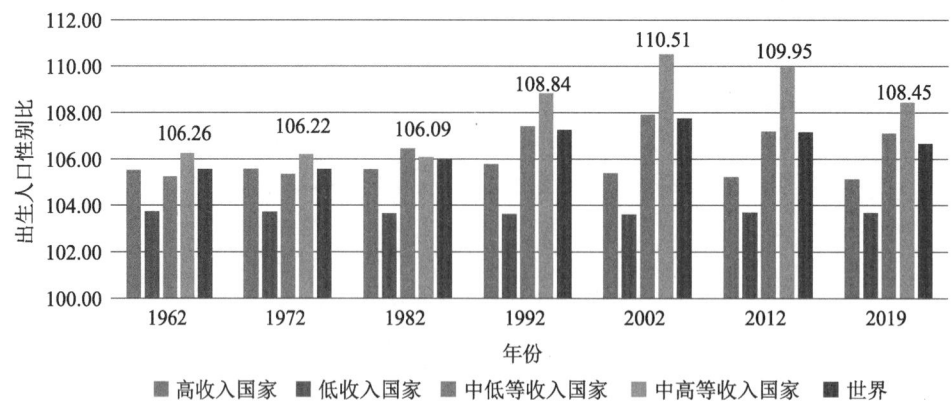

图 2-8 各收入类型国家的出生人口性别比（女＝100）
资料来源：世界银行数据库。

中低等收入国家出生人口性别比保持稳定且接近世界平均水平。自 1962 年以来，中低等收入国家的出生人口性别比变化趋势与世界平均水平的变化趋势大体相似，基本围绕世界平均水平进行波动。在 21 世纪初达到高值 107.9，后开始下降。2012 年出生人口性别比约为 107.2，与世界平均水平基本持平。2019 年下降至 107.1，与世界水平产生小幅差距，但仍较为接近。

低收入国家出生人口性别比稳定且接近自然条件比例，从 20 世纪 60 年代以来稳定在 103.7 左右。据研究，自然条件下出生人口性别比约为 105，充分说明了低收入国家对于生育性别的人为干预较少。2019 年，低收入国家的出生人口性别比为 103.7，远低于 106.7 的世界平均水平。

（二）中国总体生育现状与特征

1. 生育水平总体偏低

从 20 世纪 60 年代开始，中国总和生育率大幅下滑，生育率走向低迷（图 2-9）。根据联

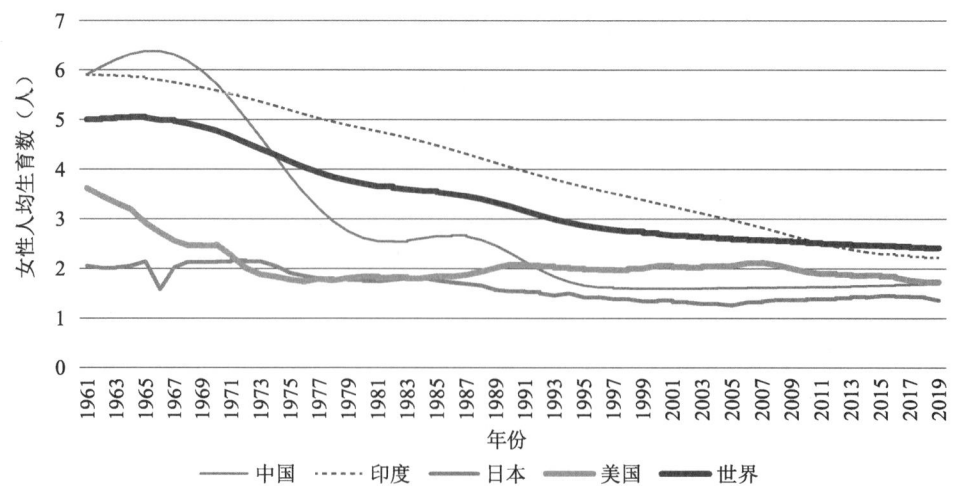

图 2-9 1961—2019 年中国与世界、印度、日本、美国的总生育率
资料来源：世界银行数据库。

合国统计,1950—2015年美国总和生育率从3.3降至1.9,日本从3降至1.4,印度从5.9降至2.4,均远小于中国的总和生育率从6到1.6的降幅[①]。近十年随着中国计划生育政策的逐步调整,全国总和生育率出现小幅上升,稳定在1.6~1.7,远远低于世界平均水平。

2019年全球总生育率的平均水平为2.4,而中国仅为1.7,在全球位居倒数,不仅未达到中高等收入国家的平均水平(1.83),而且低于美国等部分高收入国家的水平(图2-10)。近十年世界的生育水平总体呈下降趋势,随着中国生育水平的小幅回升,中国与世界平均水平的差距也逐渐缩小。

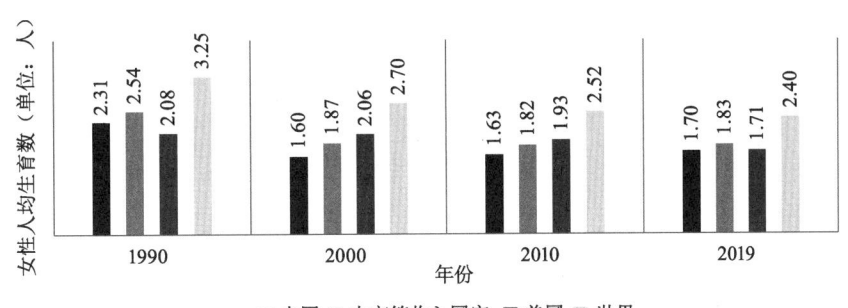

图2-10 中国与其他国家地区的总生育率对比

资料来源:世界银行数据库。

单独二孩和全面二孩政策的出台有效刺激了生育需求,是中国近年来生育水平上升的重要推动力。尽管在二孩政策的刺激下,中国短期内出现了人口小高峰,粗出生率出现跳跃式上涨,但整体生育水平仍较低。随着生育意愿的集中释放,粗生育率经历断崖式下跌后快速回落(图2-11)。

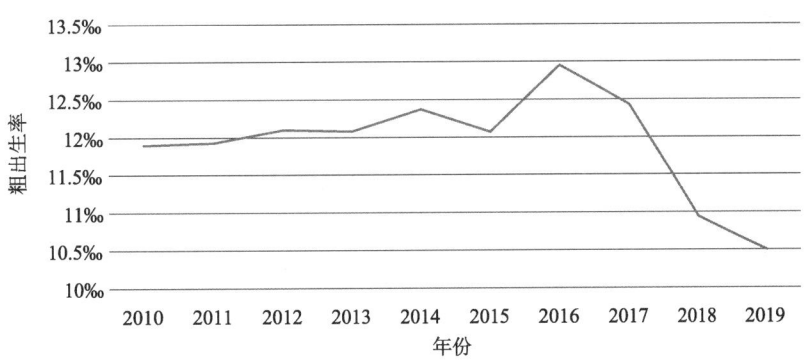

图2-11 2010—2019年中国的粗出生率

资料来源:世界银行数据库。

2. 生育质量水平大幅提升但趋势放缓

中国生育质量水平随着经济的发展大幅提高,新生儿死亡率也快速下降。从20世纪

---

① 任泽平,熊柴,周哲.中国生育报告2019[J].发展研究,2019(06):20-40.

90年代初期开始,中国的新生儿死亡率逐渐下跌。至21世纪初,下降速度明显加快,经历了近十年的快速下降,趋势逐渐放缓。目前,中国新生儿死亡率已从1990年的29.5‰下降至2019年的3.9‰,同期跌幅远超世界平均水平(图2-12)。

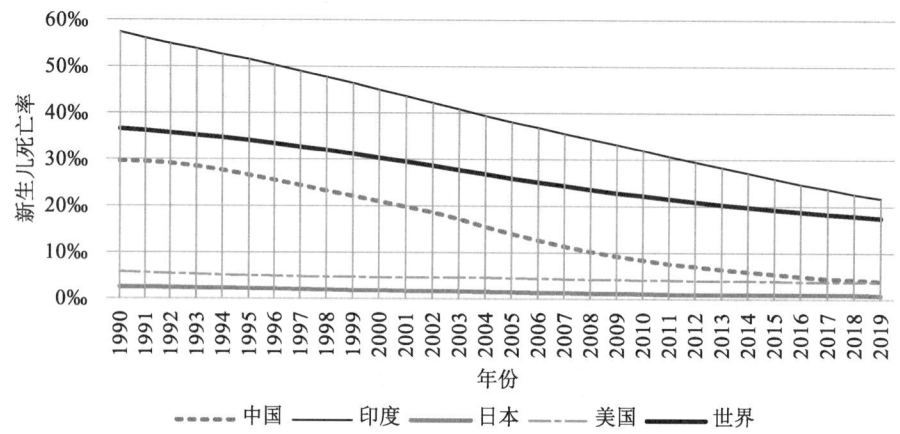

图2-12　1990—2019年中国与世界、印度、日本、美国的新生儿死亡率
资料来源:世界银行数据库。

1990年中国的新生儿死亡率为29.6‰,同期美国仅为5.8‰,是美国的五倍左右。尽管低于世界平均水平,但在中高等收入国家中处于高位。经过近三十年的努力,2019年中国的新生儿死亡率仅为3.9‰,不仅低于中等高收入国家的平均水平,还远远低于世界平均水平(图2-13)。和美国相比,差距也由1990年的23.8‰缩小到2019年的0.2‰。

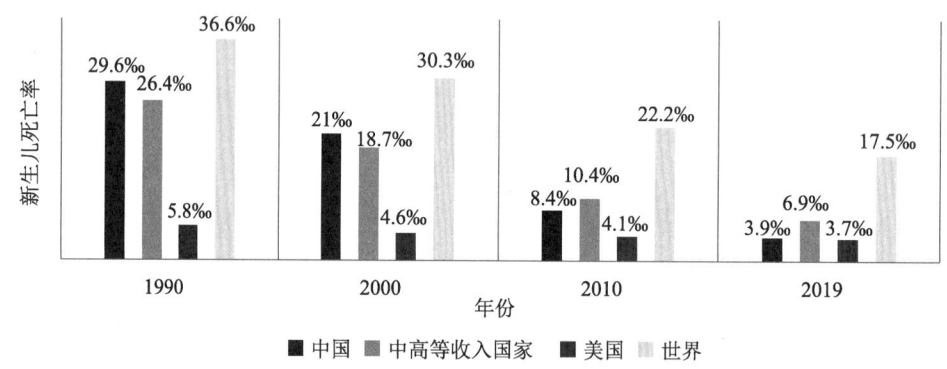

图2-13　中国与其他国家地区的新生儿死亡率
资料来源:世界银行数据库。

3. 出生人口性别比严重失衡

在传统观念的影响下,中国重男轻女的观念根深蒂固,特别是在农村地区,存在大量人为干预生育的情况,出生人口性别比问题突出。根据世界银行统计数据,20世纪80年代末以前,中国的人口出生性别比在107左右,20世纪90年代以后维持攀升且高位运行的状态,21世纪初开始步入"下行通道"(图2-14)。

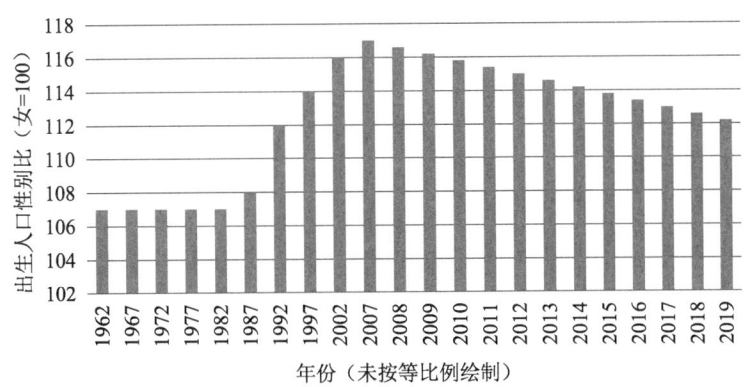

图 2-14　1962—2019 年中国出生人口性别比（女＝100）

资料来源：世界银行数据库。

注：时间轴非等比例绘制，2007 年以前数据间隔五年，2007 年开始间隔一年。

与美国、日本等国出生人口性别比长期保持相对稳定不同，中国出生人口性别比经历了快速上升再逐渐回落的阶段，且一直高于世界平均水平和中等高收入国家水平。2019年，中国出生人口性别比已降至112，虽然性别结构失衡有所好转，但是仍远高于108的中等高收入国家平均水平和107的世界平均水平，性别失衡十分严重（图2-15）。

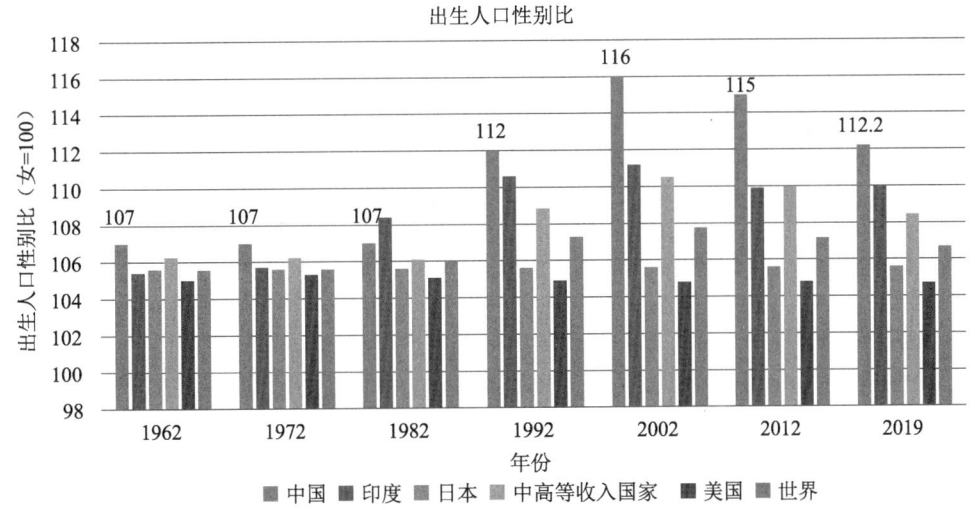

图 2-15　中国与其他国家地区的出生人口性别比（女＝100）

资料来源：世界银行数据库。

（三）中国城市人口生育现状与特点

1. 城市人口生育水平有所回升

近年来，中国城市育龄妇女一般生育率总体上呈上升趋势，主要源自二孩生育率的提升（图2-16）。自2014年开始放松计划生育以来，随着单独二孩和全面二孩政策的相继颁布，中国城市育龄妇女一般生育率大幅提高，由 2015 年的 25.94‰ 上升至 2017 年的

44.24‰,其中二孩生育率由 8.87‰增加至 22.06‰,充分说明二孩政策的出台短期内作用明显,刺激了人们的生育需求。但随后(2018年)城市育龄妇女一般生育率迅速出现下降,跌至 40.63‰,一定程度上说明生育率的短期上升主要来自被严格计划生育抑制的存量需求而并非政策刺激下产生的新的生育需求。长期来看,中国城市人口未来生育形势依然严峻。

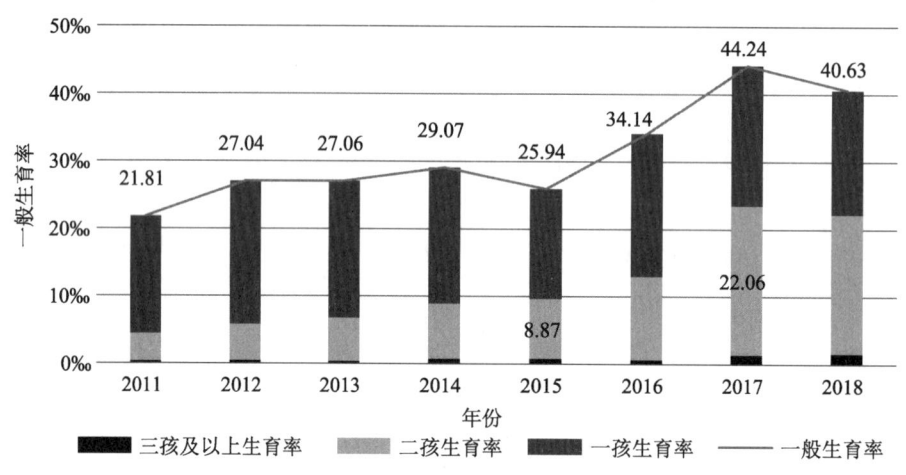

图 2-16 2011—2018 年中国城市育龄妇女一般生育率

数据来源:2012—2019年《中国人口和就业统计年鉴》。

2. 城市人口生育质量水平大幅提高

中国城市人口生育质量快速提升,新生儿死亡率已跌破高收入国家水平。在城市医疗水平快速发展下,2001—2019 年中国城市的新生儿、婴儿和 5 岁以下儿童死亡率总体呈下降趋势(图 2-17)。2019 年中国城市新生儿死亡率已经由 2001 年的 10.6‰下降至 2‰,2019 年全国新生儿死亡率为 3.5‰,由此推算 2019 年城市新生儿死亡率仅为全国新生儿死亡率的 3/5 左右,甚至低于同期高收入国家 2.8‰的水平。

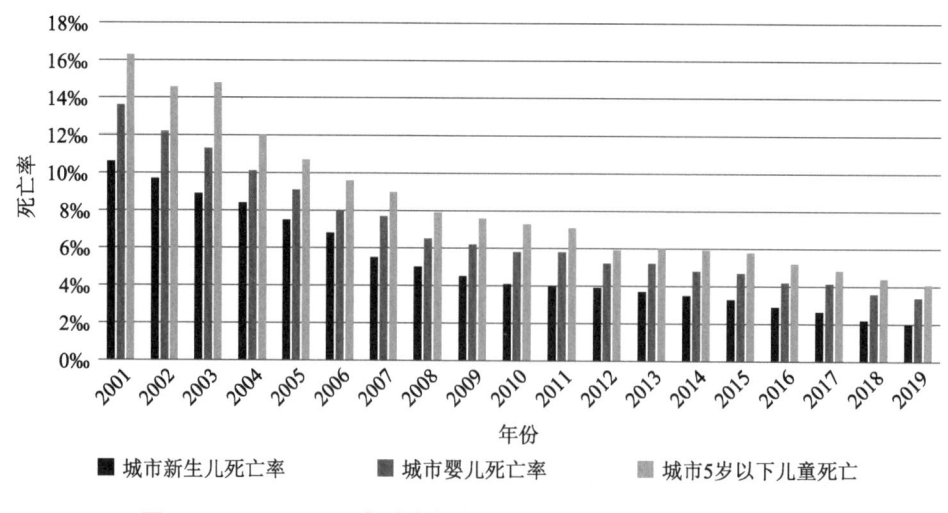

图 2-17 2001—2019 年城市新生儿、婴儿以及 5 岁以下儿童死亡率

数据来源:国家统计局。

此外，城市医疗卫生水平的发展也为孕产妇的生命安全提供了保障，中国城市孕产妇死亡率也有一定程度的下降（图 2-18）。统计数据表明，2019 年中国城市孕产妇死亡率约为 2001 年水平的 1/2，城市孕产妇死亡率已从 2001 年的 33.1/10 万下降至 2019 年的 16.5/10 万。值得一提的是，近二十年来中国城乡孕产妇死亡率差异快速缩小，近年来农村孕产妇死亡率水平几乎与城市持平。

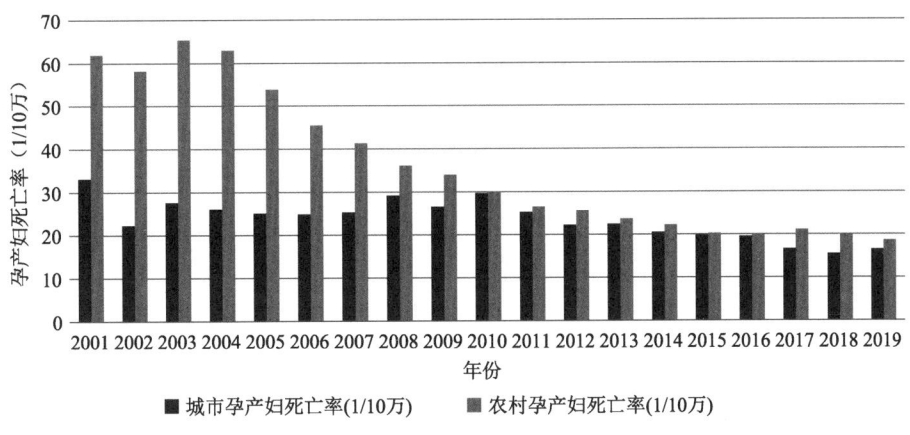

图 2-18　2001—2019 年城市、农村孕产妇死亡率

数据来源：国家统计局。

3. 城市出生人口性别结构波动较大

中国城市出生人口性别结构总体上呈现女少男多的特点（图 2-19）。根据《中国人口和就业统计年鉴》，2001—2019 年中国 0 岁①城市人口性别比变动较大。波峰和波谷分别出现在 2009 年（121.89）和 2011 年（99.86）。2019 年中国 0 岁城市人口性别比为 117.39，活产儿中的男婴数仍然远大于女婴，这将导致未来城市劳动人口性别结构的进一步失衡。

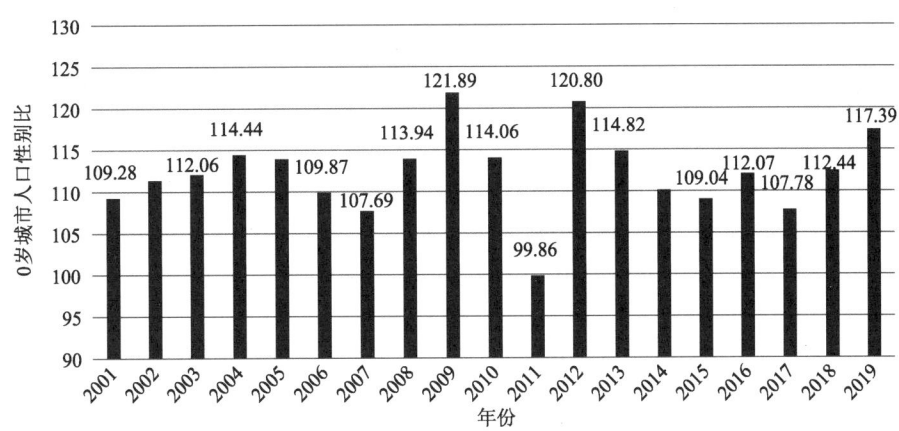

图 2-19　2001—2019 年中国 0 岁城市人口性别比（女＝100）

数据来源：2002—2020 年《中国人口和就业统计年鉴》。

---

① 0 岁年龄组中死亡和迁移对人口数量的影响微乎其微，0 岁年龄组性别比水平基本可以反映出生人口的性别比。由于出生人口性别比数据缺乏，故采用 0 岁组性别比类比说明。

4. 长期生育意愿依然疲软

生育意愿较强的 75 后逐渐退出育龄妇女的行列,总体生育意愿进一步遭受冲击。目前,中国城市育龄妇女的年龄分布并不均衡,育龄妇女中 30 岁以上的占绝大多数,而 15～29 岁的育龄妇女占比较小(图 2-20)。2013—2017 年一孩总和生育率总体下滑,出生人口占比从 64.3% 大幅下滑至 42.0%[1],在单独二孩和全面二孩政策刺激下,二孩总和生育率大幅回升,但这主要源于 1975 年后出生的年轻人二孩生育意愿集中释放。随着这部分人的退出,城市的生育需求将重新跌落。

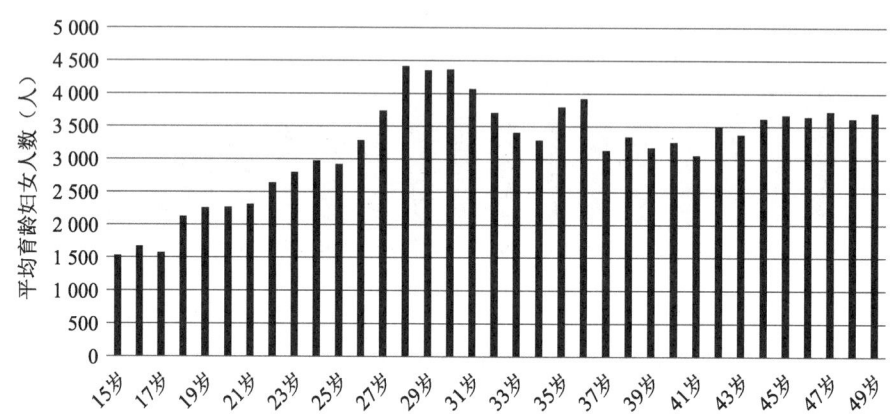

图 2-20 2018 年全国城市育龄妇女年龄分布(抽样调查数据)

数据来源:2019 年《中国人口和就业统计年鉴》。

目前看,尽管已经实行三孩政策,但中国未来主力育龄妇女生育意愿受到成本约束,长期生育意愿依然疲软。中国已经从功利性生育消退阶段进入成本约束的低生育阶段,人们的生育观念发生改变,其中城市人口表现尤为突出。中国城市家庭普遍是"四二一"的家庭结构,城市住房成本、教育成本与医疗成本较高,对于城市家庭而言面临着巨大的家庭养老负担和高额的生活成本;此外,城市妇女劳动参与率较高,育龄期妇女同样面临着激烈的职场竞争,目前针对女性的就业权益保障不够,女性生育的机会成本上升。这些生育成本进一步约束了城市人口未来的生育意愿。

二、全球主要国家的生育政策

(一)全球生育政策概况

2013 年,在全球各国家或地区中,27% 的国家或地区出台措施以提升生育率水平,分散在欧洲、东亚、东南亚、西亚和拉美地区;43% 的政府采取降低生育率水平的措施,其主要为非洲、拉美和南亚国家;此外还有 30% 的国家或地区选择保持现有生育率水平或者不干预[2]。

---

[1] 任泽平,熊柴,周哲.中国生育报告 2019[J].发展研究,2019(06):20-40.

[2] Population Division of Department of Economic and Social Affairs of United Nations Secretariat, World Population Policies, New York, 2008.

目前,世界各国的生育政策总体特点体现如下。

1. 对生育行为进行干预的国家数量明显上升

各国政府逐渐意识到人口数量与质量直接关系到国家的发展,越来越多的政府选择加强人口的生育管理。根据联合国经济与社会事务部发布的《世界人口政策2013》,1976年全球选择不干预个人生育选择的国家比例为52%,2013年该数据为13%。其中,最不发达国家转变尤为明显,不干预生育的国家占比从1976年的79%大幅下降至2013年的2%。

2. 高生育水平的欠发达地区多采取消极生育政策

在有着相对较高生育率水平的欠发达地区中,越来越多的国家地区颁布降低生育率的政策。自20世纪70年代中期开始,最不发达国家中颁布政策降低生育率的国家比例大幅上升,从1976年的14%上升到2013年的94%[①]。

3. 低生育水平的发达地区多采取积极的生育政策

对于生育率长期下降且低于更替水平的发达国家地区来说,采取生育鼓励政策的国家数量明显上升。其中,东欧的罗马尼亚和匈牙利由保持生育率不变转而开展生育鼓励计划,而南欧的意大利、葡萄牙和西班牙,中欧的奥地利则从不干预开始实行鼓励生育政策[②]。据统计,1976—2013年,在欧洲国家中鼓励生育的国家占比从24%提升至73%[③]。

(二)国外主要国家生育相关政策

目前,世界人口出生率最低的国家基本上都集中在欧洲、东亚、大洋洲等经济发达地区。面对生育率过低的趋势,经济发达的国家对生育都持有积极的态度,出台一系列人口生育政策以鼓励人们生育,维持社会的可持续发展。鼓励生育的政策主要包括婴儿奖金、家庭津贴、产假、育儿假、托儿服务补贴、税收优惠、住房补贴、灵活的工作时间以及倡导夫妻双方共同分担育儿和家务劳动等。

收入水平较低的发展中国家一般都有人口过多的情况,其中大部分国家采取了控制生育的人口政策。控制生育率的措施主要包括将计划生育(Family Planning)和安全孕产纳入初级卫生保健系统,提供生殖健康服务,提高法定结婚年龄,改善女性教育和就业机会,提供低成本、安全有效的避孕措施。

1. 发达国家生育政策

澳大利亚建立了完善的休假、津贴与配套服务体系政策。其一,政府提供每次最多18周的带薪产假且要求雇主不得随意解雇产假结束后继续享受无薪假期的人员;其二,发放包括生育奖励、助养费(牛奶金)、早教津贴、学生津贴等在内一系列奖励补助;其三,提供一系列健全的配套服务尽可能减少育龄女性的生育顾虑,并为适龄儿童提供12年的免费基础教育。

---

① Population Division of Department of Economic and Social Affairs of United Nations Secretariat, World Population Policies, New York, 2008.
② 沈可,王丰,蔡泳.国际生育政策调整的实践与成效[J].行政管理改革,2013(05):32-37.
③ Population Division of Department of Economic and Social Affairs of United Nations Secretariat, World Population Policies, New York, 2008.

俄罗斯从生育理念、津贴补助、带薪休假、工作权利、辅助受孕服务等方面鼓励人们生育。其一，俄罗斯政府大力宣扬生育行为光荣的理念，倡导和鼓励年轻的夫妇积极生育；其二，俄罗斯政府为积极生育的家庭提供一系列奖励和优惠；其三，将女员工的产假由3年延长到4年多，建立包含全薪产假、半薪产假和无薪产假在内的一体化产假体系；其四，要求产假期间雇主必须保留产妇的工作岗位，为生育女性的工作权利提供保障；其五，为生育障碍的夫妇提供辅助受孕服务满足生育障碍家庭的生育需求。

日本鼓励生育的政策主要体现在休假制度、经济补贴、托幼服务方面。其一，日本产妇和育儿家庭可以分别享受14周的带薪产假（原薪资水平的60%）和无薪育儿假，若孩子生病还可提供额外假期；其二，政府为产妇一次性发放42万日元的生育临时金，并为符合相应条件的育儿家庭每月提供5 000~56 320日元的津贴；其三，日本先后实施"天使计划""待机儿童零作战"计划和"新待机儿童零作战"计划，扩大托幼服务的受众范围，负担托幼服务的部分家庭费用。

法国建立了多元的假期体系和全面的补贴体系，提供了完善的托幼服务和有力的就业保障来提升总和生育率。其一，法国设立了包含产假、男性陪产假、育儿假在内的多元假期体系；其二，根据不同的家庭收入和孩子数量提供相应的资金补贴，制定了涵盖出生、养育、托幼、收入损失等多方面的津贴体系；其三，提供完善的儿童托幼服务以满足幼儿父母需要兼顾生活与工作的基本诉求；其四，以法律的形式要求怀孕员工的工作岗位必须适合其怀孕状况，禁止歧视孕妇，不得解雇怀孕员工，并且必须在产假、男性陪产假和育儿假期间保留工资待遇、岗位与职务。

2. 发展中国家生育政策

根据世界银行的数据，1990年低收入国家的总和生育率为6.4，2016年总和生育率为4.7，仍然远高于世界平均生育率水平。大部分发展中国家采取了控制生育的人口政策，但有少部分发展中国家仍实行生育鼓励政策，如20世纪90年代的阿根廷、乌拉圭等国。

以印度为代表的亚洲发展中国家控制生育政策推行较早且较为完善。印度从20世纪50年代就实行人口控制计划，主要方式就是鼓励减少生育，政府专门为计划生育拨款，为育龄女性提供避孕服务。在20世纪七八十年代印度人口政策有几次重大调整，在21世纪初提出将总生育率降至2.1的目标，并实施若干奖励和优惠政策。

以墨西哥、哥伦比亚、危地马拉等各国为代表的拉丁美洲中发展中国家在20世纪70年代后政府才正式采取控制生育率的政策。

以肯尼亚、加纳、毛里求斯为代表的大多数非洲发展中国家制定了控制生育率的政策。据联合国统计，1976年仅有25%的非洲国家颁布政策降低生育率，2013年控制生育的非洲国家已经达到了83%[①]。

---

① Population Division of Department of Economic and Social Affairs of United Nations Secretariat, World Population Policies, New York, 2008.

(三) 中国生育政策的概况

1. 国内生育政策发展历程

从建国开始,中国就开始有意识地通过干预生育来调控人口,中国的生育政策经历了从鼓励到严控再到放松的过程。根据不同的特点,可将中国生育政策的演进分为鼓励生育阶段、逐步提出计划生育阶段、严格执行计划生育阶段、小幅调整计划生育阶段和适度放松计划生育阶段。特别是,对于城市人口,中国一直执行较为严格的计划生育政策,直到2014年以后,城市人口的生育政策才有所调整和放松。

(1) 鼓励生育阶段(1949—1953年)

建国初期,中国经济百废待兴,需要大量的劳动力投入国家建设。为此,该阶段国家出台了一系列鼓励生育的政策。1950年4月,国家针对机关部队这一特定人群发布了《机关部队妇女干部打胎限制的办法》,严禁非法打胎。1952年12月,国家进一步出台了《限制节育及人工流产暂行办法》(草案)。1953年1月,卫生部发出禁止进口任何避孕用品及药物的通知。

(2) 逐步提出计划生育阶段(1954—1977年)

在鼓励生育政策的推动下,20世纪50—60年代生育率与30—40年代一样维持在高位,然而1949年中国的死亡率已由20世纪30年代以前的30‰以上下降到20‰[1]。死亡率的先期下降与生育率的持续走高导致人口总量迅速增长。为了控制人口过快增长,中国开始逐步提出计划生育。然而,1954—1977年,从提出节制生育到出台"晚、稀、少"政策,中国计划生育政策一波三折,期间因为"大跃进"和"文化大革命"而出现短暂搁置,最终在第一次全国计划生育工作会议上明确了计划生育基本框架。

1953年,中国进行了第一次人口普查,发现中国人口增长的数量与中国落后的综合国力发展不相适应。节制生育控制人口的观点开始出现。1954年底,政府开始放宽人流、绝育手术的标准,下发了《关于改进避孕及人工流产问题的通报》,鼓励生育的政策导向开始发生变化。1955年3月,中共中央提出"节制生育是关系广大人民生活的一项重大政策性的问题"。1956年,《一九五六年到一九五七年全国农业发展纲要》(修正草案)指出,在人口稠密的地区开始实施有计划的生育子女的政策,标志着中国计划生育政策开始逐步制定实施。

1958年,"大跃进"运动开始,人多力量大成为社会的主要观点。以著名经济学家马寅初为代表的支持节育的知识分子遭到批判。同时在自然灾害的影响下,1959年中国进入三年困难时期,饥荒造成大量人口死亡,全国人口骤减,人口控制政策受到打压,计划生育政策也随之停滞。

随着困难时期的结束,节制生育再次被提出。1962年12月,中央发布《关于认真提倡计划生育的指示》。1963年10月,国务院召开会议讨论推行计划生育的相关细节。1964年成立中央计划生育委员会,负责全国计划生育工作。各省市也积极推行实施计划生育的政

---

[1] 茅倬彦,申小菊,张闻雷.人口惯性和生育政策选择:国际比较及启示[J].南方人口,2018,033(002):15-28.

策。1966年1月,中共中央进一步下发《关于计划生育问题的批示》。

1966年5月,"文化大革命"爆发,尽管计划生育政策没有大的改变,但是地方计划生育机构相继出现被取消或者无法执法的情况,社会也处于无秩序的混乱状态,计划生育工作再次受阻。

1973年7月,"文革"中关闭的计划生育领导小组恢复了工作,各地的计划生育工作机构也相继恢复。1973年国务院计划生育领导小组举行了第一次全国计划生育工作会议,提出"晚、稀、少"的生育政策,要求男25周岁、女23周岁以后结婚,女24周岁以后生育;生育间隔为3年以上且一对夫妇生育不超过两个孩子。

(3) 严格执行计划生育阶段(1978—1983年)

1968—1979年,中国境内妇女总和生育率由6.45下降到2.75,在10年多的时间里下降了3.7,尽管生育率快速下降,过去近三十年蓄积的人口正增长惯性势能太大,使20世纪70年代中后期中国人口依旧以12‰左右速度增长[1]。因此,中国进一步采取更为严格的计划生育措施。

1978年10月,中央明确提出"提倡一对夫妇生育子女数最好一个,最多两个"。1980年9月,中共中央发表《关于控制中国人口增长问题致全体共产党员共青团员的公开信》,明确提出提倡一对夫妇只生育一个孩子,标志着独生子女政策开始全面实行。1982年,党的十二大会议提出实行计划生育是中国的一项基本国策,同年写入新修订的《中华人民共和国宪法》,规定国家推行计划生育使人口的增长同经济和社会发展计划相适应,明确了计划生育的法律地位。

(4) 小幅调整计划生育阶段(1984—2013年)

1980—1990年中国人口自然增长率高达15‰[2],但90年代的生育率却迅速下降到更替水平,"低生育率、高增长率"引发了政府对人口增长的担忧。在鼓励"少生"的总原则下,全国各地在结合当地实际的情况下出台了多样化的生育政策(表2-3)。

表2-3 1982—2013年中国各地生育政策概况

政策	适用范围
一孩	1. 绝大多数城镇居民 2. 北京、天津、上海、江苏、四川、重庆6省市的农村居民
一孩半	农村居民第一胎为女孩,可生育第二个孩子。范围为河北、山西、内蒙古、辽宁、吉林、黑龙江、浙江、安徽、福建、江西、山东、河南、湖北、湖南、广东、广西、贵州、陕西、甘肃等19个省(区)的农村居民
二孩	1. 海南、宁夏、云南、青海、新疆等5省(区)的农村居民 2. 1 000万人口以下(1984年)的少数民族 3. 西藏的汉族居民、城镇居民

---

[1] 茅倬彦,申小菊,张闻雷.人口惯性和生育政策选择:国际比较及启示[J].南方人口,2018,033(002):15-28.
[2] 茅倬彦,申小菊,张闻雷.人口惯性和生育政策选择:国际比较及启示[J].南方人口,2018,033(002):15-28.

(续表)

政策	适用范围
三孩	1. 一些人口较少的少数民族(22个人口在10万以下的少数民族) 2. 青海、宁夏、新疆、四川、甘肃等地区的少数民族农牧民 3. 海南、内蒙古等地前两胎均为女孩的少数民族农牧民
不限制	西藏的少数民族农牧民及边远地区

资料来源:任泽平,熊柴,周哲.中国生育报告2019[J].发展研究,2019(06):20-40.

一孩半政策。由于独生子女在推行过程中的阻力很大,1984年4月中共中央适当给部分农村地区"开小口、堵大口",全国19个省农村逐渐调整为一孩半政策,即头胎生女孩的可再生一个孩子,头胎是男孩的则不能再生育。

双独二孩政策。2001年底通过、2002年9月施行的《中华人民共和国人口与计划生育法》规定,双方均为独生子女且已生育一个子女的,可以生育第二个子女。各地根据该法制定了双独二孩政策并陆续推开。

(5)适度放松计划生育阶段(2014年至今)

在计划生育制度作用下,中国长达数十年处于低生育水平,出生人口的下降减缓了人口增长的趋势,但人口年龄结构问题也逐渐凸显,老龄化程度不断加深,人口红利优势逐步消退。为此,中国出台相应措施完善生育政策,以适应中国人口形势的变化。

单独二孩政策。2013年11月15日,十八届三中全会上提出坚持计划生育的基本国策,启动实施单独二孩的政策。2013年12月28日,第十二届全国人大常委会第六次会议表决通过了《关于调整完善生育政策的决议》(草案),再次明确一方是独生子女的夫妇可以生育两个孩子。

全面二孩政策。2015年初,随着中国人口增长情况的转变,越来越多的人开始提出放开生育政策。2015年10月,十八届五中全会提出,坚持计划生育的基本国策,完善人口发展战略,全面实施一对夫妇可生育两个孩子政策,积极开展应对人口老龄化行动。2015年12月27日,十二届全国人大常委会第十八次会议审核通过了《中华人民共和国人口与计划生育法修正案》(草案),"全面二孩"政策于2016年1月1日起正式实施。

"三孩政策"政策。为积极应对人口老龄化,中共中央政治局于2021年5月31日召开会议,指出进一步优化生育政策,实施一对夫妻可以生育三个子女政策及配套支持措施,有利于改善中国人口结构、落实积极应对人口老龄化国家战略、保持中国人力资源禀赋优势。2021年7月20日,《中共中央、国务院关于优化生育政策促进人口长期均衡发展的决定》公布,提出实施三孩生育政策及配套支持措施。2021年8月20日,全国人大常委会会议表决通过了关于修改《中华人民共和国人口与计划生育法》的决定,修改后的人口计生法规定,国家提倡适龄婚育、优生优育,一对夫妻可以生育三个子女。

2. 中国生育政策对城市人口的影响

(1)计划生育政策的历史贡献

中国的计划生育政策是新中国成立以后投入成本最高、涉及家庭最多、持续时间最长的一项公共政策,计划生育政策的执行与推广对中国的城市人口产生了一系列积极影响:其一,生育行为的减少遏制了城市人口快速增长的势头,使人口增长率下降到了较低的水平;其二,优生优育的提倡提升了城市人口平均预期寿命,城市人口健康素质显著提高;其三,减轻了人口增长对普及九年义务教育的压力,提高了适龄儿童入学率,受教育水平显著提高。

(2) 长期计划生育政策产生的问题

计划生育政策在特定的历史阶段对中国的发展做出了极大的贡献,但长期从紧的生育政策对城市人口的长远发展埋下了隐患,不仅影响到城市劳动力的供应,同时也对城市社会管理提出了更高的要求。

一方面,年轻人口出现负增长,城市年轻型劳动年龄人口供给减少。在长期严格计划生育政策的约束和引导下,中国总和生育率持续走低,生育呈现出少子化趋势。然而,持续的少子化导致少儿人口的强制性减少,继而由于人口增长的队列效应,进一步导致年轻人力资源的自然减员,影响到中国城市未来年轻型劳动年龄人口的供给,从而产生持久的人口亏损问题。

另一方面,城市家庭功能严重弱化,引发城市社会管理问题。在一胎化政策的主导下,城市人口结构、家庭结构受到重大影响,城市出现少子化、独子化甚至无子化的现象。其中,独生子女家庭成为当代社会的主流家庭,独生子女在"四二一"的家庭结构中面临着巨大的责任、压力与风险,然而独生子女群体由于成长环境的特殊性表现出较为脆弱的特征,存在引发社会问题的隐患。在独生子女政策下,还衍生出独生子女空巢老年家庭、独生子女伤病残亡家庭、失独家庭等特殊的家庭形式,这些规模巨大的风险家庭和残缺家庭期待着人文关怀、政府帮助和社会保障,成为城市发展的巨大挑战。

3. 城市生育政策的改革方向

自二孩政策颁布以来,中国生育水平有所回升,短期内取得了一定的成效。然而,中国的总和生育率长期远低于世代更替水平,二孩政策并没有彻底扭转中国生育水平低迷的态势,全面放开二孩已经无法满足中国现在及未来的人口发展需要,因为二孩政策出台后只显著发挥了两年的作用,即2016—2017年二孩生育多,此后就递减。二孩政策堆积效应的释放和衰减说明了生育权限放宽的作用的有限性。

继而在2021年三孩政策正式推出,是国家进一步优化和鼓励生育的重大信号。然而相比农村居民,城市居民生育决策更加受到住房成本高、适龄生育女性就业困难、子女教育时间成本与物质成本高、思想观念等诸多方面的影响。要真正发挥好生育权限改革的作用,就要汲取二孩政策实施过程中"单打一"的片面性教训,鼓励性、福利性、保障性社会经济配套政策措施没有得到很好跟进和落实。因此,城市落实三孩政策,其关键在于生育相关政策的配套,需要国家从中央到地方联合出台生育福利政策、生育服务政策、生育保护政策和生育保障政策,形成有效降低家庭生育成本、非经济生育负担、生育压力以及风险代价等的政策合力。[①]

---

① 穆光宗.三孩政策与中国人口生育的优化:背景、前景和愿景[J].扬州大学学报(人文社会科学版),2021,25(04):65-77.

三、国内外相关的生育保障制度

生育保险制度是指妇女因怀孕、生育子女而暂时丧失劳动能力时,可获得由国家和社会提供的医疗服务和现金补助的制度。完善的生育保险制度是尊重妇女生育的社会价值、维护妇女的合法权益和特殊利益、均衡企业负担、创造两性平等就业机会、促进优生优育、实现社会经济和人类自身可持续发展的重要制度保障。[①]

(一)国外生育保险制度[②]

1. 日本

日本生育保险制度融于国民健康保险和雇员健康保险相结合的双重保险制度。其中,国民健康保险提供医疗补助,雇员健康保险提供现金和医疗补助。保险基金源于受保人、雇主和政府。保险类型不同,每个缴费主体的缴费金额也不同。国民健康保险对象所有居民,其中未参加就业关联健康保险或特殊保险制度的居民在当地政府管理的国民健康保险机构参保,自我雇佣者参加专门的国民健康管理机构。

如有需要,国民健康保险机构提供一次性的生育津贴。雇员健康保险对象为在受保职业工作的职工,若受保人离职且离职前12个月内系受保者,则将疾病和生育补助继续发至原规定的期限,医疗保健可提供至其开始治疗之日的5年内。雇员健康保险提供的生育补助包括:一次性发给300 000日元的生育津贴;支付产前42天(多胞胎者98天)和产后56天60%的基本工资;若生育母亲领取工资或疾病现金补助,则停止支付或减发部分生育补助金。

2. 德国

德国是典型的社会保险制度,于1927年制定有关生育补助的法规。德国的生育保险覆盖所有工资收入者、学徒、失业保险受益者、某些类别的自我雇佣者。矿工、艺术家、公共雇员和个体劳动的农民另有专门制度。生育保险基金源于受保人、雇主和政府三方,因基金机构不同而缴费率不同。

生育现金补助的对象是投保12周,或产前4~10个月有连续的雇佣关系;预产期前6周尚在工作,或获准停工的疾病基金机构女性成员。对享受医疗补助和生育津贴者无最低就业期限的规定。德国的生育保险为有雇佣合同的疾病基金机构成员提供以下生育待遇:投保收入的100%作为生育补助,产前支付6周,产后支付8周;疾病基金机构每天支付13欧元生育津贴,其余由雇主支付;8岁以下的患病子女需要受保人照顾的,疾病基金机构给予带薪假,每一子女一年至多5天;受保人或其配偶住院期间,家里有8岁以下子女需要雇人照顾者,疾病基金机构支付雇工工资[③]。

3. 法国

法国生育保险制度采用社会保险类型,其生育保险覆盖全体雇员。农业、牧师、矿业、

[①] 李卢霞,戴维周,孙晓燕.国外生育保险制度概览及中国生育保险制度改革[J].卫生经济研究,2005(11):17-18.
[②] 蔡凤梅.欧亚国家生育保险制度安排及比较分析[D].中国人民大学,2005.
[③] 蔡凤梅.欧亚国家生育保险制度安排及比较分析[D].中国人民大学,2005.

铁路、公用事业和公共雇员以及海员、非农业和农业自我雇佣者,另有专门制度。不属于受保就业范围的居民,可以自愿参加生育保险。法国生育保险的基金源于受保人、雇主、政府共同缴纳。

生育保险补助的对象为最近3个月内受雇200小时以上的妇女。生育待遇包括生育补助和养育补助。其中,生育补助每年都会作出调整。养育补助主要是通过每月发放母亲津贴或奶票的方式,共支付4个月。

4. 丹麦

丹麦采取普遍医疗待遇与直接提供现金待遇的双重生育保险制度,生育保险覆盖全体雇员与自我雇佣者。生育保险基金源于受保人、雇主和政府三方。其中受保人不用缴纳医疗待遇;雇主不用缴纳因生育引起的医疗待遇,若雇员在生育之前在同一雇主下工作8周,由雇主补助生育期间前2周的全部费用;地方政府补助生育期间第2周以后的全部费用,并负担雇员因生育引起的全部医疗待遇费用。自我雇佣者可自愿参加现金补助保险。

生育保险的补助对象为生育前8周内有74小时以上工作记录的受保人。对于母亲雇员,提供产前4周、产后14周的生育保险待遇,每周最多提供3 203克朗,最多支付52周。若领养子女,自领养之日起支付46周的带薪假。若孩子因出生关联的疾病住院,增加最多不超过3个月的给付。

5. 瑞典

瑞典采用社会保险和普遍保障相结合的生育保险制度,提供现金补助和医疗保健。现金补助提供给年收入达到9 500克朗以上的居住者,医疗补助则涵盖所有居民。支付的现金补助源于自我雇佣者和雇主。医疗保健费用来源于政府的地区委员会。

生育保险待遇针对的对象为:生育现金补助或父母现金补助面向所有居民,若产前投保天数超过240天,父母双方都有资格得到现金补助;孕妇现金补助付给雇主,使其不能将即将生产的女性雇员从需要体力的工作岗位调换到轻便工作岗位;父母临时现金补助支付给需要照顾12岁以下子女的父母(如果病情严重、慢性病或残疾,则为16岁;在某种特例下,可为21岁或23岁)。现金补助金额为替代收入损失的80%,其中父母现金补助最高日补助限额646克朗,父母临时现金补助年度最高限额为294 700克朗。

(二)中国生育保险制度

1. 生育保险制度的发展历程

中国生育保险制度的建立、发展与完善大致可以分为四个阶段:国家生育保险初期、单位生育保险时期、生育保险的社会统筹探索时期、生育保险的改革完善期。中国生育保险制度实现了从国家保险模式、单位保险模式向社会统筹模式的转变。[①]

(1)国家生育保险初期(1951—1968年)

1951年2月,中国颁布了《中华人民共和国劳动保险条例》,该条例规定女职工的基本生育待遇,包括生育津贴、产假、三期医疗费用等方面内容。1953年对《中华人民共和国劳

---

① 范世明.两险合并实施后生育保险制度未来走向研究[J].湖南行政学院学报,2020(02):65-74.

动保险条例》进行了修正,在生育待遇上做出了更为详尽的规范。1955年颁布《关于女工作人员生产假期的通知》,规定机关事业单位的女性员工享受基本生育待遇,其待遇标准与企业大体一致。至此,中国覆盖企业、机关、事业单位女职工的生育保险制度基本建立。在这一时期,生育保险制度在一定程度上实现了社会统筹,生育保险政策在人口增长上发挥了重要的促进作用。

(2) 单位生育保险时期(1969—1987年)

这一阶段生育保险进入单位保险模式。受"文化大革命"的影响,机关工作普遍陷入瘫痪、半瘫痪状态。1969年颁发《关于国营企业财务工作中几项制度的改革意见(草稿)》,明确规定国有企业不能以任何借口收取劳动保险金,规定员工的各种开支由企业经营外的开支部分负责。这也就意味着生育保险不再由国家负责统筹,转变为单位负责统筹,各企业单位只对本单位女职工负责,企业负担加重。企业为了减轻用工成本,减少对女职工的使用,在一定程度上损害了女职工的基本权益。

(3) 生育保险的社会统筹探索时期(1988—2010年)

这一时期,生育保险制度从单位保险模式回归到了社会统筹模式。为了适应社会主义市场经济体制的需要,减少企业负担的同时维护女职工的合法权益,1988年《女职工劳动保护规定》颁布,将机关事业单位和企业的生育保险制度合并实施,对怀孕女职工的待遇做了更为详尽安排,其中包括了产假延长至90天等内容。1994年颁发了《企业职工生育保险试行办法》,这是中国改革开放以来首次以法规的形式确立生育保险制度,规定生育保险费用实行社会统筹,依照"以支定收,收支基本平衡"的原则筹集资金,企业独立承担生育保险费用,个人不承担缴费义务。该试行办法解决了中国生育保险正式法规缺失的问题,具有纲领性作用。

(4) 生育保险的改革完善期(2011年至今)

2010年颁发的《中华人民共和国保险法》将生育保险与养老、工伤、医疗、失业保险融合在一起,对生育保险的覆盖范围、制度模式、资金来源、享受待遇的条件等作了规定,生育保险制度进入了正常化、规范化、法制化运行阶段。2016年3月"十三五"规划纲要明确提出"将生育保险与基本医疗保险合并实施",2017年和2019年先后出台了《生育保险和职工基本医疗保险合并实施试点方案》和《关于全面推进生育保险和职工基本医疗保险合并实施的意见》,文件指出,要遵循保留险种、保障待遇、统一管理、降低成本的总体思路,推进生育保险和职工基本医疗保险合并实施。

2021年7月,为贯彻落实党中央关于优化生育政策促进人口长期均衡发展的任务部署,积极支持三孩生育政策落地实施,发布了《关于做好支持三孩政策生育保险工作的通知》,要求确保参保女职工生育三孩的费用纳入生育保险待遇支付范围,各地医保部门要按规定及时、足额给付生育医疗费用和生育津贴待遇,切实保障参保人员生育保障权益。

2. 中国现行生育保险制度的特点

新中国成立以来中国生育保险制度不断调整、改革与完善,并取得了长足发展,不断与国际接轨,集中体现如下几个方面:

一是从主要覆盖国有企业的在职女职工扩大到国家机关、企业、事业单位、有雇工的个体经济组织以及其他社会组织(以下称用人单位),覆盖人数超过2亿人。群体覆盖得以扩展,制度的公平性得到更好体现。

二是从1951年规定女职工产假56天延长至不低于90天,甚至更长;在给女职工产假的同时各省新修订的人口与计划生育条例规定了男职工7~25天的护理假。一方面体现了国家对女性生育权的重视,充分彰显了人文关怀;另一方在某种程度上加强了"养育子女是男女和整个社会的共同责任"的意识,保障功能更为完善。

三是生育保险在政策落实过程中存在着一些问题,使其作用未能充分发挥。因此,2019年国务院办公厅出台了《关于全面推进生育保险和职工基本医疗保险合并实施的意见》,整合两项保险基金及管理资源,基金共济能力得到强化,管理综合效能得到提升,管理运行成本的降低成为可能,有利于生育保险制度长期稳定可持续有效地发展,最终促进并提升生育意愿。

3. 现行生育保险制度存在的问题

中国生育保险制度从无到有,经历了曲折发展并不断适应计划生育政策调整的过程,在保证人口再生产与生产资料再生产、贯彻落实计划生育政策中发挥着不可替代作用,成为中国保障生育与就业权利的一项重要政策。但也存在着一些问题,主要体现如下:

一是覆盖范围不全面。中国生育保险制度基本上成了城镇职工的专利,城乡居民、非正规就业妇女、流动妇女被排除在制度之外,只有极为有限的在产期时所发生符合医疗保险"三目录"报销范围的医疗保险基金支付。这一现实结果不仅会直接影响到城乡居民、非正规就业妇女、流动妇女因生育行为所发生的风险无法得到化解,还会持续加剧因职业群体壁垒所造成社会不公的程度。

与养老保险、医疗保险、工伤保险相比,城镇职工参加生育保险的人数显著较少。2020年,中国参加城乡居民基本养老保险、基本医疗保险、工伤保险的人数分别为54 244万人、136 101万人和26 770万人,而参加生育保险的人数仅为23 546万人[①]。由此可见,生育保险实际覆盖率仍具有很大上升空间。

二是给付待遇层次低。其一,中国生育保险待遇重"生"轻"育",目前中国生育保险待遇由生育医疗费用和生育津贴组成,仅能覆盖"生"孩子期间的部分医疗支出和工资补偿,未能包括"育"孩子的成本支出,而事实上"育"孩子的费用远远超过"生"孩子的费用支出。其二,生育医疗费用不能覆盖实际医疗费用支出。许多统筹地区由于无力提高生育保险待遇,对产前检查和住院分娩医疗费用实行定额或限额付费,且各地标准不一、差距较大。其三,生育津贴改革滞后。只有已参加生育保险的单位女职工享受了生育产假或计划生育手术的,才可以按规定享受生育津贴;参加生育保险的男职工,其未就业配偶仅能报销生育医疗费用,不能享受生育津贴。此外,生育津贴计发标准不统一,不同地区、不同身份的生育津贴存在较大差异。

---

① 数据来源:2020年国民经济和社会发展统计公报。

三是潜力释放不充分。全面放开二孩政策的2018年,预计的新生儿"井喷"式增长并没有发生。事实恰恰相反,新生儿连年下降,这与享受生育保险待遇不平衡、受益面较低有关。2016年、2018年育龄妇女享受了生育保险待遇的人数分别占51.18%、64.6%。虽然保障范围呈逐年上升趋势,但依然未能实现全员保障。2016—2017年育龄妇女享受生育保险平均待遇分别仅为5 809.63元、6 684.64元,生育保险待遇水平与孕期、产期、哺乳期所发生费用的差额较大,生育保险支出待遇较低,保障程度有待加深。生育保险基金结余过高,呈现着低效、高风险、不经济的状态,生育保险制度在生育行为中的利益导向作用发挥不充分。

4. 生育保险制度的改革趋势

随着时代的发展,中国的人口规模和人口结构在不断变化,与之相对应的生育保险也需要作出调整。在新的人口形势下,特别是在三孩政策出台的政策背景下,生育保险制度改革将进一步深化,以适应不断调整的人口战略和生育政策。

扩大生育保险制度覆盖范围。目前,生育保险制度覆盖面较窄,未来将逐步扩大生育保险参保范围,实现生育人群应保尽保,让生育权益更有保障,使制度发展更加可持续。如,职工生育保险的覆盖范围从与用人单位建立劳动关系的职工扩展到除退休人员以外的所有医保参保人群,参保单位男职工未就业的家属纳入生育津贴支付范围,灵活就业者、未就业或失业女性、农村女性等特殊群体也可通过专门的参保缴费机制享受生育保险待遇。

完善筹资机制提高统筹层次。首先,完善生育保险筹资机制,提高生育保险基金使用效率,确保新的人口形势下中国生育保险基金依然可以充足支付。其次,提高生育保险统筹层次,逐步将县级统筹提升至市级统筹,再过渡到省级、全国统筹,同时逐步实现省域间的直接结算,充分发挥生育保险基金风险共济的功能。

提高生育保险待遇保障水平。一是调整生育保险待遇政策,对符合三孩政策的群体全面落实产前检查、住院分娩和生育津贴三项基本待遇。二是提高生育保险基金的支出水平,将生育医疗费用的报销范围扩展至门诊特定诊疗项目,同时将婴幼儿的照护服务纳入生育保险支付范畴中。三是建立生育保险待遇动态调整机制,根据经济发展水平及参保群众实际费用负担情况,实时调整生育保障待遇支付标准。四是延长生育津贴领取时间,统一支付标准、支付方式和支付对象范围。

强化生育行为中的男性责任。在生育保险制度中更加倡导男性的育儿责任,鼓励父亲参与家庭育儿。如延长父亲陪产假,由生育保险基金支付相应的生育津贴,增加参保男职工的获得感;落实父母育儿假制度,对符合年龄要求的儿童家庭,父母双方每年可根据孩子数量分别享受一定的带薪假期。

四、相关的职能部门与职责

(一) 国外生育相关的管理部门

1. 日本

日本基于2003年制定的《少子化社会对策基本法》,成立了推进少子化对策的核心中枢——"少子化社会对策会议"。该会长由日本首相担任,成员为内阁府全体阁僚。作为应对少子化问题的综合机构,少子化社会对策会议通过出台一系列具体政策措施来保障各项内阁会议决定的顺利实施,在协调各行政部门、审议重要事项、充实和推进少子化对策方面发挥至关重要的作用。

此外,日本政府还成立了多个应对少子化具体问题的专门机构,包括"从零开始考虑少子化对策项目组""儿童、育儿前景探讨工作组""少子化危机突破特别工作组""儿童、育儿支援新系统探讨会议""工作方式改革实现会议"等①。这些专门机构在少子化对策担当大臣的领导下,通过开展专题会议、地方磋商和公开讨论会等形式,听取学者、企业家、育儿支援关联的地方自治体负责人的意见,并广泛征集国民的意见,在此基础上提出一系列有针对性的对策措施,促进整个社会的生育意愿和行为。

2. 美国

美国的总和生育率长期处于更替水平上下,并未出现严重的生育危机。美国政府对生育采取不直接干预的策略,并未成立专门的生育机构出台针对性措施,而是将有利于生育的政策嵌套在社会救济或促进教育发展等政策之中。这些政策涉及多个部门,与之较为密切的是美国卫生与公共服务部。

美国卫生与公共服务部下设11个部门,包括儿童和家庭管理局、老龄化管理局、医疗保险和医疗补助服务中心、卫生保健与质量研究处、卫生资源和服务管理局、毒物和疾病登记处、疾病控制和预防中心、食品和药物管理局、印第安人卫生局、国家卫生研究院、物质滥用和精神健康服务管理局。此外还包括公共健康与科学办公室、财政资源助理部长办公室、准备和响应助理部长办公室、全球卫生事务办公室等15个部长办公室。其中儿童和家庭管理局与生育直接相关②。美国卫生与公共服务部主要职能包括保证食品和药品安全,医疗健康保险和低收入人群的医疗补助,对低收入家庭财政资助,儿童资助计划,智力开发(学前教育和服务)等③。

3. 新加坡

2012年11月,在整合社区发展部、青年与体育部等部门职能的基础上,新加坡成立了社会和家庭发展部统筹生育支持政策,其主要职责体现在两方面:一是提供社会公共援助,包括为育有孩子的父母提供相应的社会公共援助,如婴儿奖金、育儿补贴、就业服务以及现金补助等;二是制定社会政策,涵盖幼儿照顾和教育等家庭生活的方方面面。

社会和家庭发展部下设机构分为三类,分别为企业支持机构、家庭发展与支持机构和社会发展与支持机构。其中,家庭发展与支持类包括老龄化和大家庭处、家庭电子服务和数字解决方案部、家庭参与处、家庭政策室、家庭服务部、家庭支援部共6个机构。

4. 德国

德国从20世纪50年代开始,便十分注重家庭发展,1953年成立联邦家庭事务部,后逐

---

① 王晓峰,全龙杰.日本少子化对策的演进、体系及政策工具评析[J].人口学刊,2020,42(3):89-101.
② 金成波.美国联邦公共卫生规制体系及其对我国的启示[J].中国行政管理,2016,0(7).
③ 龙吉泽.美国政府大部制的职能设置[J].湖南农机,2014(2):169-169.

渐发展为现在的联邦家庭事务、老年、妇女及青年部,负责与生育相关的诸多家庭事务。

德国联邦政府在全国范围内大量新建托幼中心,并对各州、市政府提供公共托幼机构日常运营及人事开支方面的资金支持。在具体落实上,地方政府根据自身特点制定不同的需求计划,主要由青年事务局负责,该机构为扁平化的基层组织,独立运行,联邦中央部门对其缺乏行政监督效力①。

(二) 中国生育相关职能部门

中国不同的人口发展阶段与特点,对生育管理机构提出了不同的管理要求与管理重点。为了更好地适应中国的人口发展变化,中国的生育管理机构也经历了多次合并与调整,从国务院计划生育委员会发展至如今的国家卫生健康委员会。

1. 生育管理机构沿革

(1) 国务院计划生育委员会

中国专门的计划生育机构成立于1964年,名为国务院计划生育委员会。各省级单位也相继成立计划生育领导机构(至1964年年底,全国共有25个省、自治区、直辖市设立),当然名称不一。一些省内的地县也成立了计划生育委员会或计划生育办公室。其工作重点是节育宣传、技术指导,进行相关调研和督促检查。可见,它重在为育龄妇女提供节育服务,这与当时计划生育尚处于提倡阶段有关。1966年,因"文化大革命"开始,这些机构基本瘫痪。20世纪70年代初,计划生育工作重新启动。1973年国务院成立计划生育领导小组,之后,其组长多由副总理兼任。②

(2) 国家人口和计划生育委员会

2003年3月全国第十届人大第一次会议通过的,将原国家计划生育委员会更名为"国家人口和计划生育委员会"。与之相应,其职能也新增了三项:加强人口发展战略研究、推动人口和计划生育工作的综合协调、加快政府行政职能的转变③。

(3) 国家卫生和计划生育委员会

2013年3月14日,十二届全国人大通过的《国务院机构改革和职能转变方案》(以下简称《方案》)决定:撤销卫生部、国家人口和计划生育委员会,并将卫生部的职责、国家人口和计划生育委员会的计划生育管理和服务职责整合,组建国家卫生和计划生育委员会。《方案》提出将国家人口和计划生育委员会的研究拟订人口发展战略、规划及人口政策职责划入国家发展和改革委员会。国家卫生和计划生育委员会的主要职责是统筹规划医疗卫生和计划生育服务资源配置,组织制定国家基本药物制度,拟订计划生育政策,监督管理公共卫生和医疗服务,负责计划生育管理和服务工作等④。

---

① 北京兰瑞环球投资管理咨询有限公司.人口问题:中国现状、国外经验与对策建议[J].发展研究,2018(9):37-47.
② 王跃生.制度与人口:以中国历史和现实为基础的分析(上卷)[M].北京:中国社会科学出版社,2015:245-246.
③ 乔晓春.人口和计划生育工作重新定位——从新体制的构建谈起[J].南京人口管理干部学院学报,2013,29(2):3-6.
④ 乔晓春.人口和计划生育工作重新定位——从新体制的构建谈起[J].南京人口管理干部学院学报,2013,29(2):3-6.

(4) 国家卫生健康委员会

2018年3月,根据第十三届全国人民代表大会第一次会议批准的国务院机构改革方案,将国家卫生和计划生育委员会、国务院深化医药卫生体制改革领导小组办公室、全国老龄工作委员会办公室的职责,工业和信息化部的牵头《烟草控制公约》履约工作职责,国家安全生产监督管理总局的职业安全健康监督管理职责整合,组建国家卫生健康委员会,作为国务院组成部门。目前,中国的生育管理工作主要由国家卫生健康委员会负责,在国家卫生健康委员会的内设机构中,与生育直接相关的部门有妇幼健康司和人口监测与家庭发展司。

① 妇幼健康司

妇幼健康司下设综合处、妇女卫生处、儿童卫生处、出生缺陷防治处,主要职责包括拟订妇幼卫生健康政策、标准和规范,推进妇幼健康服务体系建设,指导妇幼卫生、出生缺陷防治、婴幼儿早期发展、人类辅助生殖技术管理和生育技术服务工作。

② 人口监测与家庭发展司

人口监测与家庭发展司下设综合处、政策协调处、监测评估处、家庭发展指导处,主要职责包括承担人口监测预警工作并提出人口与家庭发展相关政策建议,完善生育政策并组织实施,建立和完善计划生育特殊家庭扶助制度①。

2. 现行生育管理机构及职能分工

在中央层面,由国家卫生健康委员会负责计划生育管理和服务工作,开展人口监测预警,研究提出人口与家庭发展相关政策建议,完善计划生育政策;指导地方卫生健康工作,指导基层医疗卫生、妇幼健康服务体系和全科医生队伍建设。

在省级层面,各自治区、直辖市都设有地方卫生健康委员会,在各省、自治区、直辖市党委和人民政府的领导下和国家卫生健康委员会的指导下,负责管理本地的计划生育和服务工作。各地方卫生健康委员会的职责稍有差异,但基本上包含开展人口监测预警,拟订妇幼卫生和计划生育技术服务政策、规划、技术标准和规范,推进妇幼卫生和计划生育技术服务体系建设,指导妇幼卫生、出生缺陷防治、人类辅助生殖技术管理和计划生育技术服务工作,依法规范计划生育药具管理工作。管理省计划生育协会②。

在市级层面,全国300多个地(市)和2 000多个县(市、区)都设有卫生健康委员会。与生育相关的重要职责包括,在当地党委、政府的领导下和上一级卫健委的指导下,结合本地实际,组织落实妇幼卫生健康政策、标准和规范,推进妇幼卫生健康技术服务体系建设,指导妇幼卫生、出生缺陷防治、婴幼儿早期发展、人类辅助生殖技术管理和计划生育技术服务工作;负责节育手术并发症和独生子女病残儿医学鉴定的管理工作;依法规范计划生育药具管理工作。承担人口监测预警工作并提出人口与家庭发展相关政策建议,组织实施生育

---

① 《国家卫生健康委员会职能配置、内设机构和人员编制规定》http://www.nhc.gov.cn/wjw/jgzn/201809/3f4e1cf5cd104ca8a8275730ab072be5.shtml.

② 资料来源于政府网站 http://wjw.beijing.gov.cn/wjwh/ztzl/zqgs_1/fdzz/.

政策,建立和完善计划生育特殊家庭扶助制度①。

在乡镇街道层面,乡(镇)、街道都设有卫生和计划生育办公室,其主要工作内容包括承担本乡(镇、街道)卫生计生行政管理职能,落实县(市、区)卫生计生行政部门制定的区域卫生计生发展规划等十三个大类。以河南省为例,乡级计生工作人员主要承担的计生工作涉及生育登记、药具发放、信息采集、政策宣传、健康促进、培训指导等。村级计生干部要承担的计生工作包括办理第一、二个子女生育服务登记,落实计划生育奖励和特别扶助政策、做好计划生育困难家庭救助工作,负责辖区全员人口信息、育龄妇女婚育信息、出生人口信息统计管理工作,政策宣传与咨询工作,负责本辖区的避孕药具管理与服务工作,负责本辖区的避孕药具管理与服务工作,协助做好计划生育协会工作(如亲情关爱、健康指导等)②。

在城市社区层面,一般由社区居委会负责该社区计划生育工作,其主要职责如下:其一,在社区建设和社区服务中,统筹规划和安排计划生育管理与服务工作,做到有人管事、有钱办事、有章理事,有必要的宣传教育和技术服务阵地。其二,宣传国家计划生育的法规、政策,宣传计划生育的科学知识和生殖保健知识,开展"婚育新风进万家"活动。其三,依法制定和落实计划生育公约,开展计划生育民主评议和政务公开工作;督促各单位落实计划生育奖励优惠政策;建好计划生育协会和志愿者队伍,充分发挥其作用。其四,做好本社区内人户分离、下岗人员和外来人口的计划生育管理服务工作,做好照顾生育二孩的情况核对、申报工作,协助政府做好本辖区内所有单位的计划生育工作。其五,准确了解、掌握并及时向街道反馈本社区人口与计划生育的需求信息和生育、节育情况;做好优生优育、避孕节育和生殖保健的咨询、指导、药具供应、随访服务工作。其六,及时向政府反映群众的意见和建议,维护群众实行计划生育的合法权益,对政府和行政主管部门开展的计划生育工作实施监督。

(三) 中国城市生育管理机制

1. 中国城市生育管理机制演变

自20世纪70年代党和国家推行计划生育基本国策以来,城市人口与计划生育工作管理机制的演变,大致可分为三个历史阶段。

(1) "以条为主"阶段

"以条为主"管理机制是在党和政府的领导下,"以条为主、单位负责、块块配合"的计划生育管理机制。③ 在20世纪70年代到80年代初期,市、区政府和部门直接管理企事业的现象十分常见,企事业的人事、财政、经营和资源配置等权力主要由"条条"(部门)掌管。因而,在政企不分、政事不分的背景下,计划生育工作主要由"条条"管理。此外,在这一特殊时期,城市居民中的劳动年龄人口,几乎全部由政府分配到各个单位工作成为"单位人",其

---

① 资料来源于政府网站 http://wsjk.sjz.gov.cn/html/znjgs/2019-3-1/1931152457B4BJ.html.
② 袁想.河北省基层计生职能转变与队伍转型研究[D].河北大学,2019.
③ 陈礼勤,李培生,周长洪.城市人口与计划生育工作管理机制的演变及内涵[J].南京人口管理干部学院学报,2003,019(001):34-37.

生老病死都由单位负责,因此计划生育"单位负责"更具有操作性。相对而言,"块块"(主要指街道)主要承担辅助工作,负责环境舆论宣传和人口统计,配合"条条"和"单位"对职工的计划生育进行管理。

(2)"以块为主"阶段

"以块为主"管理机制是在党和政府的领导下,"以块为主,单位负责,条条保证,条块配合"的计划生育管理体制。随着经济体制改革的深入,城市计划生育工作的条条管理,向块块管理过渡。为了适应经济社会环境变化所作的调整,计划生育工作实行目标管理,计划生育指标在市、区(县)、街道(乡镇)各级层层分解,最后由街道负责本辖区内所有单位的计划生育管理,承担下达任务、检查监督和协调、服务等职能。"以块为主"的管理体制的形成,在一定程度上标志着计划生育工作正式开始了街道属地化管理。

(3)"以社区为主"阶段

"以社区为主"是在党的领导和政府指导下,依托社区,建立属地管理、单位负责、居民自治、社区服务的城市人口与计划生育工作管理新机制。2001年10月底,国家计生委、民政部、中国计划生育协会联合发布《关于加快城市社区人口与计划生育工作改革的意见》,明确提出:"按照建立适应社会主义市场经济体制要求的'依法管理、村(居)民自治、优质服务、政策推动、综合治理'的人口与计划生育工作管理机制的总体要求,在党的领导和政府指导下,依托社区,建立'属地管理、单位负责、居民自治、社区服务'的城市人口与计划生育管理机制,不断增强社区计划生育管理服务能力和自治能力。"

"以社区为主"计划生育管理呈现出"属地管理、单位负责、居民自治、社区服务"的特征,其具体内容如下。

属地管理是指城市城区和街道统一管理本辖区各国家机关、社会团体、事业单位,以及工作、居住在本辖区的常住人口、暂住人口的计划生育工作,承担宣传动员、组织协调、综合服务、监督指导的职能。城市基层党委、政府对辖区人口与计划生育工作切实负领导责任,社区居委会依据国家法规和政策,协助政府做好驻区单位和居民的计生工作。

单位负责是指所有国家机关、社会团体、企事业单位都要依照国家法规和政策,认真执行计生国策,履行计生工作职责。各类企事业单位,包括非公有制企业及各种新兴的中介组织,都要做好本单位的计生工作。

居民自治是指社区居民在社区党组织的领导下依照国家法规和政策规范生育行为,实行计生自我管理、自我教育、自我服务和自我监督。计生工作既是政府行为,也是群众行为。居民委员会要组织引导社区居民开展计生工作的居民自治,把社区计划生育居民自治与发挥计生协会、群众志愿者队伍的作用结合起来。

社区服务是指依托社区,面向家庭,广泛利用各种社会资源开展的计划生育综合服务,主要内容有:深入开展人口与计划生育的宣传教育以及婚育新风进万家活动,相关法律政策咨询和法律援助服务,避孕节育、少生优生、孕情访视、紧急避孕、性健康和生殖保健等服务,独生子女照料等家政服务,针对老年人群的社会救助和社会化服务,以及组织社区居民开展的多种家庭互助活动等。①

2. 计划生育服务管理改革趋势

近年来,中国老龄化进程加速,生育意愿低迷,中国劳动力人口红利优势即将消耗殆尽,"全面二孩""三孩政策"相继出台,原有的以政府管控和硬性约束为主的计划生育管理已无法适应形势变化,新时期的计划生育工作面临转型发展。在新的人口形势下,计划生育工作需要由重管理轻服务向服务与管理的高度优化和有机融合转变。随着各级卫生计生机构全面改革,卫生与计生资源相互整合为计划生育管理服务的改革推进创造了良好的条件。

整合管理资源,优化服务流程。从提高出生人口素质、优化出生人口性别结构的角度出发,形成涵盖妇幼保健IC卡领取、服务手册领取、孕前优生健康检查、叶酸领取、早孕期保健、孕期彩超、孕期唐氏综合征筛查、孕期保健、住院分娩、补助领取、新生儿疾病筛查、《出生医学证明》办理、出生登记手续及产后访视等系列化服务体系,删减重复项目、优化服务流程、提高办事效率、提高服务质量,实现孕前、孕期、分娩、产后一条龙服务。强化孕期跟踪管理,有效避免因胎儿性别发生的流引产现象。

聚焦弱势群体,加大服务力度。重点聚焦流动人口和计划生育特殊困难家庭,推动基本卫生公共服务均等化,同时给予困难家庭更多的物质保障和人文关怀。一方面使流动人口能够享受到孕产妇保健、儿童预防接种、健康教育等基本卫生公共服务;另一方面为特殊困难家庭提供心理危机干预、心理疏导、助孕、身体保健等系列化服务,加大政策帮扶力度。

借助社会力量,拓展服务空间。重视发挥计生协会等群团组织作用,调动一切可以调动的力量和资源参与,形成推进改革的强大合力,落实计划生育基本国策,统筹解决人口问题,促进人口长期均衡发展。如流动人口便民维权、计划生育特殊困难家庭帮扶等,均可发挥计生协会的优势,由协会承办完成。②

第四节 国内外主要国家教育现状及相关政策

一、国内外教育现状

(一)全球人口教育现状

目前,全球人口教育形势向好,整体上学前教育和初等教育水平都有不同程度的提升,基本上实现了基础教育的性别均等,教学环境得到改善。但是,全球教育也面临着新的挑战,特别是一些处于城市化发展进程中的国家,城市教育受到流动人口,特别是城乡迁移人口的强烈冲击。

---

① 陈礼勤,李培生,周长洪.城市人口与计划生育工作管理机制的演变及内涵[J].南京人口管理干部学院学报,2003,019(001):34-37.

② 吴姝丽,吴长远.计划生育服务管理改革基本路径的探讨[J].人口与计划生育,2018(01):49-51.

1. 学前教育进一步发展,但不同地区的教育水平分化明显

根据世界银行数据,全球接受学前教育的儿童比例继续呈现缓慢但稳定提高的趋势。幼儿教育和保育对于认知和社会情感发展十分关键,随着各国政府对于幼儿教育认识的逐步深入,越来越多的儿童获得接受学前教育的机会。全球的学前班总入学率[①]从1980年的20.99%上升至2019年的61.52%(表2-4)。

表2-4 学前班总入学率

国家类型	1980年	1990年	2000年	2010年	2015年	2016年	2017年	2018年	2019年
高收入国家	56.17%	64.51%	75.63%	80.74%	83.24%	84.28%	84.31%	84.34%	82.93%
低收入国家	8.25%	8.97%	8.93%	12.48%	18.56%	19.05%	19.84%	20.06%	20.24%
中低等收入国家	17.29%	18.82%	19.97%	42.16%	51.63%	56.10%	58.66%	59.11%	60.00%
中高等收入国家	15.33%	29.74%	44.72%	55.26%	70.45%	72.80%	74.51%	75.43%	75.98%
世界平均水平	20.99%	28.70%	33.59%	46.51%	56.26%	58.99%	60.72%	61.19%	61.52%

数据来源:世界银行数据库

在学前教育逐渐普及的大背景下,近40年来不同收入水平国家的学前教育水平都有所提升,但各国的学前教育发展速度分化明显,差距逐渐增大。其中,中高等收入国家的增幅最为明显,学前班总入学率从1980年的15.33%上升至2019年的75.98%,中低等收入国家同期仅从17.29%上升至60.00%。2019年低收入国家学前班总入学率仅为20.24%,不及高收入国家的1/4。

2. 初等教育未能完全普及,失学人数规模依然较大

为了推动初等教育的发展,世界银行制定了全民教育的目标。但直到1997年,初等教育的毛入学率、净入学率和升入毕业班的毛升级率才有所提升,直至2008年再次陷入停滞,此后全球平均小学入学率[②]一直徘徊在89%左右(图2-21)。

相较而言,收入水平较高的国家初等教育普及情况明显好于收入水平较低的国家。其中,高收入国家和中高等收入国家的小学入学率一直维持在较高的水平,保持在95%左右,基本普及了初等教育。虽然中低等收入国家的小学入学率自21世纪初开始大幅提升,但2007年左右经历小幅下降后仅保持微弱增加的态势,2018年底才达到86.9%。低收入国家情况更加严峻,2017年底数据表明,还有近1/5的适龄儿童未能顺利进入小学接受教育。

总体而言,全球小学失学人数规模近年来基本保持不变,其中,低收入国家的小学失学人数呈现出缓慢上涨趋势(图2-22)。东亚和东南亚、北非和西亚等地区的小学适龄儿童失学比例有所上涨,其中西亚地区由于冲突频发,儿童离开学校的情况尤其明显。此外,撒哈拉以南非洲初中适龄少年失学人数自2000年来不断攀升,增幅明显。

---

① 指无论年龄大小,接受学前教育的人口与官方规定教育水平年龄段总人口的比值。总入学率可能超过100%,因为包含了较早或较晚入及复读的超龄和小龄学生。

② 指符合小学官方入学年龄的已入学儿童与该学龄儿童总数的比率。

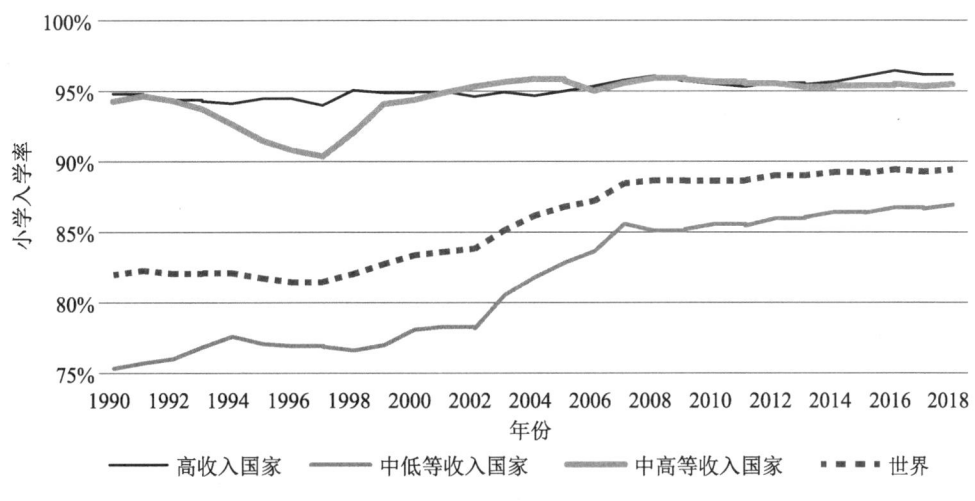

图 2-21 世界及各收入类型国家小学入学率

数据来源:世界银行数据库。

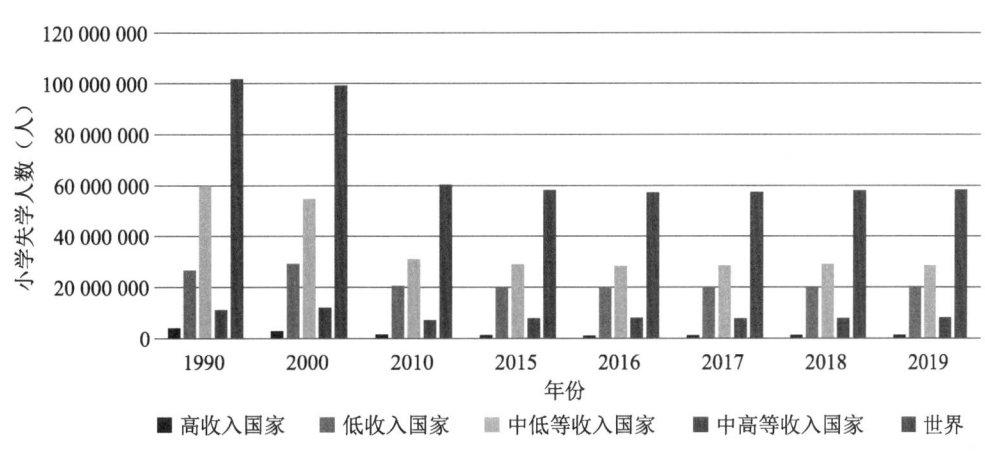

图 2-22 世界及各收入类型国家小学失学人数

数据来源:世界银行数据库。

3. 基础教育在入学方面基本保持性别均等

总体而言,世界各国在基础教育方面基本实现了性别均等,但是国家层面存在差异。根据《2019年全球教育监测报告》,2016年有54%的国家在初中教育入学方面实现了均等,但实现均等的国家内部并非都能维持均等,学业完成率依地域和财富的不同而存在显著差异。

此外,各国基本上能够在小学阶段为男生和女生提供较为平等的入学机会,但相较而言,收入水平较高国家性别均等水平更高。据统计,近五年全球小学女生入学率大概占到小学男生入学率的98%,高收入和中高等收入国家趋近于100%,而低收入国家2016年仅为93.92%(表2-5)。

表 2-5　小学女生与男生入学率的比例①

国家类型	2000 年	2010 年	2015 年	2016 年	2017 年	2018 年
高收入国家	99.68%	100.17%	100.44%	99.97%	100.13%	99.98%
低收入国家	83.75%	—	93.81%	93.92%	—	—
中低等收入国家	89.63%	99.15%	97.65%	97.36%	97.41%	96.97%
中高等收入国家	98.77%	99.31%	99.37%	99.39%	99.28%	99.23%
世界平均水平	93.93%	98.38%	97.86%	97.69%	97.66%	97.44%

数据来源：根据世界银行数据整理。

在初中阶段，全球范围内男女入学方面存在的微弱差异进一步缩小，初中女生与男生入学率的比例基本维持在 100% 左右，但低收入国家男女入学比例差距却有所增加，2016 年能够就读初中的适龄女生比例不及适龄男生比例的 85%（表 2-6）。

表 2-6　初中女生与男生入学率的比例

国家类型	2000 年	2010 年	2015 年	2016 年	2017 年	2018 年
高收入国家	101.63%	101.39%	101.61%	100.74%	100.97%	100.97%
低收入国家	74.66%	—	86.03%	84.91%	—	—
中低等收入国家	84.21%	95.99%	99.72%	99.90%	100.23%	99.42%
中高等收入国家	96.37%	103.35%	103.33%	103.55%	103.52%	103.99%
世界	92.40%	98.61%	100.15%	100.06%	100.20%	99.98%

数据来源：根据世界银行数据整理。

4. 软硬件配套得到改善，教学环境有所提升

随着经济水平的提升与社会法治的健全，教学环境有效提升，在一定程度上保障了学生的身心健康。根据《2019 年全球教育监测报告》，69% 的学校提供饮用水，66% 拥有卫生设施，53% 的卫生状况处于基本服务水平或者更高，中学提供的服务质量相较小学而言一般更高。此外，法律禁止校内体罚的国家从 2014 年年底的 122 个增加到 131 个。

5. 教育系统面临流动人口的强烈冲击

在战争、经济等多种因素的作用下，全球的人口流动逐步加剧，其中国内移民平均占到所有类型流动人口的八分之一。目前规模最大的国内人口流动出现在中等收入国家，特别是中国和印度。其中从农村进入城市的人口流动以及季节性或循环人口流动给教育系统带来的挑战最严重，严重影响流动人口和留守人口的教育机会。印度的一项研究表明，7 个城市中约有 80% 的临时流动儿童在工地附近得不到教育机会，40% 的儿童进入工作，并遭受虐待和剥削。

---

① 指小学女生净入学率与小学男生净入学率的比值，净入学率是指根据 1997 年《国际教育标准分类》，入学适龄儿童占总适龄儿童的比例。

(二) 中国基础教育现状

1. 幼儿教育

随着经济的发展和家庭生育率的下降,家庭对幼儿教育越来越受到重视。中国幼儿教育在改革开放后总体保持快速增长,其增速远高于同期的中小学教育。特别是 21 世纪以后,由于社会力量和民办幼儿教育的兴起,幼儿教育规模持续上升(图 2-23)。

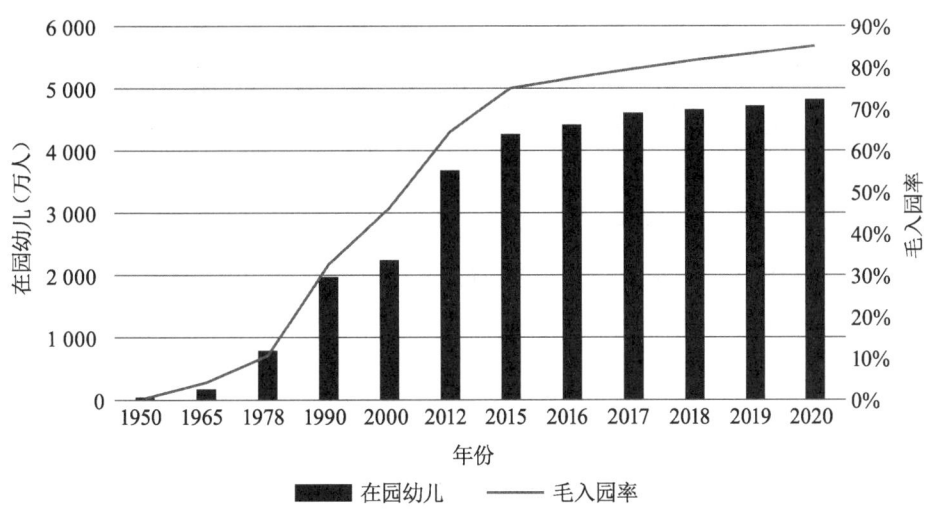

图 2-23　1950—2020 学前教育在园幼儿和毛入园率(时间轴非等比例绘制)

数据来源:2019—2020 年全国教育事业发展统计公报。

到 2020 年,中国幼儿园由 2000 年的 17.58 万所增加至 29.17 万所,在园幼儿数达到 4 818 万人,比 2001 年增加了 2 574 万人,毛入园率达到 85.2%。其中,普惠性幼儿园 23.41 万所,占全国幼儿园的比例 80.24%。普惠性幼儿园在园幼儿 4 082.83 万人,占全国在园幼儿的比例 84.74%[1]。总体来看,中国幼儿教育得到巨大发展,但幼儿教育在质量和普及率方面同其他教育仍有差距。

2. 小学教育

普及小学教育作为中国社会和教育发展的首要任务,在政策推动下呈现出快速增长趋势。改革开放前中国已基本实现小学教育的普及,自 2000 年以后中国小学净入学率一直维持在 99% 以上。但是,由于生育率下降和人口结构变化,20 世纪 80 年代以后小学学校数量和学生规模都出现了不同程度的下降,至 2020 年中国小学在校生人数仅 10 725 万人,比 1978 年减少了 3 899 万人(图 2-24)。

2000—2020 年,中国普通小学招生数基本维持在 1 500 万~2 000 万人,而普通小学毕业生数呈现下降趋势,近四年开始缓慢回升。至 2020 年,中国普通小学毕业生人数约为 1 640 万人,招生人数为 1 808 万人(图 2-25)。

---

[1] 数据来源于 2020 年全国教育事业发展统计公报。

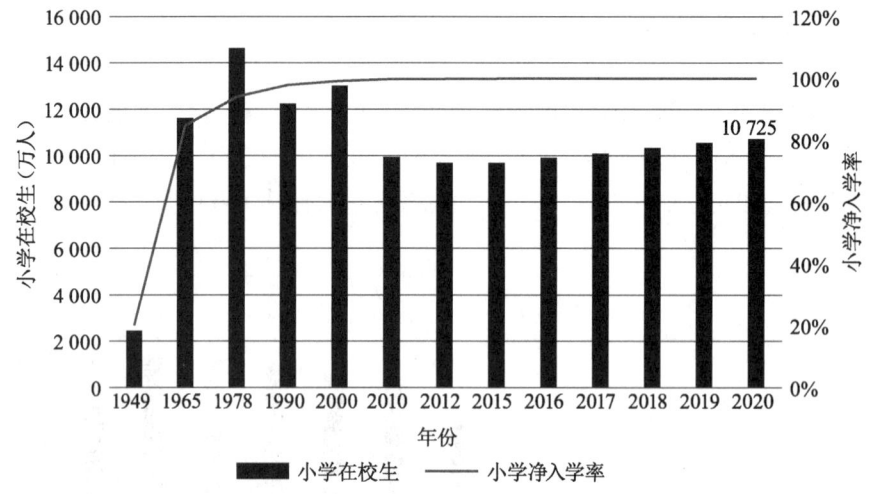

图 2-24 中国小学在校生和净入学率(时间轴非等比例绘制)
数据来源:2019—2020 年全国教育事业发展统计公报。

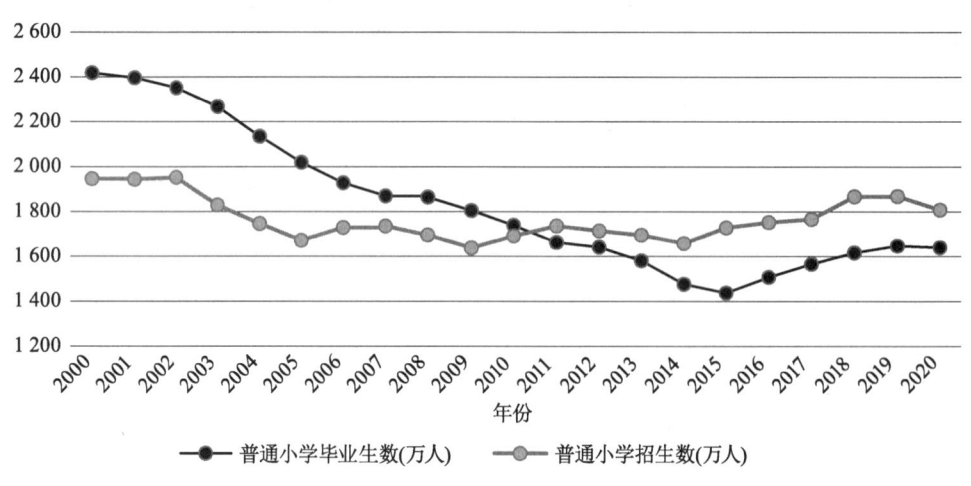

图 2-25 2000—2020 年中国普通小学招生数和毕业数
数据来源:国家统计局。

21 世纪以来,中国小学升学率有一定的提升。21 世纪初期中国小学升学率经历了快速增长,至 2006 年开始下跌后于 2014 年重新回升。2020 年中国普通小学升学率已经达到了 99.5%,和 2000 年相比增长了近 5 个百分点(图 2-26)。

3. 初中教育

新中国成立后,中国从普及小学教育逐步向普及义务教育过渡,初中教育在国家的大力支持下得到了快速发展,2020 年中国初中共有 5.28 万所(含职业初中 10 所)。中国初中毛入学率自 2010 年达到 100%,随后一直保持在 100% 左右,初中教育得到了普及。与此同时,中国初中在校生数量由于人口数量的变化而减少,2020 年仅为 4 914 万人,比 2000 年减少了 1 342 万人(图 2-27)。

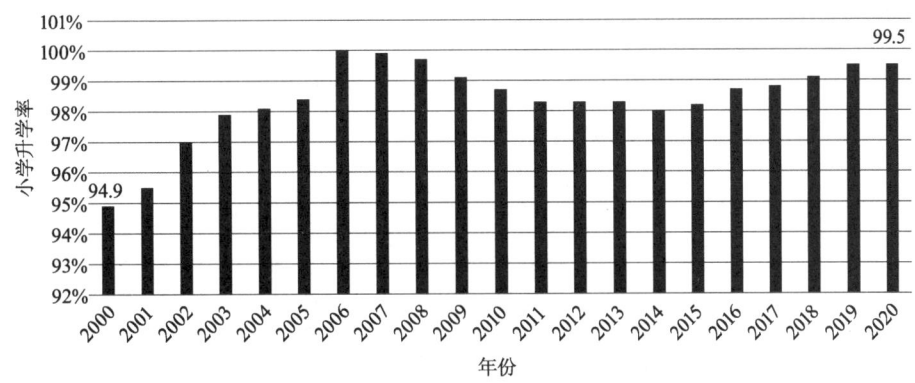

图 2-26　2000—2020 年中国小学升学率

数据来源：国家统计局。

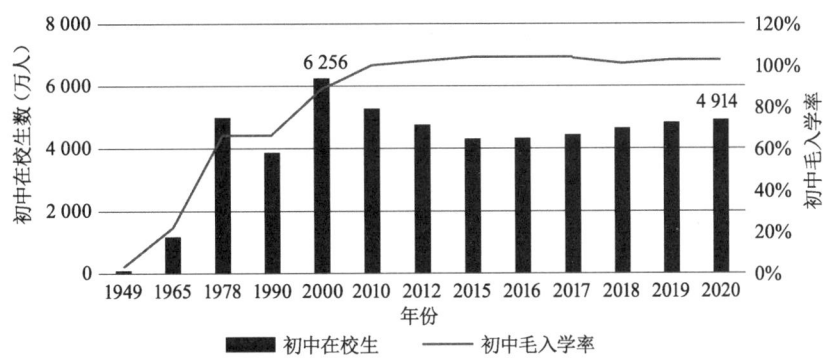

图 2-27　1949—2020 年中国初中在校生和毛入学率（时间轴非等比例绘制）

数据来源：2019—2020 年全国教育事业发展统计公报。

近二十年来，中国初中招生数总体呈现下降趋势。2020 年中国初中招生数由 2000 年的 2 295.60 万人下降至 1 632.10 万人。中国初中毕业生人数在 2000 年到 2005 年呈现上升趋势，2005 年上升至 2 123.40 万人后开始波动式下降，2020 年中国初中毕业人数为 1 535.29 万人（图 2-28）。

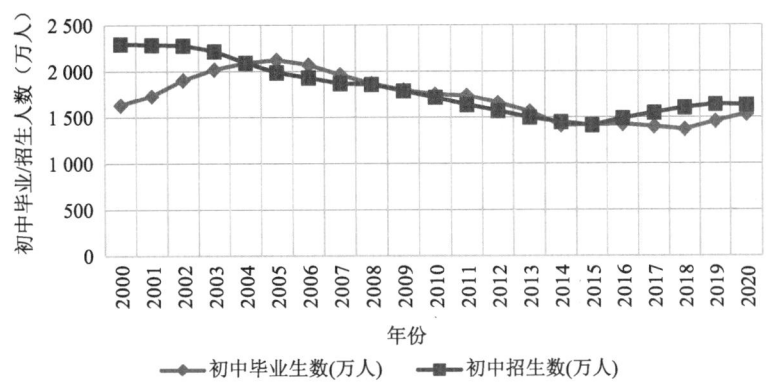

图 2-28　2000—2020 年中国初中招生数和毕业数（万人）

数据来源：国家统计局。

2000—2020年,中国初中升学率从51.2%提升至94.6%(图2-29)。这充分说明在普及义务教育的基础上,随着社会经济的发展,人们愿意并且能够接受更好的教育。中国人民已经不满足于义务教育,而是对知识有了更高的追求。

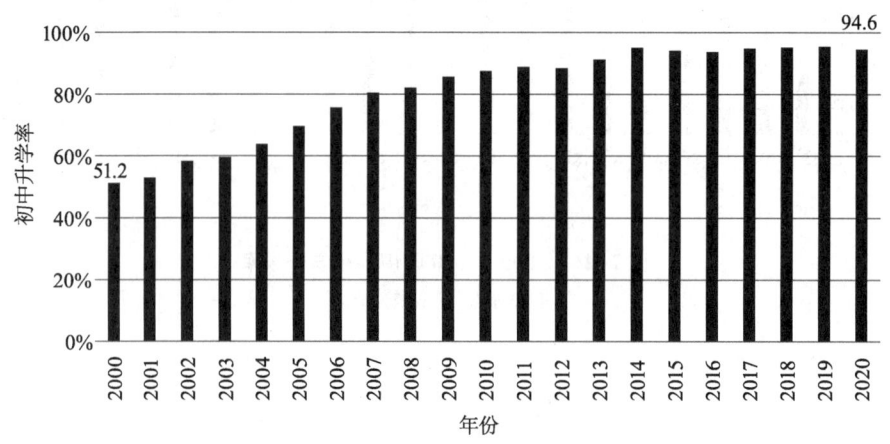

图2-29　2000—2020年中国初中升学率

数据来源:国家统计局。

4. 教育质量

2020年8月,教育部基础教育质量监测中心发布《2019年国家义务教育质量监测——语文学习质量监测结果报告》和《2019年国家义务教育质量监测——艺术学习质量监测结果报告》。报告显示,学生对语文和艺术的学习兴趣较高,教学质量总体较好。

语文学习质量监测结果显示,四年级、八年级学生语文学业表现达到中等及以上水平的比例分别为81.7%、79.3%。近三成家庭处境不利学生在语文学业表现上实现"逆袭",取得较好成绩。四年级、八年级学生语文学习兴趣高和较高的比例之和分别为94.5%、88.9%;每天课外阅读时间在15分钟以上的比例分别为71.7%、70.6%,课外阅读书籍种类在3种及以上的比例分别为64.8%、77.1%。报告显示,语文教师教学行为改善明显,具有以学生为中心的教学理念的比例显著提高。

艺术学习质量监测结果显示,78.5%的四年级学生和77.2%的八年级学生演唱能力达到中等及以上水平;91.5%的四年级学生和65.8%的八年级学生绘画创作与表达能力达到中等及以上水平。学生对中国画、民间手工艺、书法等中华优秀传统艺术形式的喜欢程度较高。八成以上学生喜欢艺术课和艺术教师。

(三)中国城市人口基础教育现状

1. 小学

近年来,中国城市小学阶段招生规模持续平稳增长,由2012年的483.1万人增加至2019年的745.3万人,涨幅超过260万人(图2-30)。同期,全国小学招生人数由1 714.7万人上升至1 869.04万人,增加约150万人。城市小学招生数占全国小学招生数比重逐年上升,2012年仅占比28%,2019年已提升至40%,充分说明了教育城镇化已经成为中国城镇化的一个重要方面。

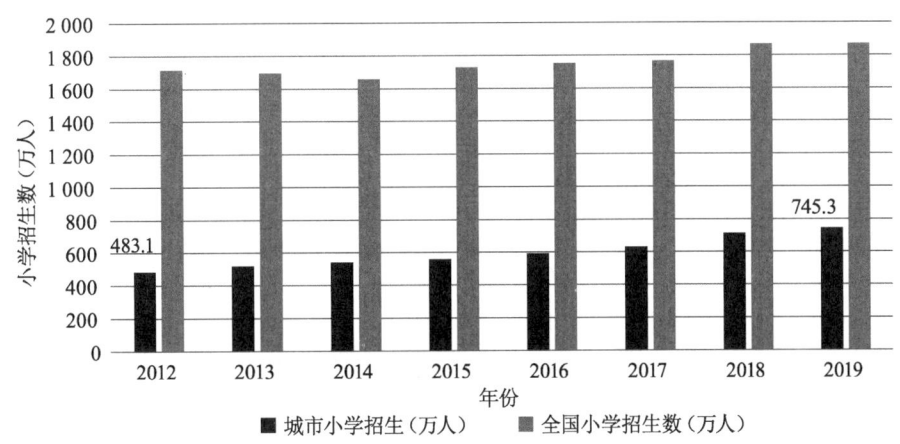

图 2-30　2012—2019 年城市小学及全国小学招生数

数据来源：2012—2019 年城市教育数据源于历年《中国教育概况——全国教育事业发展情况》，全国教育数据源于国家统计局。

2. 初中

2012—2019 年，中国城市初中招生数经历了先跌后涨的过程，由 482 万人跌至 463.1 万人再增加至 624 万人。与城市初中招生数变化趋势相似，全国初中招生数先由 2012 年的 1 570.8 万人下降至 2015 年的 1 411 万人，后逐渐上升至 2019 年的 1 638.85 万人。随着城市化的推进，中国城市初中招生人数占比由 2012 年的 31% 逐渐上升至 2019 年的 38%，"进城上学"成为一种趋势（图 2-31）。

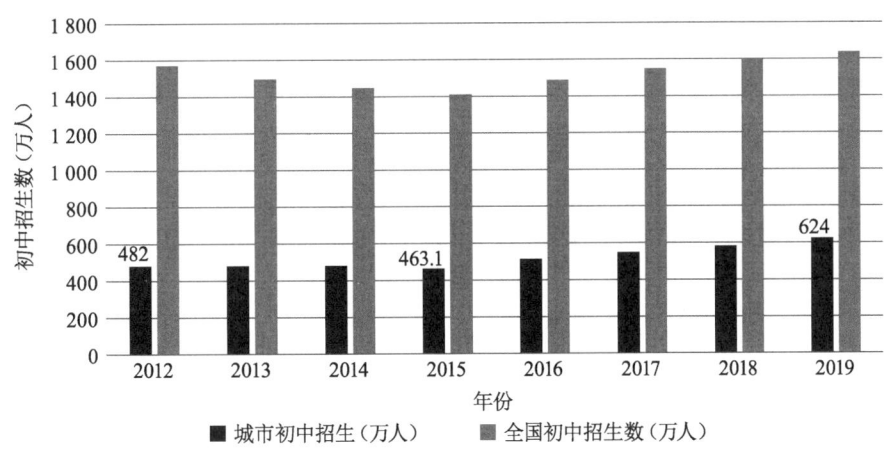

图 2-31　2012—2019 年城市初中和全国初中招生人数

数据来源：2012—2019 年城市教育数据源于历年《中国教育概况——全国教育事业发展情况》，全国教育数据源于国家统计局。

3. 进城务工人员随迁子女的教育状况

随着中国改革开放的深入发展，城市中进城务工人员不断增加，全国适龄就读儿童和青少年中随迁子女①规模也在不断增大。据统计,2020年中国义务教育阶段在校生中进城务工人员中随迁子女总人数为1 429.73万人,比2010年增加262万人(图2-32)。其中,2020年分别有1 034.86万人和394.88万人就读小学和初中,小学阶段的随迁子女约占到随迁子女总人口的四分之三。因此,比较而言,进程务工人员随迁子女的大量涌入将对城市小学系统产生更大的冲击。

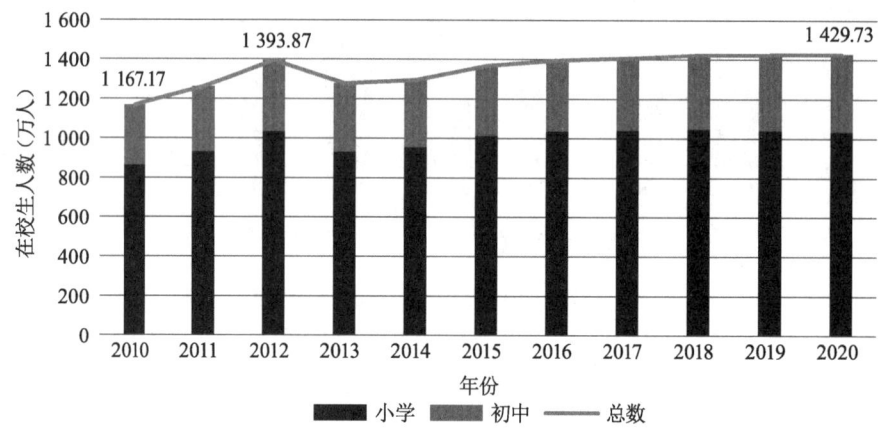

图2-32　2010—2020年中国义务教育阶段在校生中进城务工人员随迁子女人数

数据来源:2010—2020年全国教育事业发展统计公报。

二、国内外教育体系概况

(一)国外基础教育体系简述

1. 日本②

长期以来,日本一直实施小学、初中分别设置的九年制义务教育制度,由于中小学课程没有良好的衔接而产生诸多问题。为了解决"初一鸿沟",日本基础教育开始推行改革。2014年7月,日本教育再生会议向安倍晋三提出创建"小初一贯制"的教育制度。2015年6月,《学校教育法》修正案正式确立小初一贯制的制度化,并于2016年4月1日开始实施。

随着小初一贯制改革的推行,日本突破了单一、僵化的"六·三"学制,各地根据自身情况采用"四·三·二""四·五""五·二·二"和"三·四·二"等多样化的学段划分方式。其中,大多数学校采用的是"四·三·二"的学段划分方式。在这种方式下,九年义务教育分为前期(一~四年级)、中期(五~七年级)和后期(八、九年级)三个阶段。不同的阶段对应不同的教学目标,前期是学生学习习惯的养成期,倾向于基础知识和基本技能的掌握;中期是基础知识和基本能力的活用期,侧重培养学生的学习能力;后期是学生的个性发展期,主要培养学生的个性和生存能力。这种学段划分方式将小学高年级和初中一年级归于同

---

① 进城务工人员随迁子女,是指户籍登记在外省(区、市)、本省外县(区)的乡村,随务工父母到输入地的城区、镇区(同住)并接受义务教育的适龄儿童少年。

② 刘虹希.中日美教育体系和管理体制比较[J].企业家天地,2012(06):56-58.

一发展阶段,有利于学级间的顺利衔接。

在实施小初一贯制教育的过程中,教育课程也遵循适应学生身心发展特点以及富有地域文化特色的原则进行调整。以青森县三户町为例,学校开设了小学英语课和"立志课"。为了使小学英语教学与初中衔接具有一贯性,按照"四·三·二"学段划分为"亲近英语""掌握英语""活用英语"三个时期,逐步进行系统的英语学习。作为三户町的独创科目,"立志课"综合了"道德""特别活动"和"综合学习时间"课程,旨在培养学生形成正确的人生观。

此外,日本高中教育分为普通教育和专门学科教育,普通教育是为升入高等学校和准备就职但没有确定具体行业的学生的需要而进行的教育,专门学科教育主要为适应毕业后在特定领域内选择职业的需要,为其提供职业教育和其他专门教育。

2. 美国

在教育分权的影响下,美国各州教育呈现出多样性的特点。美国基础教育涵盖小学到高中阶段,一般教育年限为12年,但各州学制不尽相同,大体可分为"五·三·四""六·三·三""八·四""四·四·四""六·二·四"学制等。其中义务教育总体上为9~10年,部分州为9~12年。

学龄前教育。由于美国没有强制性的公立托儿所和日托中心,除低收入家庭可享受政府资助外,大部分家庭需要自费接受学龄前教育。

初等教育。大部分小学教育为一~五年级,也有部分小学提供教育至六年级,甚至合并中学教育至八年级。

中等教育(初中)。一般而言,美国的初中教育从六~八年级,共3年。根据不同州的学制情况,也有初中教育为七~九年级。

美国公立中小学的课程由学区政府或学校自行安排,只需满足州教育部制定的课程要求,因而教育课程丰富多样。作为区别于其他国家教育的突出特征,美国教育实行单轨学制,每个人都可以选修正式课程或参加非正式课程。

3. 德国[1]

德国的基础教育体系总体上是12年义务教育制,但由于德国是一个联邦制的国家,教育体制的立法权属于各州,中学教育的学校形式在各个联邦州的情况并不完全一样,也有一些地方采用13年学制。德国的中学阶段为5年级到12或13年级,依据发展方向的不同大致可分为文理中学、实科中学和基础中学。也有部分地区有所不同,如汉堡州把实科中学和基础中学合并为城市中心学校。德国学生从小学进入中学学习无需进行统一考试,依据小学的成绩、教师的鉴定和家长的意见来决定学生升入的中学类型。进入中学之后,统一考试才多了起来。

4. 韩国

韩国自1951年3月修改教育法后,一直实行的是"六·三·三·四"的基本学制,即小学6年,初中3年,高中3年,大学4年,此外还有学制为2~3年的专科大学和职业大学。

---

[1] 刘琼敏,吴朝阳.德国中学历史学科考题命制特点浅析——以汉堡州为例[J].历史教学问题,2018(4):132-136.

学龄前教育一般为1年,并不属于韩国基本学制,虽然不是义务性的,但近些年也日益得到重视。学龄前教育为升入小学做准备,5岁入幼儿园,6岁自动升入小学。学龄前教育的目的在于为儿童创造适宜的环境,使儿童的身心协调发展。

初等教育学制为6年,由作为义务教育学校的韩国国民学校(即小学)来实施,向国民免费提供。①

中学教育包括初中教育和高中教育,学制均为3年。中等教育作为国民教育的完成阶段,得到政府的高度重视,《教育法》要求这一阶段实施人文教育和实用性职业教育,培养国民品德和技能,为升入大学和进入社会工作做准备。其中,初中教育接受12~14岁的小学毕业生学习,招生采用按区域或抽签分配制度,不给学生择校的余地。课程由11门基本必修课、若干选修课和课外活动组成。高级中学由普通高中和职业高中组成,招生对象为初中毕业生或具有同等学力者。职业高中类似于中国的职业高中或中等专业学校,其课程中普通教育课程占30%,理论与实际并重的职业教育课程占70%。此外,这一学历层次还设有公民学校及广播函授高等学校(高中)。2019年10月,韩国国会当天通过关于高中义务教育的《初中等教育法》修订案等12项教育法案,韩国由此开始分阶段普及高中义务教育,到2021年所有高中生都将接受免费教育。2019年,韩国还正式废除了精英高中,统一转为普通高中。

(二)中国基础教育体系

1. 基本制度

教育制度是一个国家各类教育机构有机构成的总体及其正常运行所需的种种规范或规定的总和。它包含有学前教育机构、学校教育机构、业余教育机构、社会教育机构等,还包括各机构间的组织关系、各机构的任务、组织管理等,它的设立主体是国家,是国家教育方针制度化的体现。

目前,中国的基本教育制度是九年义务教育制度,具有强制性、普及性和免费性的特征。义务教育是国家统一实施的所有适龄儿童、少年必须接受的教育,是国家必须予以保障的公益性事业;实施义务教育,不收学费、杂费;国家建立义务教育经费保障机制,保证义务教育制度实施。

根据2006年6月修订通过的《中华人民共和国义务教育法》,凡具有中华人民共和国国籍的适龄儿童、少年,不分性别、民族、种族、家庭财产状况、宗教信仰等,依法享有平等接受义务教育的权利,并履行接受义务教育的义务。

2. 教育体系

现阶段中国基础教育体系的主体是小学6年、初中3年,主要采用的是12年基础教育学制,除上海实行的是"五·四·三"学制,其他地方均实行"六·三·三"学制,即小学6年、初中3年。此外,在进入小学前,一般还会在幼儿园接受学前教育。

学前教育。中国的学前教育一般从3岁开始,进入幼儿园后孩子根据年龄被分入小班

---

① 缪丽华.韩国教育制度及其借鉴[J].江西农业大学学报(社会科学版),2003,2(1):85-88.

(3～4周岁)、中班(4～5周岁)、大班(5～6周岁)。

初等学校(小学)。在中国的大部分地区,中国的小学为六年制,但是在一些省份,小学为五年制。通常认为一～三年级为"低年级",即小学基础阶段,而四～六年级为"高年级",即小学拓展阶段。

中等学校(初中)。在一部分城市地区,进入初中一般可以通过三种方式:"计算机派位""按区划分"和"择校"。计算机派位是指将学生通过计算机随机的方式指派到该小学所属区域的初中。大多数时候,由于所在小学附近没有师资较好的初中,家长通常会选择择校。而"择校"则是可以向学校缴纳"择校赞助费"或通过学校的入学考试以进入学校。而"按区划分"则是按照学生的住址来指派初中。

三、相关教育政策的发展

(一) 世界主要国家基础教育政策发展历程

1. 美国教育政策三个阶段

根据不同的价值观念、政策发展与政策效果,可以将美国建国后的教育政策发展分为三个阶段。

第一个阶段是在美国建国后至第一次世界大战时期采取的以教育权利平等为导向的教育政策。在教育权利平等观念导向下,美国以开展公立学校运动和建立现代学校系统为主要内容,制定和实施了一系列具体的教育政策,一定程度上保障了公民的教育权利平等,但以黑人为代表的少数族裔、女性以及低收入者的教育机会未得到平等保障[①]。

第二个阶段是大萧条至20世纪70年代末实施的以教育机会平等为导向的教育政策。20世纪中叶以后,为解决少数族裔、低收入阶层、女性以及残疾人士等群体在公立学校系统中遭受的教育机会不平等问题,美国围绕"教育机会平等"的价值理念,制定和实施了废除种族隔离、向贫困宣战等多项政策和措施,以及一系列针对性教育法案和财政援助计划,改善了黑人、其他处境不利儿童遭受的教育不平等状况。

第三个阶段是20世纪80年代至今的以教育结果公平为导向的教育政策。此阶段美国教育政策开始更加关注教育结果,政策目标由"公平"过渡到"优异",再逐步转变为"优异且平等"。

2. 日本教育政策三次变革

日本的教育政策主要经历了三次变革,第一次是从明治维新开始到第二次世界大战结束,此阶段日本的教育政策主要围绕日本国家主义教育理念展开,日本国家主义教育体制形成。第二次是第二次世界大战后至20世纪80年代的教育改革,日本民主主义教育体制建立。第二次世界大战后,和平主义和民主主义教育代替了国家主义和军国主义教育,日本的教育政策从以国家为中心向以学生为中心转变。第三次是从20世纪80年代以后,日本确立了个性化的教育原则,此阶段日本教育政策由重视教育为经济发展服务到重视培养

---

① 钱花花.社会正义视域中的美国教育政策研究[D].吉林大学,2016.

学生的个性和创造性。①

3. 欧洲福利国家教育政策三个阶段

欧洲福利国家教育政策的制定和落实起始于20世纪20年代，经历了初步形成期、发展成熟期和调整适应期三个阶段，建立起了别具特色的教育政策体系。

一是初步形成期，即20世纪20—40年代中期，此阶段欧洲福利国家教育政策以公平化、福利化为基本特征，丹麦、瑞典和挪威初步实现了建设公平性、福利性公共教育体系的目标。

二是发展成熟期，从20世纪40年代中期—70年代末，欧洲福利国家教育政策具有广泛普遍性和高度平等性。教育政策保障了起点、过程与结果公平，基本建立了学前教育、基础教育制度，初步形成了北欧福利国家现代教育体系。

三是调整适应期，20世纪80年代以来，在新自由主义、社会民主主义和"第三条道路"社会福利理论的影响下，欧洲福利国家以"在平等的前提下，注重提高办学效率和教育质量"为原则，不断修正和调整教育政策，有效适应了新的国际国内形势。②

（二）世界主要国家现行基础教育政策

发达国家向来重视国民的教育问题，其中，国民基础教育更是重中之重。尽管各国发展基础教育的路径举措有所差别，但公平与卓越已经成为主要发达国家基础教育发展的基本趋势。由于发达国家的城市化起步较早，经过漫长的发展已经进入城市化的高级阶段，城市逐步取代乡村成为主要的管理单元，因此，出台的政策基本上可视为针对城市的管理政策。

1. 美国：通过教育券政策和特许学校政策来平衡教育质量与公平

特朗普政府上台以后对基础教育进行了改革，提出要大力支持自主择校，将教育券和特许学校作为改善教育质量的途径，同时限制联邦政府对教育的管辖权，促进地方自主办学。主要内容包括：其一，扩大联邦教育预算投入提升教育券的发行额度；其二，通过调整资金扶持优先顺序推动教育券的广泛认可；其三，通过调整税法转化现有计划推动自由择校；其四，设立"国家特许学校周"加强特许学校的宣传力度；其五，增加预算拨款金额，优先支持特许学校建设；其六，限制联邦政府权力，给予更多办学自主权。

2. 日本：教育的公平与卓越应该体现为国家利益的实现

日本公立教育系统着力于培养公共、传统、热爱国家的现代公民，重点培养国家需要的精英人才。为此，日本从2016年开始编制《第3期教育振兴计划（2018—2022）》，提出：其一，培养学生挑战未来社会中各种可能性的必要能力；其二，培养学生多样化的能力实现社会的可持续发展；其三，构筑完全、共享的学习网络；其四，完善生涯学习所需的社会环境；其五，完善教育政策实施的社会基础。

3. 欧洲：以学校为载体推动基础教育的公平与卓越

英国通过促进学校多样化发展来实现基础教育的公平与卓越。为此，英国教育部发布

---

① 詹亚.20世纪90年代以来的日本基础教育改革政策研究[D].云南师范大学，2006.
② 泥安儒.北欧福利国家教育政策发展研究[D].河北大学，2016.

了《全面卓越》白皮书,涵盖教师队伍、学校领导、治理结构、监管模式和经费保障、课程体系等多个方面,鼓励学校多样化发展,给予学校更大的自主权和独立性①。

德国通过"文化强国"教育计划为学生个体提供更为平等的教育机会。德国历届政府一直在推动全日制学校建设,以便确保所有学生获得足够的学校学习时间,从而顾及学生个体的起点、兴趣和强项,减少家庭出身对学习结果的影响。

(三) 中国城市基础教育政策

1. 中国基础教育政策发展历程

根据不同时期特征,可将中国的基础教育政策演进划分为六个阶段:开始探索阶段、初步建立阶段、短暂停滞阶段、逐步恢复阶段、基本完善阶段和逐步深化阶段。

(1) 开始探索阶段(1929—1948年)

在此时期,中国共产党就意识到要发展根据地的教育事业。1929年提出了关于发展文化教育的八项任务,指出要加强劳动儿童教育、实行男女共同教育。1930年中国共产党《对目前时局的宣言》提出,要实行全国免费义务教育②。1946年中共中央提出,发展新民主主义的文化教育,实行免费的普及教育③。

(2) 初步建立阶段(1949—1965年)

中华人民共和国成立后,党和国家特别关注基础教育。1954年《中华人民共和国宪法》规定公民有受教育的权利,设立并且逐步扩大各种学校和其他文化教育机关,以保证公民享有这种权利。建国初期通过立法的形式保障了人民受教育的基本权利。

(3) 短暂停滞阶段(1966—1976年)

1966年"文革"开始,教育领域受到很大影响。教育管理机构被摧毁,各级各类学校陷于混乱和瘫痪状态,广大教师和知识分子受到不同程度的迫害,青少年丧失了接受正常科学文化教育的权利与机会。当时学校的办学条件、教育质量、学习风气均降至建国后的历史最低点。④

(4) 逐步恢复阶段(1977—2000年)

1977年恢复了高考制度,中国的教育事业迎来复苏。国家相继出台一系列文件和法律措施对中国的教育体系进行规范,从普及和提高小学教育,到大力普及九年义务教育,中国的各级各类教育法规体系开始逐渐建立。

(5) 基本完善阶段(2000—2009年)

此阶段主要是逐步实现了在全国城乡普遍实行免费义务教育。此外,城镇化的推进暴露出城市农民工子女的教育问题,中央开始着手出台一系列政策保障农民工子女的教育问题(表2-7)。

---

① 宁波,张民选.公平与卓越:主要发达国家基础教育发展趋势[J].外国中小学教育,2018(0):9-13.
② 中共中央统战部.民族问题文献汇编[M].北京:中共中央党校出版社,1991:166.
③ 刘信君.解放战争时期中国共产党的民族政策与实践[J].北方民族,1992(2).
④ 孙燕.我国教育政策变迁研究[J].山西财经大学学报(高等教育版),2010,13(4):6-9.

表 2-7 农民工随迁子女义务教育主要政策一览表(2016—2017 年)

颁布时间	政策名称
1996	《城镇流动人口中适龄儿童、少年就学办法(试行)》
1998	《流动儿童少年就学暂行办法》
2001	《中国儿童发展纲要(2001—2010 年)》
2001	《关于基础教育改革与发展的决定》
2003	《关于做好农民进城务工就业管理和服务工作的通知》
2003	《关于进一步做好进城务工就业农民子女义务教育工作的意见》
2003	《国务院关于进一步加强农村教育工作的决定》
2003	《关于将农民工管理等有关经费纳入财政预算支出范围有关问题的通知》
2004	《关于进一步加强和改进未成年人思想道德建设的若干意见》
2005	《关于推进社会主义新农村建设的若干意见》
2006	《国务院关于解决农民工问题的若干意见》
2006	《关于教育系统贯彻落实〈国务院关于解决农民工问题的若干意见〉的实施意见》
2006	《中华人民共和国义务教育法(修订)》
2006	《中共中央关于构建社会主义和谐社会若干重大问题的决定》
2007	《关于贯彻落实中央指示精神积极开展关爱农村留守流动儿童工作的通知》
2008	《中共中央关于推进农村改革发展若干重大问题的决定》
2010	《国家中长期教育改革和发展规划纲要(2010—2020 年)》
2011	《中华人民共和国国民经济和社会发展第十二个五年规划纲要》
2012	《国务院关于深入推进义务教育均衡发展的意见》
2014	《国家新型城镇化规划(2014—2020 年)》
2014	《关于进一步做好为农民工服务工作的意见》
2015	《关于进一步完善城乡义务教育经费保障机制的通知》
2017	《关于做好 2017 年义务教育招生入学工作的通知》

资料来源:曹冰华.农民工随迁子女义务教育政策研究[D].2017.

(6) 逐步深化阶段(2010 年至今)

2010 年 7 月,国务院发布的《国家中长期教育改革和发展规划纲要(2010—2020 年)》,将促进公平作为国家基本教育政策。教育公平的基本要求是保障公民依法享有受教育的权利,重点是促进义务教育均衡发展和扶持困难群体,尤其是农民工随迁子女在城镇就学升学状况得到了极大改善。

2. 现阶段不同城市基础教育管理政策比较

由于不同城市承受着不同的教育资源压力,各城市也因地制宜制定了不同的教育管理政策,不同类型的城市其差异性主要体现在农民工随迁子女这一特殊群体上。随着城市化进程的推进,农民工随迁子女不断增长,城市在基础教育管理方面经受着严峻挑战。

(1) 超大城市

由于超大城市的教育系统面临高学历优势人群和低学历低收入农民工阶层的双重压力,教育资源高度紧张,因而其管理严苛程度一般高于国内其他城市。如深圳和广州均采用积分制①,申请人需提交父母一方的文化程度、技术职称、服务年限、社保年限、计划生育、投资纳税、社会服务等十余项材料。上海(除奉贤区外)和北京则采取材料准入制②,上海(除奉贤区外)需要提供户口本、居住证、暂住证、务工证明、连续缴纳社会保险证明、入学登记表和预防接种证;北京需要提供户口本、居住证、住房证明和务工证明等。

(2) 特大城市和大城市

从规模上看,目前中国以农民工为代表的流动人口主要集中在经济发达、资源丰富的地级以上大中城市,农民工的集中流动给这些城市教育系统带来了巨大的压力。在教育资源供不应求的情况下,一些大城市也出台了相应的政策抑制过量的教育需求。

由于面临的人口压力相对较小,通常其严苛程度不及超大城市。如部分珠三角地区大多采用"积分制"和"优惠政策模式③",东莞、佛山、珠海等地将享受本地优惠政策作为接收方式之一,东莞、佛山、珠海、中山等地主要采取"积分制入学"模式,江门、肇庆等地主要采取"积分制入户"模式。无论是积分制模式还是优惠政策模式,都是依据父母条件进行优胜劣汰,仍然是在加大农民工随迁子女的入学难度。

除少部分珠三角城市外,大部分城市采取材料准入制(表2-8)。各地所要求的证件材料一般包括身份证、户口簿、居住证/暂住证、租房合同/房产证、劳动合同/务工证明、连续缴纳社会保险证明、计生证等,这里既有对进城务工人员身份的证明要求,也有对其居住、工作、收入乃至生育状况的证据考察④。

(3) 中小城市

中国中小城市外来务工人员较少,且多为城乡流动的本地人员,城市承担的教育压力较小。因此,对于农民工随迁子女的入学门槛较低。以2011年12月时间节点为例,在117份政策文本中,有21个省会城市、直辖市和87个县(市、区)采取"材料准入模式",但省会城市和直辖市"入学门槛"显著高于县(市、区)级城市。在省会城市及直辖市中,要求随迁子女提交6份及以上证明材料的比例为52.4%,县(市、区)中这一比例为32.1%,前者比

---

① 积分制是以积分排名的方式安排外来流动人员子女入读公立学校。积分制可细化为"积分制入户"和"积分制入学"两类,"积分制入户"是通过改变户籍性质的方式,使流动人口随迁子女享受本地户籍儿童入学待遇;"积分制入学"则是在不改变户籍性质的前提下,仅对申请人各项指标进行累计积分,积分高低顺序即为随迁子女入学顺序。

② 材料准入制是指外来人口申请随迁子女入学时,只需提交流入地教育行政部门规定的证明材料(如家庭情况证明、工作证明、居住证明、子女健康证明等),由流入地教育行政部门及就读学校鉴定资料的完备程度和真伪作为入学条件。

③ "优惠政策模式"是指只有享受当地优惠政策人员的子女才具有入读公办学校的资格,比如高端人才的子女往往享受入学的优惠政策。

④ 邬志辉,李静美.农民工随迁子女在城市接受义务教育的现实困境与政策选择[J].教育研究,2016(9):19-31.

表 2-8 材料准入制中随迁子女证件要求分类

材料\城市	个人身份证明				居住证明				工作证明			其他证明			
	身份证	户口本	计划生育证明	无监护条件证明	居住证	暂住证	住房证明	连续居住证明	务工证明	社保证明	连续缴纳社保证明	就学联系函	入学登记表	预防接种证	学籍证明
北京		✓			✓		✓		✓						
成都	✓				✓		✓	✓	✓	✓					
重庆*		✓												✓	✓
长沙	✓	✓	✓		✓		✓		✓	✓	✓				
合肥	✓	✓			✓				✓						
杭州*					✓										
济南	✓								✓	✓					
昆明		✓			✓		✓					✓			
南京	✓	✓	✓		✓		✓		✓	✓	✓			✓	✓
上海*					✓	✓			✓				✓		
武汉					✓				✓						
西安	✓	✓		✓	✓										
郑州	✓	✓			✓									✓	

注：上海市奉贤区、杭州市滨江区、重庆市沙坪坝区、九龙坡区、南岸区不实行材料准入制。
资料来源：王洛忠,徐敬杰,闫倩倩.流动人口随迁子女义务教育阶段就学政策研究——基于 18 个城市政策文本的分析[J].学习与探索,2020(3):23-31.

后者多出 20 个百分点；在省会城市及直辖市中，要求随迁子女提供 7 份及以上的占比 28.6%，而县(市、区)为 17.3%，前者比后者高 11 个百分点(表 2-9)。可见，进入省会城市和直辖市要求提供的材料更多，手续也更烦琐。

表 2-9 入学材料数量地区差异对比情况

地区/数量	省会城市/直辖市	县(市、区)
3 份及以下	4.8%	11.5%
4 份	23.8%	21.8%
5 份	19.0%	34.5%
6 份	23.8%	14.9%
7 份及以上	28.6%	17.3%

资料来源：雷万鹏,汪传艳.农民工随迁子女"入学门槛"的合理性研究[J].教育发展研究,2012(24):7-13.

（四）中国现阶段教育新政

2021年，中国政府出台多项举措，坚决推动教育去资本化，完善教育资源分配，让教育回归民生属性。2021年5月，修订后的《中华人民共和国民办教育促进法实施条例》正式公布，并于2021年9月1日起施行；6月，教育部成立校外教育培训监管司，被视为国家推进"教育去资本化"的先兆；7月，中共中央办公厅、国务院办公厅印发《关于进一步减轻义务教育阶段学生作业负担和校外培训负担的意见》。一系列的举措预示着中国教育，尤其是基础教育阶段政策将迎来大变革。

总体上来看，各项新政均指向教育的公平性、公益性，旨在形成更加完善的教育生态。但教育是牵一发而动全身的系统工程，需要全盘思考、整体设计，而现阶段针对这一系统工程的关键政策切口主要有三个，即教育去资本化、学校责任明确化、教育资源平等化。

一是打击教育领域的过度资本化，防止教育沦为资本逐利的中介。资本介入教育，加剧了教育内卷，更加剧了普通家庭的教育支付成本，从而影响到教育的公益性和公平性这一最大的本质。尤其是中小学生校外培训机构，数量巨大且良莠不齐，若任其发展，将形成国家教育体系之外的另一个教育体系，违背了教育公益属性，严重破坏了教育正常生态。

因此，需要给资本限定底线，明确教育作为公共事业，绝不是资本逐利的暴利行业。尤其义务教育是国家法定职能，不承担选拔、筛选功能，均等化、公益化是基本要求。2021年发布的《关于进一步减轻义务教育阶段学生作业负担和校外培训负担的意见》就提出要持续规范校外培训。而修订后的《中华人民共和国民办教育促进法实施条例》最大的亮点，是强调民办教育办学也要坚持公益性原则。将真正致力于将发展教育的办学者请进来，将圈钱逐利者赶出去。"勒令"资本从教育培训领域退场，正是抓住了教育去资本化的要害。

二是明确学校责任，切实提升学校育人水平，防止学校将其本职责任推给市场和家长。教育部门要加强对学校的指导，要求学校优化教学方式，加强教学管理，既要开齐开足开好国家规定课程，确保学生达到国家规定的学业质量标准，又要防止随意增减课时、提高难度、加快进度，坚决克服唯分数的倾向。

地方各级党委和政府要树立正确政绩观，严禁下达升学指标或片面以升学率评价学校和教师。认真落实义务教育质量评价指南，将"双减"工作成效纳入县域和学校义务教育质量评价，把学生参加课后服务、校外培训及培训费用支出减少等情况作为重要评价内容。

三是推动教育资源平等化，统筹分配教育资源，真正体现教育的公平和社会属性。国家要求各地巩固义务教育基本均衡成果，积极开展义务教育优质均衡创建工作，促进新优质学校成长，扩大优质教育资源。积极推进集团化办学、学区化治理和城乡学校共同体建设，充分激发办学活力，整体提升学校办学水平，加快缩小城乡、区域、学校间教育水平差距。尤其是在教师资源方面，国家政策要求各地要根据学生规模和中小学教职工编制标准，统筹核定编制，配足配齐教师。

教育是国家的基础工程，教育政策的调整涉及社会主义现代化建设的方方面面，尤其是影响社会阶层的流动、社会资源的分配、生育政策的效果等。因此，必须推行教育的公平化，让每个学生都能为人生打下较为均衡的基础。在这个基础上，再充分释放个人的禀赋。

国家要做的就是筑牢这个基础,这也是教育公平的题中之义。

(五)中国教育政策发展趋势

1. 教育公共服务:从"缩小区域差距"走向"缩小群体差距"

中国教育长期受制于区域和城乡发展不平衡的制约,教育基本公共服务的战略重心放在了缩小区域和城乡教育差距上。习近平总书记指出,必须不断促进教育事业发展成果更多更公平惠及全体人民,以教育公平促进社会公平正义。未来中国会在继续推进区域与城乡教育平衡发展的基础上,致力于为不同群体提供均衡的教育公共服务。

一方面,提升义务教育均衡发展的统筹层次,从县域均衡发展向市域、省域推进,缩小基于区域经济社会发展的公共教育差距,整体上继续加大教育投入,改善学校办学条件与师资水平。另一方面,完善教育公共政策设计,将教育公共政策实施的战略重点逐步转向缩小不同群体教育公共服务水平的差距上,在提高教育公共服务水平方面,针对不同的受教育群体,分类施策。

2. 教育资源配置:从"重物"走向更加"重人"

改革开放以来,中国教育长期处于生存型教育阶段,教育投入的战略重心一直着眼于增加学校教育资源的供给,加快普及各级各类教育。当中国各级各类教育的普及水平达到甚至超过世界中上国家平均水平之后,中国教育发展的主要矛盾开始从生存型教育转向发展型教育,教育投入的战略重点必须从"重物"转向"重人"。因此,未来中国将致力于全面提高教师社会经济地位,吸引更多优秀人才从事教育事业,特别是吸引和培养更多的优秀教师到乡村任教。在教师的培养方面,在加强核心教学能力的基础上,注重提升教师的育德能力、作业设计和考试命题能力、实践教学能力和家庭教育指导能力等。

3. 学生课业负担:从"减量改革"走向"结构调整"

习近平总书记指出:"现在的教育最突出的问题是中小学生太苦太累,办学中的一些做法太短视太功利。"减轻学生过重的课业负担,是中国教育改革和发展的重要战略任务。从本质上看,中国学生课业负担过重是教育质量供给结构失衡问题,是学生学习的性质、状态和内容失衡造成的。未来中国减轻学生过重课业负担的战略选择将会从"减量改革"转向"结构调整",包括教育结构、课程供给结构、学习方式、作业设计质量、教师培训、教育质量观等方面。

具体包括构建德智体美劳全面培养的教育体系,规范学科课程的课时和作业量,为学生提供个性化、可选择的课程,增加基于实践的主题化、生活化、综合化、跨学科的课程,减少机械性、重复性作业,增加探究性、项目性作业,引导家长正确看待学生发展,理性看待校外培训机构的作用,树立科学的学业质量观。

4. 教育环境重构:从"追求政绩"走向"支持发展"

习近平总书记指出:"办好教育事业,家庭、学校、政府、社会都有责任。"教育的根本任务是育人。重建中小学教育生态,中国整个教育的价值逻辑必须从"追求政绩"转向"支持发展",构造支持学生全面而有个性的健康发展的教育环境。

一是全社会切实转变片面的教育政绩观,从一味追求考试升学成绩转向关注每个学生的健康发展,从教育的工具价值转向教育的本体价值。二是建立"支持型学习环境",树立正确的教育观,为每个学生提供适合的教育,引导每个学生走适合自己的升学道路。三是弱化教育考核评价的分等功能,重视其诊断改进功能。四是建设"幸福校园",构建和谐的师生关系和同伴关系,加强心理辅导,努力提高学生学校生活的幸福感。①

四、相关的职能部门与职责

(一)国外教育管理体制与部门

发达国家的教育管理体制主要有三种组织形态:第一种是以美国、德国为代表的地方分权制,第二种是以日本、英国为代表的中央地方合作制,第三种是以俄罗斯为代表的中央集权制。在不同的教育管理体制下,各国衍生出不同的教育管理部门,并赋予了不同的职责分工。

1. 美国

美国的教育管理体制是典型的地方分权制,在联邦、州以及学区层面分别设有不同的管理部门。联邦政府负责有限的协调与服务;而各州的教育管理由各州自行负责,州议会负责就重大教育问题制定法律法规,州教育委员会负责根据需要制定州教育政策,而州教育厅负责本州的教育行政事务;每个学区设有教育委员会,有关学区教育的所有事项都由学区教育委员会来决定,联邦、州教育部无权干涉学区事务。

联邦教育部的职责通常包括统计和分析全国的教育相关数据,为总统和联邦议会,以及州和地方教育机构提供制定教育政策法规的依据和建议。需要指出的是,根据联邦宪法联邦教育部不能指导、监督和控制任何教育部门、组织、学校及个人的教学课程的设置和实施。

各州教育厅职能通常包括制定中小学教育教学大纲和高中毕业标准;管理公立高等学校;对各级各类公立教育机构实施鉴定认可;制订教育预算;制定教师、教育行政管理人员和其他教育工作者的资格标准并颁发证书;落实教育法律和法令,负责主持联邦政府特别教育项目在本州的实施;主持本州自行开展的特别教育项目等②。此外,有些州的教育厅还负责为全州中小学指定教科书或划定教科书选择范围。

学区教育委员会主要职责包括根据自己学区的实际情况制定学区的教育教学政策法规,譬如教师工资标准、人事聘用、教育经费的使用和分配、学校开学放假、上课放学时间安排以及学生转学等;此外,还包括编制财政预算和审核下属教育行政部门的财政支出,并有义务向选民公开和解释教育经费的使用情况。学区教育委员会委员的任免由学区选民决定,不受上级部门影响。

2. 德国

德国以实行文化自治作为基本国策,各州享有自治权,实行不同的文化教育政策,教育

---

① 张志勇,贾瑜.自信与反思:从 PISA 2018 看我国基础教育改革走向[J].中国教育学刊,2020(01):1-6.
② 陈恒华.美国的教育行政管理体制[J].基础教育参考,2005(10):14-16.

管理的特色是各州自治,分权协调①。在德国的教育管理中,涉及联邦政府、州政府和德国联邦教育及研究部等多部门。联邦政府在尊重各州教育主权的前提下,对具有共性的问题进行协调、立法及管理,主导并呼吁制定全国性教育规划和政策措施。联邦政府主要通过《高等教育公约》、教育联盟和奖学金等途径参与教育管理。

各州根据自身情况发挥各自的特点与优势,使教育适应各州文化和经济等方面的实际需要,中小学和大学教育主要在各州的职权范围。此外,各州和德国联邦教育及研究部共同承担学校之外的职业培训、培训援助和继续教育领域的责任。

德国联邦教育及研究部的职责涉及从幼儿学习到继续教育和终身学习的各个阶段,致力于社会平等在教育领域的实现以及科学教育方面的国际交流。

3. 日本

日本自明治时代以来一直由政府来统制管理教育并发挥其功能,在中央政府的统筹下,地方政府负责具体实施。通过集中央集权和地方分权之长,既加强中央教育行政部门的统一领导,又重视发挥地方的积极性,目前已呈现出教育管理均权化的趋势。

文部科学省是中央政府的行政机构之一,负责统筹日本国内教育、科学技术、学术、文化、体育等事务。文部科学大臣是日本内阁成员,多数由国会议员担任。文部科学省并没有像其他省厅一样的地方分支机构。文部科学省的地方支分部局只限于原子能事务所,仅有水户原子能事务所一处。

地区的教育行政由地方教育委员会负责。地方政府要遵照中央政府制定的教育方针及政策、全国教育发展规划、教育课程的最低标准等全国性教育目标与标准,根据地方需要拟订具体计划并付诸实施。

4. 英国

英国教育管理的特色是中央和地方密切合作,中央教育行政部门与地方教育行政当局秉持合作精神,通过沟通的方式来行使教育管理职能。具体来说,在英国教育管理中,中央部门充分授权于具体实施者,并依其风格处理教育事务以求实效;除非出现明显的偏差,否则并不予以干涉。

英国的中小学教育由儿童、学校与家庭部负责。作为一个独立和领导和管理机构,儿童、学校与家庭部负责制定有关儿童和青少年的政策,统筹政府各部门关于年轻人和家庭的措施,确保年轻一代在安全的环境中成长,接受良好的教育。其具体职责包括提高学业标准以便更多的儿童和青少年可以达到预期的水平;使更多的儿童摆脱贫困的影响,让那些受到不良影响的年轻人重新回到学校②;积极应对人口和社会经济的改变、技术的发展以及全球化竞争的不断加剧对儿童和家庭带来的影响。

5. 俄罗斯

俄罗斯的教育管理是中央集权制的典型代表,其教育管理体制仍残留着苏联教育的浓

---

① 陈永明.发达国家教育管理体制的改革[J].比较教育研究,2004(01):63-67.
② 王志强,姜亚洲.从教育部"分家"看英国中央教育行政机构的改革及其影响[J].世界教育信息,2008(04):19-22.

厚色彩。2018年,俄罗斯将原联邦教科部的职能进行拆分,其中普通教育的管理由俄罗斯联邦教育部承担。俄罗斯联邦教育部作为中央机构,负责统筹关于普通教育的各项事项。根据《关于联邦行政机构的组织结构》法令,其职能主要为制定和实施国家政策和规范性法规;在普通教育、中等职业教育及相应的补充教育、职业培训、儿童和成人的补充教育等领域中提供国家服务和资金支持。

各地方共和国及直辖市教育部的职能为实施联邦政府制定的教育政策与决定、执行地方教育的预算、负责直接管理的各级各类学校的具体管理、实施教师的培养培训等,其教育权力体系呈现出分级管理的均权化趋势①。

(二)中国教育管理体制与部门

1. 管理体制

中国的教育管理机构以教育行政部门为主,机构设置层次分明。有教育部、省教厅、市教育局、区(县)教育局和学校五级。地方教育行政部门要受同级人民政府统一领导,并受上级教育行政部门的领导或者业务领导。在各行政管理部门内部,也实行严格的科层制管理,部门繁多,机构庞大。中央所属各职能部门都设立自己的教育行政机构,地方也建立各自的教育行政机构,形成"小而全"的基本教育行政组织格局(图2-33)。②

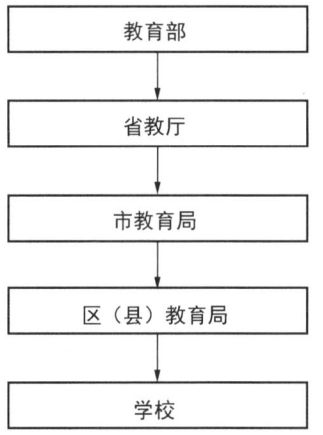

图2-33 中国现行的教育管理体制设置框架

2. 主要管理部门

在国家层面,教育部内设27个机构,其中政策法规司、发展规划司、财务司、基础教育司民族教育司等部门与义务教育人口管理直接相关。

(1) 政策法规司

研究教育改革与发展战略并就重大问题进行政策调研,起草综合性教育法律法规草案。

(2) 发展规划司

拟订全国教育事业发展规划,会同有关方面拟订高等教育招生计划和高等学校设置标准,承担教育基本信息统计、分析工作。

(3) 财务司

参与拟订教育经费筹措、教育拨款、学生资助的方针、政策,参与义务教育保障机制经费、有关教育专项经费管理。

(4) 基础教育司

承担义务教育的宏观管理工作,会同有关方面提出加强农村义务教育的政策措施,拟订推进义务教育均衡发展的政策,提出保障各类学生平等接受义务教育的政策措施;会同

---

① 李海鹏.国外教育行政管理体制改革趋势分析[J].国家教育行政学院学报,2009(10):91-94.
② 陈登福.中国基础教育管理体制改革研究[D].武汉大学.

有关方面拟订义务教育办学标准,规范义务教育学校办学行为,推进教学改革;指导中小学校的德育、校外教育和安全管理。

(5)民族教育司

指导、协调少数民族教育的特殊性工作,统筹规划少数民族"双语"教育工作,指导中小学生民族团结教育,负责协调对少数民族和少数民族地区的教育援助。

3. 各级管理机构职能分工

教育行政体制是指一个国家的教育行政组织系统,是国家对教育领导管理的组织机构形式和工作制度的总称,是确定政府与学校以及其他机构之间如何划分教育管理权力的基本管理制度①。

中国现行的基础教育,在实行方式上有中国自己的特点。在国家宏观政策的指导下,由地方负责、分级管理(表2-10)。教育部作为负责教育的主要部门,担任的职责有制定法规、方针,制定相关政策以及总体规划;同时教育部还设立专项基金,专项基金主要用于补助贫困地区、民族地区等;另外,教育部还承担着对地方教育部门工作的监督责任等。

表2-10 教育行政组织

管理机构	设立的相关职能部门
教育部	1.办公厅 2.政策法规司 3.发展规划司 4.综合改革司 5.人事司 6.财务司 7.教材局 8.基础教育司 9.校外教育培训监管司 10.职业教育与成人教育司 11.高等教育司 12.教育督导局(国务院教育督导委员会办公室)13.民族教育司 14.教室工作司 15.体育卫生与艺术教育司 16.思想政治工作司 17.社会科学司 18.科学技术与信息化司 19.高校学生司 20.学位管理与研究生教育司(国务院学位委员会办公室)21.语言文字应用管理司 22.语言文字信息管理司 23.国际合作与交流司(港澳台办公室)24.巡视工作办公室 25.机关党委 26.离退休干部局 27.中华人民共和国联合国教科文组织全国委员会秘书处
省、自治区、直辖市教育厅(局)	1.办公室政策法规处 2.发展规划处 3.基建财务处 4.基础教育处 5.高中与中职教育处 6.高等教育处 7.教育督导室 8.思想政治教育处 9.科研处 10.体育卫生与艺术处 11.外事处 12.组织处 13.干部处 14.人事处 15.机关党委办公室 16.师资管理处 17.纪工委 18.监察专员办公室 19.审计室 20.离退休干部管理处 21.考试院 22.教育发展研究与评估中心 23.教育信息中心 24.高等学校毕业生就业指导中心 25.教育后勤产业办公室 26.机关服务中心 27.继续教育指导中心 28.学生助学工作管理中心 29.高校科技成果转移中心 30.教育教学教材研究室 31.教育装备中心 32.电化教育馆 33.教育杂志社 34.教育出版社
市(区)教育局	1.办公室 2.政策法规处 3.发展规划处 4.财务基建处 5.基础教育处 6.职业与成人教育处 7.高等教育处 8.科研处 9.体育卫生与艺术处 10.教育督导室 11.思想政治教育处 12.组织人事处 13.纪委办公室 14.党办公室 15.监察室 16.审计室 17.语言文字工作委员会 18.离退休管理办公室 19.工会 20.团委

---

① 于胜刚,王璐.我国教育行政体制改革三十年历程述评[J].现代教育科学:高教研究,2015.

(续表)

管理机构	设立的相关职能部门
区(县)教育局	1.办公室 2.人事科 3.计财审计科 4.基建科 5.财务管理中心 6.督导室 7.工会 8.妇委 9.基础教育科 10.产业办 11.团委(少先队)12.教研室 13.教科所 14.体卫艺室 15.电教站 16.培训中心 17.家教中心 18.信息中心 19.党委办 20.安委办 21.成职教科 22.社会力量办学管理办公室
学校	1.办公室 2.校长室 3.书记室 4.教导处 5.学生处 6.教科室 7.团委(团支部)8.大队部 9.安委办 10.工会(妇委)11.总务处

资料来源:陈登福.中国基础教育管理体制改革研究[D].武汉大学,2010.

省级政府教育部门的分工和职责与国家教育部门的职责有所不同,主要负责地区基础教育的各项工作。制定的基础教育计划仅限于本地区使用,范围有所减小。同时负责本地区教育质量的监督和管理,具体的有评估验收。省级政府教育部门也有建立专项基金的职责,另外,对省级以下教育经费有困难的地区,省级政府教育部门应给予补助。

县(市、区)级政府教育部门在整个教育部门体系中属于级别最低的部门,所以这一级的教育部门主要职能是实施各级部门的计划,包括教师的调配、校长的管理、经费的筹集等等。乡级政府则具体地负责本乡的教育计划实施,管理的范围更窄。关于中小学(幼儿园)的办学、管理和发展上,中国倡导以政府办学为主体、社会各界共同参与的办学模式,在学校发展模式方面,中国提倡公办学校和民办学校全面发展。中小学校(幼儿园)可以同附近的企业、非营利组织、公司、居委会联合办学,形成多方面、全方位的教育支持系统,吸引社会各界关心。①

---

① 陈登福.中国基础教育管理体制改革研究[D].武汉大学,2010.

第三单元

"成而有业"阶段城市人口管理

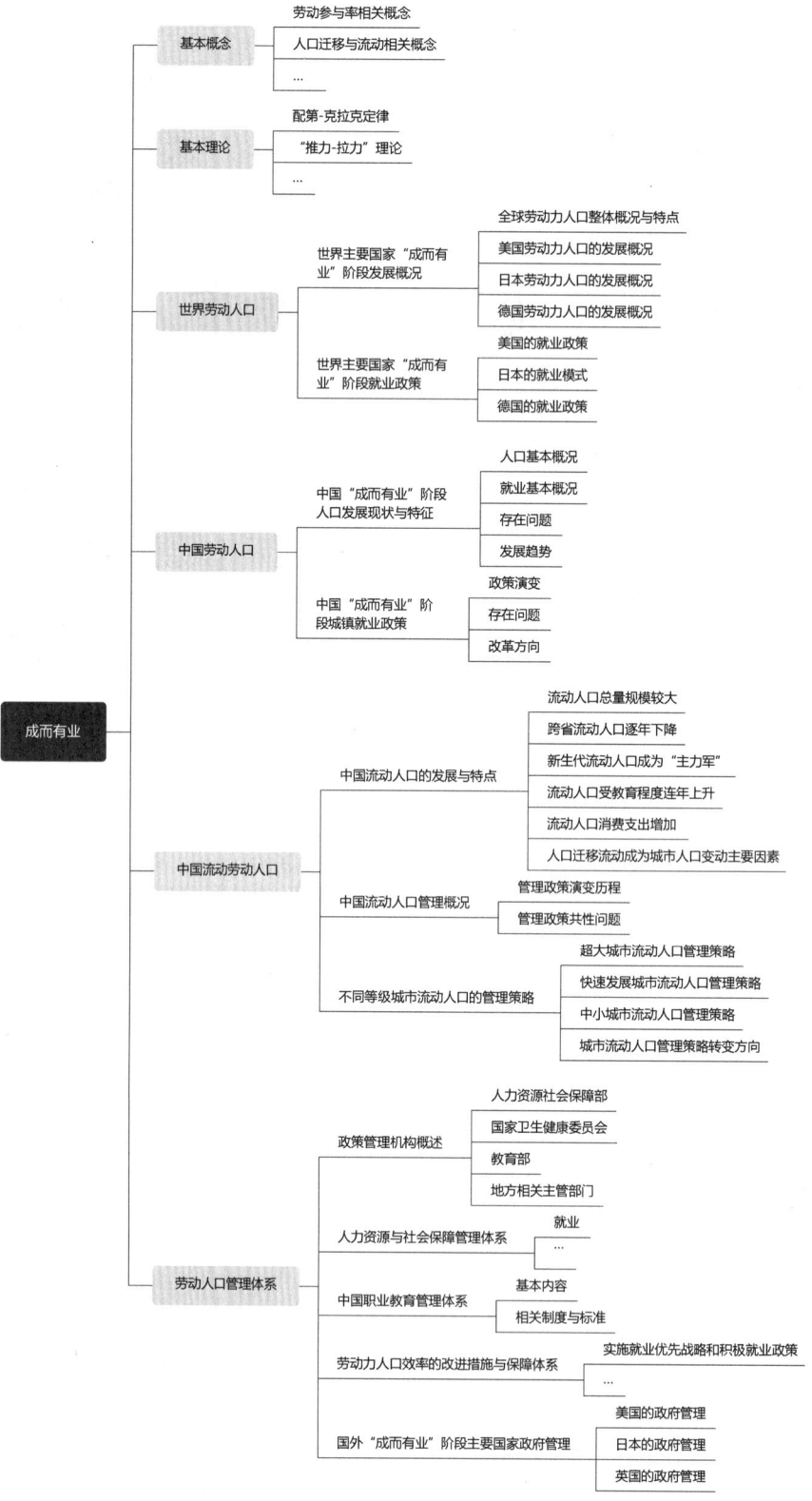

第一节 "成而有业"阶段相关概念与理论

一、"成而有业"阶段人群的年龄划分

本单元所指"成而有业"的"成"并非普遍意义上的成年,而是指合法进入劳动年龄的人群。关于劳动年龄的标准,世界各国略有差异,中国是以16~59周岁作为适龄劳动人口的年龄区间,本单元即采用此标准。一般而言,16岁及以上人口已经接受完义务教育,此后主要有两类去向,一部分是继续接受高中及以上教育,包括普通高中教育、职业教育、高等教育等,与"生而有教"阶段教育不同,这阶段教育直接与今后就业相关,因此,也将此部分人口教育管理的内容纳入"成而有业"阶段的人口管理,另一部分则是直接进入劳动市场参与社会劳动。

"成而有业"阶段主要涉及对进入劳动年龄阶段人口的管理,本单元的人口管理理论、人口现状与政策、人口管理体系等都与这个阶段人口主要特征有关。这些内容根据进入劳动年龄后人口的不同取向,一方面包括进入劳动年龄阶段人口的教育管理,另一方面包括进入直接参与社会劳动人口的流动、迁移、就业、失业等方面的内容(表3-1)。

表3-1 "成而有业"阶段劳动适龄人口的流向

劳动适龄人口流向	论述主题	论述内容
继续接受高中及以上教育	劳动适龄人口高中及以上教育管理	相关的概念与理论基础、人口现状特征与政策、管理体系等
参与社会劳动	人口的流动、迁移、就业、失业等内容的管理	相关的概念理论基础、人口现状特征与政策、管理体系等

二、"成而有业"阶段的相关概念

(一)劳动参与率相关概念

1. 劳动适龄人口

劳动适龄人口(Active Labor Force)是指能够适应参加一定强度要求工作的社会生产劳动的人口总和。以年龄作为划分标准是劳动适龄人口定义的标准之一,世界银行、国际劳工组织等国际标准采用15~64周岁作为适龄劳动人口的年龄区间,而中国则以16~59周岁作为适龄劳动人口的年龄区间。本单元采用的是16~59周岁的标准。

2. 劳动参与率

劳动(力)参与率(Labor Participation Rate/ Labor Force Participation Rate)是用来衡量劳动人口参与经济活动状况的指标,但该指标存在多种定义。其中,国际劳工组织和世界银行将劳动参与率定义为:"年龄在15岁及15岁以上的人口中从事经济活动的人口比率。"这里的从事经济活动人口,指的是所有在特定阶段为货物和服务的生产提供劳

力的人员。① 经济活动人口一般包括正在工作或正在寻找工作的人口。

在中国,劳动参与率多指经济活动人口与劳动适龄人口的比值,其公式可以表示为:

$$劳动参与率=经济活动人口/劳动适龄人口\times 100\%$$

但不同领域对于经济活动人口和劳动适龄人口的界定不同。其中,中国国家统计局将经济活动人口定义为16周岁及以上有劳动能力,参加或要求参加社会经济活动的人口,包括就业人员和失业人员。就业人员指在16周岁及以上,从事一定社会劳动并取得劳动报酬或经营收入的人员;失业人员指16周岁及以上,有劳动能力、当前有就业可能并以某种方式寻找工作的人员。中国政府界定劳动适龄人口的年龄区间为16~59岁,而学术界在经济活动人口和劳动适龄人口的年龄标准上存在分歧。有较多学者对经济活动人口界定的年龄标准为15周岁及以上,劳动适龄人口的年龄标准为15~64岁,其中有代表性的包括陆铭和梁文泉(2017)②、庹思伟和周铭山(2020)③、张瑞红和朱俊生(2021)④等。

本书中的劳动参与率数据多引自国际劳工组织和世界银行,因而若未作特别说明,劳动参与率的计算参考国际劳工组织和世界银行的定义。

3. 失业率与就业率

与劳动参与率相关的概念还包括失业率和就业率。其中,失业率是指在一定时期内,失业人口占劳动人口的百分比。就业率是指就业人口占16岁以上适龄劳动总人口的百分比。

(二)人口迁移与流动相关概念

1. 人口迁移

人口迁移(Migration)是指人们出于某种目的或动机而有意识地改变常住地址从而引起人口地区分布上的变动⑤。人口迁移包含两个方面的意思,即时间上的"永久性"和空间上的"一定距离"。

一方面,只有那些居住地发生"永久性"变化的移动才能称作人口迁移。关于永久性的界定,目前尚无统一标准。联合国把定居一年以上的移民现象视为人口迁移,而中国关于"永久性"的时间界定随着社会经济的发展而变动。改革开放初期,人口普查对于迁移人口的时间界定基本是采用联合国的标准,但随着改革开放的深入,农民工的迁移成为人口迁移的主力军,为了进一步了解和掌握这部分人口的迁移行为,自1995年人口抽样调查开始,将"永久性"的时间界定缩短为离开常住地半年以上,而2000年人口普查和2005年人口抽样调查资料甚至可以提供半年及更短时间范围内的人口迁移信息。

---

① 世界银行官网英文原文为:Labor force participation rate is the proportion of the population ages 15 and older that is economically active: all people who supply labor for the production of goods and services during a specified period.

② 陆铭,梁文泉.劳动和人力资源经济学:经济体制与公共政策[M].上海:格致出版社,上海三联书店,上海人民出版社,2017.

③ 庹思伟,周铭山.人口结构、劳动参与率与长期实际利率演变——基于女性劳动文化视角的研究[J].中国工业经济,2020(12):47-63.

④ 张瑞红,朱俊生.人口老龄化对我国劳动参与率影响研究[J].价格理论与实践,2021(02):36-41.DOI:10.19851/j.cnki.cn11-1010/f.2021.02.57.

⑤ 温勇,尹勤.人口统计学[M].南京:东南大学出版社,2006:76.

另一方面，人口迁移必须以常住地的改变为条件，即迁移必须超过"一定距离"。只有超过一定的距离，迁移者与其外界环境之间的关系才会发生显著的变化。对于"一定距离"的标准，通常是用超越某种特定的行政区域界限作为是否为人口迁移的标准。中国公安系统的年度人口迁移统计以跨越乡镇以上的行政区域为标准，中国1990年人口普查中人口迁移统计以跨越市、县以上的行政区域为标准，1995年人口抽样调查对县内迁移进行了区分，2000年人口普查则进一步对市内人户分离等迁移行为进行了甄别。中国最小的迁移距离一般规定为乡、镇；在乡、镇内部的人口移动就不算迁移。[①]

人口迁移变动与人口自然变动一样是人口变动的方式之一，但二者的性质不同。从人口变动的影响方面来说，人口自然变动会对整个国家人口总数、人口构成和劳动力资源等产生直接影响，也会影响到人口的地区分布。而人口迁移主要是影响局部地区的人口数量和人口构成，但对于一个国家的人口总体来说，影响通常是有限的。

从人口变动的原因方面来说，人口自然变动是人口再生产的必要条件与社会发展的前提，更多地体现了人口的自然性；而人口迁移则是出于一定的社会经济因素，从而更多地体现了人口的社会性。

不过人口迁移变动与人口自然变动也有一定的联系，当一个地区长期人口出生过多，超过地区的承载力时，部分人口便会迁移出常住地，从而去寻找新的常住地；而当一个地区迁入或迁出人口过多，会导致本地人口的年龄、性别等人口结构发生变化，从而使得出生和死亡水平发生变化。[②]

2. 人口流动

人口流动（Population Mobility）是指人们不以改变常住地为目的、越过一定区域界限的移动。流动人口相对于定居人口而言，是不以改变常住地为目的、跨越一定行政区域的各种移动人口。人口流动由于没有户口变动为标志，所以无论从时间角度还是从空间角度看，其界定都存在很大弹性，而不同的时间和空间界定将导致流动人口在规模、结构和特征等诸多方面出现相当大的差异。

在中国，国家统计局将流动人口定义为人户分离人口中不包括市辖区内人户分离的人口。其中，人户分离人口是指居住地与户口登记地所在的乡镇街道不一致且离开户口登记地半年以上的人口；而市辖区内人户分离的人口是指一个直辖市或地级市所辖区内和区与区之间、居住地和户口登记地不在同一乡镇街道的人口。

3. 人口迁移与人口流动的关系与分类

人口迁移与人口流动有着根本的不同，也有着一定的相似性。二者最主要的区别在于"永久性"，即人口迁移是以永久迁居为目的离开常住地，而人口流动则是不以改变常住地为目的的跨区域移动。不过人口迁移与人口流动又具有一定的相似性，二者均表现为人口的跨区域移动，因此，二者经常被列在一起来讨论人口的跨区域变动。根据不同的分类标

---

① 王秀银，崔树义，鹿立.现代人口管理学[M].济南：山东人民出版社，2001：121.
② 温勇，尹勤.人口统计学[M].南京：东南大学出版社，2006：76.

准,人口迁移和流动共同被分为多种类型。

根据空间范围分类,人口迁移和流动分为国际型和国内型。国际型是指发生在不同国家之间的人口迁移和流动,国内型是指发生在一个国家领土范围以内的人口迁移和流动。国内型又可以根据行政区域的大小进一步划分为省际、县际、县内人口迁移和流动等。

根据行为方向分类,人口迁移和流动分为由农村到农村型、由农村到城市型、由城市到城市型、由城市到农村型等。这四种类型中,由农村到城市型的人口迁移和流动是发达国家历史上和发展中国家当前人口迁移和流动的主要类型。

根据原因分类,人口迁移和流动分为原始型、被迫和强制型、自由型。原始型是指由自然环境原因导致的人口迁移和流动,现代人类在生存的自然环境遭受破坏的情况下所采取的逃离方式也属于此种类型;被迫和强制型的人口迁移和流动多由战争、侵略、征服或强制性迁移政策引起;自由型是在迁移流动者自觉自愿的情况下进行的,多由经济原因引起,有的则出于好奇或冒险。

根据组织形式分类,人口迁移和流动分为有组织型和自发型。有组织型是政府或社会机构统一组织领导下的人口迁移流动行为,如政府组织的国际劳务输出、移民垦荒以及水利移民等;自发型是在没有政府及社会机构直接参与的情况下,完全由迁移者本人自发完成的迁移和流动行为,如自发的"闯关东"以及改革开放以来所形成的"民工潮"等。[①]

(三)人力资源相关概念

1. 人力资源

人力资源,是指一定时间、一定空间范围内的人口总体所具有的劳动能力的总和。作为一种经济资源,实质就是人所具有的运用和推动生产资料进行物质生产的能力。它包括体能和智能两个基本方面。体能、智力、知识、技能为人力资源现实应用状态,也是其作为资源的基本内容。这些具体的劳动能力,是人类所独具的,并以人体为其载体。因此,在实际生活中,人力资源表现为有劳动能力的人口[②],它以人口为存在的自然基础,属于人口资源的一部分;人口资源即一定时间、空间范围内具有一定数量、质量与结构的人口总体。

经济学把投入生产中去创造财富的生产条件统称为"资源","人力"作为一种资源虽然暗含了其作为手段的性质,但它同森林、矿山等自然资源相比,其重大差异在于,人力资源作为劳动者,既是生产的承担者,又是生产发展目的的实现者。人力资源涵盖面较广,它涵盖了劳动力资源和人才资源这两个范畴(图3-1)。其中,劳动力资源一般指全社会拥有的在劳动年龄范围内具有劳动能力

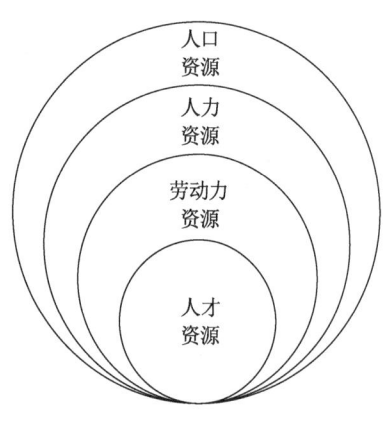

图 3-1 人口资源、人力资源、劳动力资源、人才资源的关系

---

① 王秀银,鹿立,崔树义.现代人口管理学[M].济南:山东人民出版社,2001,122-123.
② 李通屏,朱雅丽,邵红梅.人口经济学[M].北京:清华大学出版社,2008,219.

的人口总体；人力资源则指人力资源中参差较高的人口总体，其创造性高于社会平均水平，但其边界相对较模糊。

在中国，由于劳动就业准入制度和退休制度的限定，人力资源涵盖的劳动能力人口与劳动年龄人口在统计口径上不完全一致，人力资源包括了有劳动能力的劳动年龄人口和非劳动年龄人口从事社会劳动的人口部分（图3-2）。

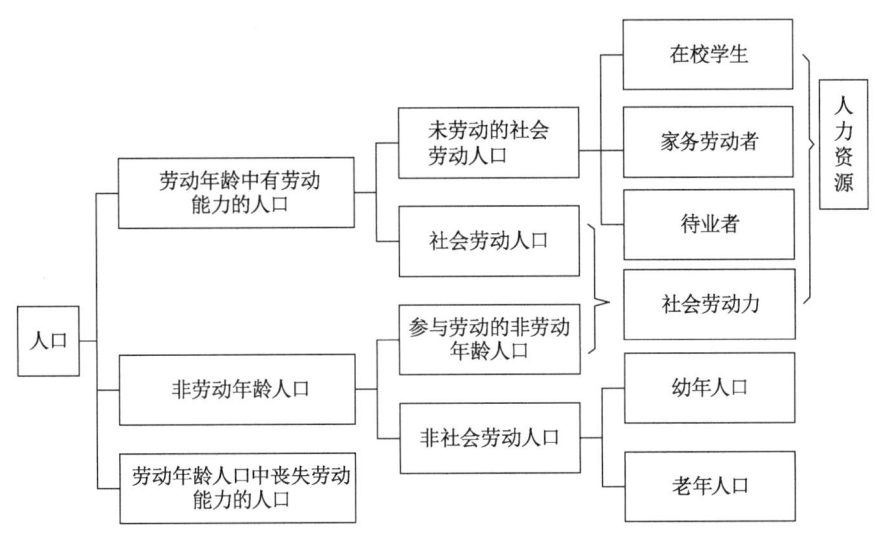

图3-2 人口、劳动年龄人口与人力资源关系

人力资源作为一种特殊的资源，有着多种与其他资源不同的特点。

一是人力资源具有生物性和社会性双重属性。生物性是指人力资源以人的身体为天然载体，其产生、成熟和衰败过程与人的生命周期密切相关；社会性是指劳动力进入生产过程和在生产过程前后的使用、培育都要处于一定的社会分工体系中，人力资源的社会属性赋予其自我开发的能动性和高品质扩充性。

二是人力资源具有较强的再生性，是由人的生物特性决定的，能够实现自我补偿、更新和发展。人力资源的再生性基于人口的再生产和劳动力的再生产，通过人口总体内个体的不断替换更新和"劳动力耗费—劳动力体力智力恢复—劳动力再次耗费—劳动力再次恢复"的过程得以实现。

三是人力资源是具有较强的时效性。一方面储存于人体内劳动力，其未能充分使用的部分会像时间流逝一样无形消失；另一方面作为人力资源的人，能够从事劳动的自然时间只是生命周期的一段时间，而且能够从事劳动的不同时期（青年、壮年、老年），其劳动能力也有所不同，这种生命时间的限制构成人力资源的时效性。

四是人力资源具有主观能动性。这种能动性一方面表现为自我扩充强化，人口的生产教育的发展，使人力资源不断得以形成并强化，这是通过人们自身有目的主观能动活动实现的；另一方面表现为自我开发挖潜，人力资源不同于其他自然资源之处在于前者有弹性较大的潜力开发空间，主要表现为劳动者主观能动性和积极性的发挥，这种积极性和潜力开发能大大增加人力资源的实际效应。

五是人力资源是经济资源中的主导性资源。自然资源、资本资源和人力资源是任何生产过程都不可缺少的最基本的要素,其中人力资源是激活自然资源和资本资源的主导性要素资源。一切社会的生产过程如果没有劳动力的推动、引发、调整、控制,任何自然资源和资本资源都不具备资源属性。①

2. 人力资本

人力资本是指人们以某种代价获得并能在劳动力市场上具有一种价格的能力或技能。这种对人力资源进行开发性投资所形成的可以带来财富增殖的资本形式,称为人力资本。

从不同角度分析,人力资本与人力资源是两个概念,但研究对象都是将人力作为研究对象,研究人力作为生产要素在经济增长和经济发展中的作用。而不同的是,人力资本侧重人力投资所产生的资本投入的增殖效应。在现代社会,劳动者从出生直至成为一个进入劳动过程的劳动者,其间在体质、智力、知识、技能等各方面都含有家庭和社会日积月累的投入,没有资本性投入的原生劳动力已几乎不再存在,因此,一个国家和地区的人力资源可以视作这个国家和地区的人力资本。②

(四) 人口红利相关概念

1. 负担系数

负担系数又称抚养系数,是反映劳动适龄人口与非劳动适龄人口对经济活动影响关系的重要指标,或者说是反映人口年龄构成与经济活动关系的指标。一般而言,劳动适龄人口对经济活动产生正面的影响,即以创造物质财富为主;非劳动适龄人口对经济活动产生负面的影响,即以消费物质财富为主。在计算负担系数时,根据非劳动适龄人口的年龄构成,有三种负担系数。

(1) 少年儿童人口负担系数

又称少儿抚养比,是指人口总体中,少年儿童人口数与劳动适龄人口数之比。它表明平均每100名劳动适龄人口所负担的少年儿童数量。计算公式为:

$$少年儿童人口负担系数 = 少年儿童人口数 / 劳动适龄人口数 \times 100\%$$

(2) 老年人口负担系数

又称老年抚养比,是指人口总体中,老年人口数与劳动适龄人口数之比。它表明平均每100名劳动适龄人口所负担老年人数量。计算公式为:

$$老年人口负担系数 = 老年人口数 / 劳动适龄人口数 \times 100\%$$

(3) 总负担系数

又称总抚养比,是指人口总体中,非劳动适龄人口数与劳动适龄人口数之比。它表明平均每100名劳动适龄人口所负担的非劳动适龄人口数量。计算公式为:

---

① 王秀银,鹿立,崔树义.现代人口管理学[M].济南:山东人民出版社,2001,147.
② 王秀银,鹿立,崔树义.现代人口管理学[M].济南:山东人民出版社,2001,148.

总负担系数＝非劳动适龄人口数／劳动适龄人口数×100％

＝少年儿童人口负担系数＋老年人口负担系数

负担系数的高低与人口的年龄结构类型存在着密切的联系。总的来说,年龄结构偏轻或偏老,都会形成较高的总体负担系数。只是由于人口年龄结构类型不同,负担系数的性质有所不同。在年轻型人口中,少年儿童人口负担系数会较高;在老年型人口中,老年人口负担系数会较高。而人口年龄结构类型又与人口出生率水平的高低有着直接的联系,即出生率上升,会导致人口年龄结构类型向年轻型转化,使少年儿童人口负担系数上升;出生率下降,则会导致人口年龄结构类型向老年型转化,使老年人口系数上升。

通常,发达国家或地区由于出生率低,人口年龄结构偏老,使得老年人口负担系数较高,少年儿童人口负担系数较低;而发展中国家或地区由于出生率较高,人口年龄结构偏轻,所以,少年儿童人口负担系数较高,老年人口负担系数较低。[①]

2. 人口红利

人口红利通常是指一个国家的劳动年龄人口占总人口比重较大,抚养率较低,为经济发展创造了有利的人口条件。随着研究不断深入,人口红利的内涵也逐渐丰富和完整,主要有"结构论""因素论"和"期限论"三种不同角度的定义。

"结构论"认为,人口红利是人口转变过程中出现的人口年龄结构优势带来的劳动力供给增加和高劳动参与率对一国或地区经济增长的效应。这一定义是从经济供给侧考察的,是一种结构效应。

"因素论"认为,较高的劳动年龄人口比重使得人口生产性强,社会储蓄高,这种有利于经济增长的人口因素就是人口红利。

"期限论"把带来劳动力、储蓄和投资增长,人力资本提升,以及就业机会增加等诸多对经济发展有利条件的人口年龄结构时期视为"人口机会窗口",也叫人口红利期。

3. "潜在人口红利"与"真实人口红利"

根据实际结果发生与否,人口红利还可以分为"潜在人口红利"和"真实人口红利"。"潜在人口红利"实际上强调的是因为人口年龄结构创造出来的有利环境,可能会带来经济的高速增长,但这种高速增长并不是必然发生的,还需要相应的制度、政策等方面的配套来使人口年龄结构优势得到充分发挥,才能真正得到"红利"。

从这个角度来看,目前多数人口红利的定义实际上都是指"潜在人口红利",而"真实人口红利"是一种事后结果,即利用了人口年龄结构优势来实现了经济的高速增长。[②]

4. 人口数量红利与人口质量红利

目前,多数关于人口红利概念的表述都是在强调劳动年龄人口数量上的优势所形成的对经济增长的有利性,实际上在人口数量和人口质量两方面都有人口红利。此处红利和"潜在人口红利"所指相似,即是人口再生产类型变动过程中所出现的一种对于经济增长的

---

① 温勇,尹勤.人口统计学[M].南京:东南大学出版社,2006:49.
② 徐诺金.人口红利与中国经济增长:基于人口结构和质量的分析[J].征信,2018,8:1-11.

有利性，只不过强调这种有利性是来自人口数量和质量两个方面。

人口数量方面的有利性，体现为较多数量的适龄劳动人口和较少数量的被抚养人口，以及由此带来较高的储蓄率和投资率。而在人口质量方面，简单地说，人口从高出生率向低出生率转变的过程就是人口质量对人口数量的替代过程，微观到一个家庭就是孩子效用选择过程，贝克尔的孩子数量质量替代选择模型揭示的就是这样一个规律。

在人口投资不变的条件下，人口数量的减少必然带来人口质量的增加。这种生育选择上的变化，在当批人口成长为劳动年龄人口时就会表现为劳动力价值的变化和人力资本储值的变化，从而对经济增长产生截然不同的影响，形成一种对于经济增长的有利性。这种有利性从根本上讲是由人口转变引起的，所以也可以称之为人口红利，并且相对于数量方面的人口红利，它可以被称为是一种质量人口红利或者人口质量红利。①

三、"成而有业"阶段的基本理论

涉及"成而有业"阶段的人口相关理论很多，本单元主要介绍关于劳动力就业部门转移、人口流动与迁移方面的理论。具体包括配第-克拉克定理、"推力-拉力"理论、拉文斯坦迁移法则、刘易斯-费景汉-拉尼斯模型。

（一）配第-克拉克定理

17世纪，英国经济学家威廉·配第在《政治算术》一书中曾提到过有关荷兰商业和制造业部门因收入较高而吸引了农业部门劳动力的情况。因此，人们把这一趋势称为"配第定律"。英国经济学家科林·克拉克采用"三次产业分类法"对世界各国的部门就业结构历史演变进行了研究并得出了以下结论：随着经济的发展和人均收入的提高，劳动力首先由第一次产业（农业）向第二次产业（工业）转移；当人均收入进一步提高时，劳动力又进而向第三产业（劳务业）转移。克拉克的这一发现进一步验证并发展了配第定律，因此随着经济发展水平和人均收入的不断提高，第一产业在全部劳动力中的比重降低，而第二产业和第三产业的劳动力比重提高的现象就被称为"配第-克拉克定理"。②

配第-克拉克定理反映的就是不同产业部门之间收入的差异所导致的劳动力从收入较低的部门向高收入部门转移的趋势。随着经济增长，农业就业人数相对于制造业的就业人数趋于下降，而制造业相对于服务业就业人数也趋于下降；随着人均国民收入的提高，劳动力会从第一产业向第二产业转移，而工业化完成后，劳动力会从第二产业向第三产业转移。劳动力在不同产业间的转移是由经济增长过程中各产业之间收入的相对差造成的。

（二）"推力-拉力"理论

1959年，唐纳德·博格（D. J. Burge）发表了"人口推—拉理论"（Push-pull Theory），该理论认为人口迁移之所以发生，是因为迁移者受到原住地的推力或排斥力（Push Force）以及迁入地的拉力或吸引力（Pull Force）交互作用而成的，将迁移的结果视为原住地推力和目

---

① 杨成钢,闫东东.质量、数量双重视角下的中国人口红利效应及变化趋势[J].社会科学文摘,2017,11:59-61.
② 李通屏,朱雅丽,邵红梅.人口经济学[M].北京:清华大学出版社,2008,167.

的地拉力相互作用后的结果。"推力"主要指原住地不好的条件，包括人口过多、气候条件恶劣、居住条件不好、缺乏机会、宗教迫害等。"拉力"主要是指吸引移民迁居别地的因素，包括丰富的就业机会、适宜的气候、吸引人的生活方式、廉价的土地和政治自由等。许多别的因素可以调节这些推和拉的力量，距离、搬家的费用、欲迁居人的身体状况、家庭纽带的强弱等都会最终影响迁居的决策；法律及物质的因素也会起作用。

埃弗雷特·李（Everett S. Lee，1966）对推—拉理论作了更为系统且详细的分类。他认为，迁移者由"想要迁移"到"决定迁移"之间存在着许多障得，这些障碍可以归为四类因素，即原居地相关因素、目的地相关因素、迁移过程的中间障得、个人因素。这些因素的吸引或排斥作用可能会随着时间发生变化，而且原居地并非只有推力因素，也会存在反推力因素。同样，目的地也不只有拉力因素，也有反拉力因素。

"推力-拉力"理论模型是研究人口迁移最为重要的经典理论之一，其逻辑性推断是认为人口迁移或移民搬迁的原因是人们可以通过搬迁改善生活条件，并提出了涵盖各个环节的、较为全面的影响迁移的诸多因素。该理论隐含着两个假设：第一个假设认为人的迁移行为是经过了理性选择，第二个假设认为迁移者对原住地及目的地的资讯有某种程度的了解。人在对客观环境认识与信息筛选的基础上加上主观感受与判断，最后决定是否迁移。只有迁移动力强并能够克服迁移阻力的人才能最终完成迁移过程。不过这一理论是建立在经验观察基础上的，缺乏科学推断和假设检验，因而具有一定的历史局限性。

影响人口迁移的因素是多重的，且存在交互作用。在人类发展早期，人类以采集和狩猎为主，他们的生存和发展直接受到环境的制约，特别是植物果实和猎物分布的制约，原始人以群体为单位过着"流浪"生活，当一个地区的食物不足以养活群体时，人们就迁移到另一个地区。气候、土壤、水等与生存具有直接关联的自然因素对于人口迁移起着决定性作用，这也是四大文明古国均发源于水土丰饶的平原地区的主要原因。

进入工业化社会，自然因素仍然通过对生产力布局的影响等间接影响到人口迁移，如大庆、攀枝花等由于资源开发而兴建城市从而导致了人口的迁入，三峡水库的建设导致人口的迁出等。总体来说，经济、社会、政治等人文性因素对于人口迁移具有更为重要的影响。经济发展、交通和通信、文化教育、婚姻家庭、政治变革、战争等成为主要影响因素，而经济因素或者说经济条件又是最为重要的、经常起作用的因素。

从宏观层面看，经济布局的改变被视作导致人口迁移的主导性力量；从微观层面看，地区间就业机会与工资收入的差别是影响迁移决策最为重要的因素。这一点在诸多实证研究中得到了有力证明，即在多数情况下，人们迁移是为了追求更好的就业机会和更高的经济收入，从而能有更高的生活水平。

除了提出经济因素或经济条件是人口迁移的主要动力这一观点外，值得一提的是，人口迁移也会引起多种经济后果进而改变经济条件反过来又影响到人口迁移。其基本的传导机制是通过人口分布和人口结构的改变对生产和消费等经济条件产生多方面的影响，既包括正面的影响，也包括负面的影响。

在正面影响方面，对于迁入地而言，人口迁移会给迁入地带来大量劳动力，且一般而言这些劳动力较为"廉价",会进一步降低迁入地劳动力的平均成本;人口大量导入还会刺激迁入地的消费,进而刺激工商业和推动城市发展;对于迁出地而言,人口的减少会减轻本地就业压力,且能够实现地区之间的经济、技术、文化交流,缩小地区间的差距。

在负面影响方面,对于迁入地而言,人口迁移和流动可能会加大城市负担,包括加大基础设施建设压力、加剧环境污染、带来严重社会治安问题、增加迁入地就业压力等,会对迁入城市原有的人口管理体系带来严峻的挑战,从而产生一系列的人口问题。对于迁出地而言,人口净流出会导致本地经济社会发展所需的劳动力和人才流失,进一步拉开了与发达地区之间的差距。

人口迁移涉及迁入地、迁出地、迁移者、迁移的中间地带等多个环节,其对经济发展的影响是复杂多样的,正面与负面影响哪个更占上风,取决于多个因素。因而,不论对于迁入地还是迁出地而言,人口迁移与流动所造成的影响是正面还是负面不可一概而论,需要将各个环节作为一个有机联系整体具体地、系统地分析和研究。①

(三) 拉文斯坦迁移法则

英国学者E.G.拉文斯坦(E. G. Ravenstein)于1876年《地理杂志》上发表的一篇文章里,以及在1885年与1889年两次提交英国皇家统计协会的发言中阐述了他的"人口迁移法则"(the Laws of Migration),又被学术界称为"拉文斯坦法则"。主要包含以下内容。

从空间距离上看,移民的总数随着迁移距离的延长而递减,真正最后进入迁入地定居下来的移民,通常只占起初全部迁出移民的少数。

迁移呈现阶梯式的状态。首先是那些生活在这一城市周围的居民会争先恐后地抢先进入这个城市,而这些移民外迁后留下的空隙区域就会由来自更远地区的人们所占据,一直至日益增长的城市吸引力影响到最偏远的角落。而且,城乡居民之间存在移民倾向的差异,乡村居民具有更高的移民倾向。

对于某一特定区域而言,大多数移民都是一种双向运动的过程,每一次移民潮发生之后,总会有一次反向的、补偿性质的移民潮出现。

不同性别人口之间存在移民距离的差异,在短距离迁移中,女性人口数量更多,在长距离迁移中,则是男性人口数量更多。而且,多数移民集中在20~35岁的年轻成年人。

大多数移民都出于经济方面的因素。哪怕是恶劣的法律条文、沉重的税务负担、令人生厌的气候、无法适应的社会生活氛围甚至其他强制力,都无法与大多数人为改善他们物质生活的强烈欲望所激发出的动力相比拟。

拉文斯坦在文中指出,交通工具的增加、制造业与商业的发展都会引发移民的增加。人口总是朝着大的商业与工业中心城市迁移,特别是那些跨越长距离的移民,这种目的特征更为明显。很多大城市的发展都是依靠移民来推动的,而不是仅仅依靠自身的人口增长。

拉文斯坦对人口迁移规律的探索性总结具有重要的学术意义,引发了人口学、历史学、

---

① 李通屏,朱雅丽,邵红梅.人口经济学[M].北京:清华大学出版社,2008,327.

地理学等领域学者对人口规律研究的热潮,直到今日也是学术界中被引用最多、影响力最大的人口迁移理论之一。尽管后来很多研究者针对"拉文斯坦法则"进行了种种分析,但这些法则的总体内容与原则并没有被彻底推翻。[①]

(四)刘易斯-费景汉-拉尼斯模型

费景汉-拉尼斯模型是刘易斯模型与费景汉-拉尼斯模型的合称,是一种关于发展中国家人口流动与经济发展关系的模型。

威廉·阿瑟·刘易斯在20世纪50年代中期创建了第一个人口流动模式——两部门剩余劳动理论模型,该模型也被称为"刘易斯模型",被公认为是解释第三世界国家剩余劳动力转移过程的一般模型。他将第三世界国家的经济部门分为两个部门,即通常所说的二元经济,一是传统的人员过剩的所谓边际生产率为零的农业部门,二是具备相对较高的劳动生产率的现代城市工业部门。

这一模型建立于无限劳动力供给的假设之上,他坚信农业部门的剩余劳动力向工业部门的转移,亦即农民身份向工人身份的转移,是经济发展必由之路。而第三世界劳动力剩余的产生与农村中的失业现象和就业不足或隐蔽失业的发生密切相关。另外,只要存在农业部门收入水平较低,而城市工业部门收入水平比较高,农民也就肯定得为追逐更大收益自觉自愿地转移到城市工业部门中去。

随着越来越多的欠发达国家的实例出现,该模型中的几个假设被不断地证伪,批评和怀疑之声也就不绝于耳。即便如此,刘易斯的模型所揭示的现象与中国改革开放之后农村富余劳动力的转移,也就是人口流动现象依然有不少可以相互印证之处。

费景汉和拉尼斯汉发展了刘易斯模型。一方面,他们无条件地接受了所谓无限劳动力供给的假设;另一方面,他们又对其模型本身的缺陷进行了必要的修正和扩充。费景汉-拉尼斯模型对于工业发展与农业发展的互动关系进行了精细化研究,对农业部门的重要性加以强调,并清晰标识了工业部门和农业部门的关系格局。他们发现,只有农业生产率的提高导致劳动力转移速度大幅度提升,从而普遍高于农村人口的增长速度,才有可能导致刘易斯模型中的第二个阶段的出现,也就是纯粹的剩余劳动力被工业部门所吸收,并因此而提升全民的生活水平。相反,一旦农业增长停滞或者出现农业人口本身增长过速,那么,所谓劳动力转移的转折点就无法达到,也就意味着农村剩余劳动力会长期存在。

劳动力转移的过程在费景汉-拉尼斯模型中被划分为:首先,农业劳动力边际生产率为零,此时抽走即便任何数量的劳动力,也很难导致农业产出的减少,这一阶段的劳动力转移也就等同于刘易斯的"无限的劳动力供给"。其次,"农业剩余"不仅对工业部门的扩张有决定性影响,而且对劳动力转移也产生了相当震动。最后,农村剩余劳动力被城市工业部门吸收,而劳动力转移过程也就随之结束,并整体转入劳动力供给的商业化阶段。费景汉-拉尼斯模型指出,发展中国家要想实现经济腾飞,关键是完成农村剩余劳动力的转移,而剩余劳动力转移就业的难点在第二阶段,破解之道在于保持农业生产率的增长。为实现这一目

---

① 安介生.历史时期中国人口迁移若干规律的探讨[J].地理研究,2004,5:667-676.

标,费景汉-拉尼斯模型将农业增长视为工业扩张的前提条件,同时又指出通过实现农业人口就业的顺畅转移进而推动工业生产率的同步增长,也十分重要,如此,才可以实现均衡发展。另外,他们也对控制人口恶性膨胀给出了充分的理由。①

第二节 国内外劳动力人口现状与相关政策

一、世界主要国家"成而有业"阶段发展概况

(一)全球劳动力人口的整体概况与特点

根据世界银行的定义,劳动力是指包括所有年满 15 周岁、符合国际劳工组织对从事经济活动人口所作定义的群体,即所有在特定阶段为货物和服务的生产提供劳力的人员。根据世界银行的数据,2019 年,全球 15~64 岁的劳动适龄人口总数为 50.05 亿,而其中世界劳动力总数为 34.6 亿。这些劳动人口具备以下特点。

1. 失业人口大幅增加

根据世界银行统计数据,近十年全球失业率总体较为平稳。2020 年在新冠疫情的影响下,全球经济受到冲击,世界范围内大量的人口面临失业的困境,全球失业率由 2019 年的 5.37% 陡增至 2020 年的 6.47%。

2. 弱势群体就业正在增加

自 2012 年以来,在减少弱势群体就业上的努力就已经陷入了停滞,而 2019 年全球劳动力中约 43.76% 正处于弱势就业状态。这一现象在收入相对较低的地区或国家更为明显,根据世界银行数据,中低等收入国家弱势群体就业率②为 60.87%,低收入国家弱势群体就业率甚至高达 78.46%。

3. 扶贫工作进展缓慢

全球劳动力市场在减少劳动者贫困的问题上,所做的努力甚少。2017 年,极度贫困的状况广泛存在,涉及发展中国家和新兴国家超过 3 亿的劳动力,这些家庭的平均日收入或消费水平低于 1.90 美元(购买力平价)。2020 年爆发的新冠疫情使低收入人群的处境进一步恶化。根据联合国发布的《2021 年可持续发展目标报告》,2020 年极端贫困率由 2019 年的 8.4% 上升至 9.5%,全球陷入贫困的人口数量增加了 1.2 亿左右。

4. 地区间和国际间就业差别巨大

从就业结果来看,地区间的就业差异较大。世界银行统计数据显示,高收入国家和低收入国家的失业率相对较低,2019 年分别为 4.8% 和 4.6%。同期,中高等收入国家的失业率高达 6.1%,说明其劳动力未能得到充分利用。在 2020 年新冠疫情冲击下,各国失业率都

---

① 陈妍.改革开放以来我国流动人口政策变迁研究[D].陕西师范大学,2013.
② 弱势群体就业率是指无酬家庭就业者和自营就业者在所有就业人口中所占比例。

有所上升,其中高收入国家、中高等收入国家和中低等收入国家失业率分别攀升至6.8%、6.9%和6.2%,而低收入国家仅为5.1%。

5. 就业机会不公平问题持续存在

劳动力市场所出现的各种问题中性别不平等尤其引起关注。2019年男性、女性劳动参与率分别为74.34%和47.29%,女性比男性更少地参与劳动力市场,并且也更难找到工作,工作中也更可能受到职业等方面的限制,从而降低了女性的就业质量。

6. 第三产业的结构性调整将对就业质量带来复杂的影响

内部和外部因素的作用——例如技术变革、资本积累、全球化、人口政策等,都将对制造业部门的再就业产生刺激。同时,服务业的就业人数正在增加,而农业部门的就业人数将继续减少。此外,中高收入者和发达国家的制造业就业人数将继续减少,而在中低收入人群中,也仅仅会略有增加,印证了所谓"夭折的工业化(Premature Deindustrialization)"趋势,即低收入国家尚未达到发达国家的工业化水平,就过早地进入了工业部门就业比重下降的阶段。

7. 人口老龄化将对未来劳动力市场造成压力与挑战

预计寿命延长而出生率降低,导致全球人口增长持续降低,并且将在未来的几十年保持这一趋势。首当其冲的问题是,全球劳动力市场中的新进入劳动力无法平衡迅速流失的退休劳动力,不仅对养老金系统造成了巨大的压力,也对整个劳动力产生影响。发达国家的老龄化速度更快,2017年,其劳动力每10个人中有3.5个人的年龄在65岁及以上;预计到2030年,该比例将增加到5。

同时,人口老龄化也造成了劳动力的平均年龄增加,劳动者想要跟上创新和结构调整的脚步就变得更加困难。到2030年,全球劳动力的平均年龄将从2017年的40岁增加到41岁,这个增长速率在欧洲、东亚,特别是中国将更快。

总的来说,目前全球在就业方面的这些趋势说明了未来全球就业方面的多种挑战:包括保证退休劳动力免于贫困,为正在老龄化的劳动者维持相对体面的劳动报酬,帮助年长的劳动力适应工作变化等。由于工作收入较低的劳动者更难在退休后维持生计,从这个角度讲,老龄人口的贫困问题与劳动力市场中的不平等息息相关。因此,确保充足的就业机会,提高劳动市场报酬,对于减轻老龄人口贫困问题十分重要。基于此,通过终身学习,培育劳动者的就业能力,成为增加其就业机会的关键。此外,为鼓励老年劳动者参加技能培训课程等,也需要更多的针对性政策,这对增加劳动人口,减轻养老金负担也是十分有帮助的。

(二)美国劳动力人口的发展概况

在新冠疫情发生前的2010—2019年的十年间,美国劳动力规模与就业率总体上保持增长趋势,但其劳动参与率总体呈下降趋势。根据世界银行数据,2010—2019年,美国劳动力总数由1.57亿持续增加至1.67亿,2020年受新冠疫情影响,劳动力总数下降至1.65亿。2010—2019年,美国15岁及以上人口总就业率由57.45%上升至60.27%,2020年则大幅度下降至56.31%。进入21世纪以来,美国劳动参与率就呈现出比较明显的下降趋势,尤其是

2008年以后更为明显。2000年、2008年、2010年美国劳动参与率分别为66.42%、64.97%、63.57%,2015年达到62.01%的低点后,2019年略微回升至62.57%,但2020年由于新冠疫情的影响,劳动参与率快速下降至61.41%。

从失业率指标来看,新冠疫情前的十年,美国的失业率持续走低。2010—2019年,美国失业率由9.63%下降至3.67%。其中,男性失业率由2010年的10.51%下降至2019年的3.72%,女性失业率由2010年的8.61%下降至2019年的3.61%。但在2020年由于新冠疫情的冲击,美国总体失业率大幅度上升,达到8.31%。而根据美国劳工部的数据,截至2020年7月,美国约有1 630万工人处于失业状态,比疫情大流行前的规模多了近1 100万人。

(三)日本劳动力人口的发展概况

1. 劳动力供给数量减少

20世纪70年代,日本就进入了老龄化社会,老龄化速度的加剧对劳动力供给带来了很大的负面影响。虽然,日本劳动适龄人口在1950—2000年一直呈增加趋势,由5 017万人增加到8 622万人,年均增长率约为1.4%;但从2000年开始,劳动适龄人口数量开始出现大幅下降,到2010年降至8 103万人。根据世界银行数据,2019年日本劳动力总数为6 813.91万人,比上年同比减少了21.93万人,就业率为60.31%(15岁以上人口),比上年同比减少了8.50%。男性劳动力参与率为71.28%,比上年同比减少了28.60%;女性劳动力参与率为52.74%,比上年同比减少了3.30%。

2. 劳动力年龄结构老化严重

受日本少子高龄化趋势的影响,65岁及以上老年人口及老年劳动力数量呈上升趋势,日本劳动力年龄结构老化。1990年日本劳动力人口6 384万人,占劳动适龄人口的74.3%,65岁以上劳动力人数360万人,占劳动力人口的5.6%;2000年劳动力人口数增加至6 766万人,占劳动适龄人口的78.5%,65岁及以上老年劳动力493万人,占劳动力人口的7.3%;2006年、2012年日本的劳动力人口数量开始下降,2006年为6 557万人,2012年则降至6 628万人,65岁及以上老年劳动力的比重达到8.8%。根据总务省统计局推算,日本劳动力人口继续呈下降趋势,2030年劳动力人口数量将降至6 180万人,65岁及以上老年劳动力的比重升至11.1%。

3. 总失业率有所下降但年轻人失业率较高

日本年轻群体的失业率相对较高。根据日本总务省统计局数据,15~19岁、20~24岁、25~29岁三个年龄段年轻人失业人数由1975年的3.6%、2.9%、2.3%增至2000年的12.1%、8.6%、6.2%,随后有所下降。截至2013年,日本各年龄段年轻人失业人数为6万人、30万人、37万人,失业率分别为6.4%、7%、6.2%,均高于4%的社会平均失业率。世界银行数据显示:2019年日本总失业率为2.29%,比上年同比减少了10.90%,其中男性失业率为2.41%,比上年同比减少了16.80%;女性失业率为2.14%,比上年同比减少了3.30%。

4. 引进外国劳动力补足劳动力供给

少子高龄化导致日本国内劳动力不断减少,导致了对外国劳动力需求量的增加,从2003年的27.4万人到2008年的48.6万人,5年间增加了21.2万人。至2013年,日本的外国劳动者人数达到71.8万人,其中直接雇佣54.7万人,间接雇佣17万人。据日本厚生劳动省公布的数据显示,截至2018年10月,日本的外籍劳动力约146万人,创2007年以来最高纪录,较2017年增加了18万人,同比增长14.2%。数据显示,在日外籍劳动的约146万人中,中国人占比最高,达26.6%,约38.9万人;其次是越南人,占比21.7%,约31.7万人;菲律宾人占比11.2%,达16.4万人。

(四)德国劳动力人口的发展概况

尽管近年来德国人口出生率和移民数量均有增长,但无法扭转劳动人口数量下降的趋势。根据德国联邦统计局发布的第14次人口协调预测结果,当前的年龄结构必将在未来20年导致劳动年龄人口的减少。2018年,德国有5 180万人处于20～66岁的工作年龄,占总人口的62.4%。到2035年,劳动年龄人口将减少约400万人～600万人,达到4 580万人～4 740万人。如果没有净移民,到2035年,德国劳动年龄人口将减少约900万人[1]。到2060年,劳动人口可能进一步降至4 000万人。

作为德国人口增长的主要来源,吸引更多的国外专业技术人员成为德国政府的重要应对举措。2019年3月,德国颁布技术工人移民法,推动欧盟以外的技术工人更好地进入德国劳动力市场。

二、世界主要国家"成而有业"阶段就业政策[2]

(一)美国的就业政策

在就业政策方面,美国主要通过增加预算、增发国债,以及采取扩张性财政政策的方法促进就业。

一是实施扩张性财政政策。包括减税免税、增加公共投资等措施,在危机后美国政府减免个人所得税约1 200亿美元,并对企业提供约500亿美元的税收刺激措施。

二是施行就业一揽子计划。2009年2月,奥巴马正式签署总额达7 870亿美元的经济刺激方案,包括:为个人和企业减税、卫生保健和替代能源投资、基础设施项目投资、新能源和节能领域的投资等。

三是施行就业促进法案及失业救助法案。2010年,联邦政府为雇佣新员工的雇主提供税项优惠,并采取措施改善中小企业融资,国会参议院通过了总额高达1 490亿美元的失业救助法案,延长失业保险和失业者医疗保险。

四是开展国家出口计划。设立由国务院、财政部等内阁成员以及小企业管理局局长、相关银行总裁等组成的促进出口委员会(Export Promotion Cabinet),对出口企业(尤其是中小企业、服务业)出口提供政府援助、商务支持,增加出口信贷。

(二)日本的就业模式

日本采用"政府+企业+工会"的三维多层面保就业模式。

---

[1] http://www.mofcom.gov.cn/article/i/jyjl/m/201907/20190702879865.shtml.
[2] 李瑞红.国外促进就业政策的经验及对我国的启示[J].中国发展观察,2012,7:46-48.

政府层面,一是调整产业结构,创造新的就业需求,大力发展低碳技术和健康产业;二是加大就业财政投入,实现稳定的就业;三是鼓励中小企业发展,创造就业机会,制定了许多优惠政策,如简化注册手续、提供贴息贷款和廉租商业用房、组织培训、减免税收及提供免费法律咨询与市场分析等。

企业层面,一是积极推行"工作分享制"(通过缩短和调整工作时间来增加工作岗位的就业制度),日本政府、日本经济团体联合会、日本劳动组合总联合会三方就推动实施"工作分享制"达成一致,以稳定和促进就业。二是立法强制保护,颁布了《零短工劳动法》《劳动者派遣法》,为通过职业介绍的失业者提供了更多择业机会,并要求企业放宽限制,提高就业的灵活性。

工会层面,日本赋予工会组织较大权利,能够直接与企业开展谈判,为保证平等就业,保障劳工合法权益提供了基础。

(三)德国的就业政策

德国推进劳动力市场改革,推行积极的就业政策。

一是对联邦劳动局系统进行"去官僚化"改造,这项改造既改名改制,又改革功能。德国覆盖全国的劳动服务网络为各个机构、企业和所有市民服务,尤其是负责落实法律规定的积极就业措施,为劳动者提供培训和就业信息、咨询和指导、介绍和安置工作,以及发放失业金。

二是合并失业援助和社会救助,为寻找工作者提供基本生活保障。两项援助合并后,二者合作使用税收资源,为寻找工作的人提供基本收入支持。

三是引入竞争性职业培训和职业介绍服务,首先联邦就业服务机构在全国范围内招标,继而失业者从联邦就业服务机构领取为期至少3个月的培训券,自主选择购买任何一个定点机构的服务。

四是激励多种灵活就业形式,德国联邦政府为失业者自谋职业、经营小本生意(Mini Job)、季节性短工等多种就业形式提供多种形式的资助,如补助、免税、培训等,提高就业人员的待遇水平。

三、中国"成而有业"阶段人口发展现状与特征

(一)中国"成而有业"阶段劳动力人口基本概况

1. 劳动力总体规模庞大

虽然在2000年左右,中国就已经进入了老龄化社会,但自2000年至今,中国社会劳动力总量整体上呈现增长趋势(图3-3)。至2019年,中国劳动力共计8.11亿人,约占总人口的57.5%。超过8亿的劳动力也使得中国成为世界上拥有劳动力最多的国家,比印度多出3.2亿人。[①]

---

① 印度数据来自世界银行数据库。

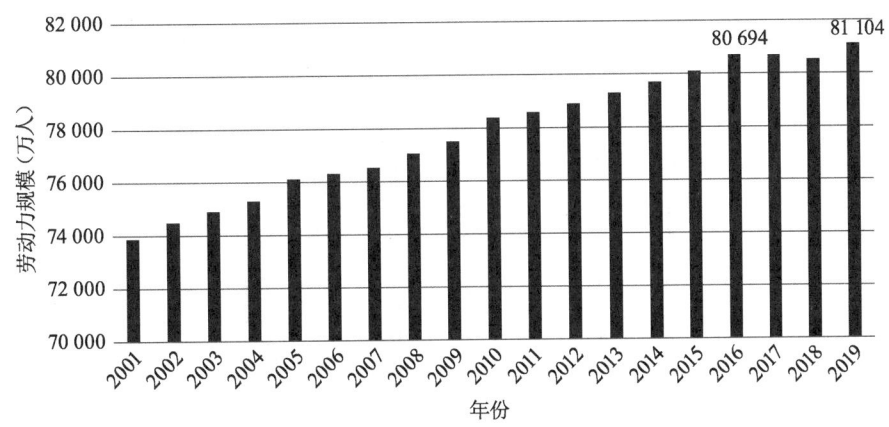

图 3-3　2001—2019 年中国劳动力规模

数据来源：国家统计局。

2. 劳动力平均年龄呈上升趋势

中央财经大学人力资本与劳动经济研究中心发布的《中国人力资本报告 2020》显示，1985—2018 年，中国劳动力人口的平均年龄从 32.2 岁上升到了 38.4 岁。2018 年，劳动力平均年龄最高的前五个省份是黑龙江、辽宁、吉林、重庆、湖南；平均年龄最低的五个省份是广东、新疆、海南、贵州、西藏。随着中国老龄化社会的不断加重，以及生育率的持续低迷，可以预见，未来中国劳动力人口的平均年龄仍将进一步攀升。

3. 劳动力质量得到较大提升

1985—2018 年期间，从平均受教育年限来看，全国劳动力人口的平均受教育年限从 6.2 年上升到了 10.4 年，其中，城镇从 8.2 年上升到了 11.3 年，乡村从 5.6 年上升到了 9.0 年。而从学历方面来看，全国劳动力人口中大专及以上受教育程度人口占比从 1.2% 上升到了 19.2%，其中，城镇从 4.3% 上升到了为 28.6%，乡村从 0.2% 上升到了为 5.4%；全国劳动力人口中高中及以上受教育程度人口占比从 11.8% 上升到了 39.8%，其中，城镇从 26.1% 上升到了 52.7%，乡村从 7.2% 上升到了 20.7%。

无论是从平均受教育年限，还是从学历方面来看，中国劳动力的质量在改革开放后都得到了很大的提升。不过与发达国家相比，中国劳动力的平均质量还有进一步提升的空间。

（二）中国劳动力就业基本概况

综合近期劳动力就业数据来看，中国劳动力就业总体新增就业形势良好，重点人群就业保持稳定，创业带动就业成效显著，就业服务质量得到显著提升。

1. 总体新增就业形势良好

从新增就业总量上来看，近些年中国就业形势总体保持良好势头。2009—2019 年，中国新增就业人数总体上呈现上升趋势，连续 7 年新增就业超过 1 300 万人（图 3-4）。2020 年由于疫情影响，新增就业人数有所下降，仅新增 1 186 万人。

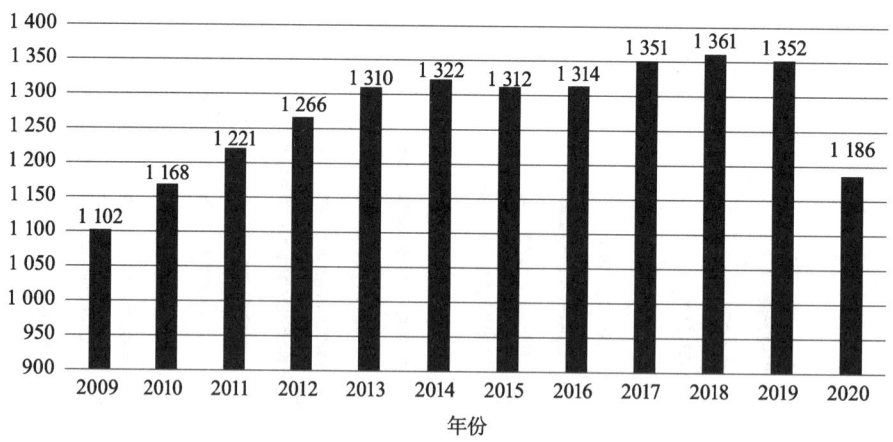

图 3-4　2009—2020 年中国新增就业人数走势(万人)

数据来源:《人力资源和社会保障事业发展统计公报》。

从就业总量看,全国更充分就业得到一定的体现。因为这是在经济结构调整和增长放缓的背景下实现的。究其原因,经济增长放缓并未对就业造成较大冲击,主要在于经济增量保持增长和经济结构调整成效显著。在现有的经济总量基础上,经济增速维持中高速增长就可以创造较大的财富总量,也就能保证足够量的新增就业岗位,这主要表现在 GDP 每增长 1 个百分点所对应的新增就业人数有所增加,经济增长与新增就业之间的关联度不再强烈。2016 年 GDP 每增长 1 个百分点所对应的新增就业人数达到 196 万人,而 2009 年 GDP 增长 1 个百分点对应的新增就业人数为 127 万人。

从经济结构上看,第三产业吸纳就业的能力较强,第三产业较快的增长创造了更多的就业岗位,具体表现为求人倍率的走高和失业率的走低。

从失业率看,全国城镇失业率整体呈下降趋势(图 3-5)。国家统计局数据显示,2019 年全国城镇登记失业率为 3.6%,是自 2002 年以来的最低点。但 2020 年,在新冠疫情的影响下,全国城镇登记失业率上升至 4.2%。

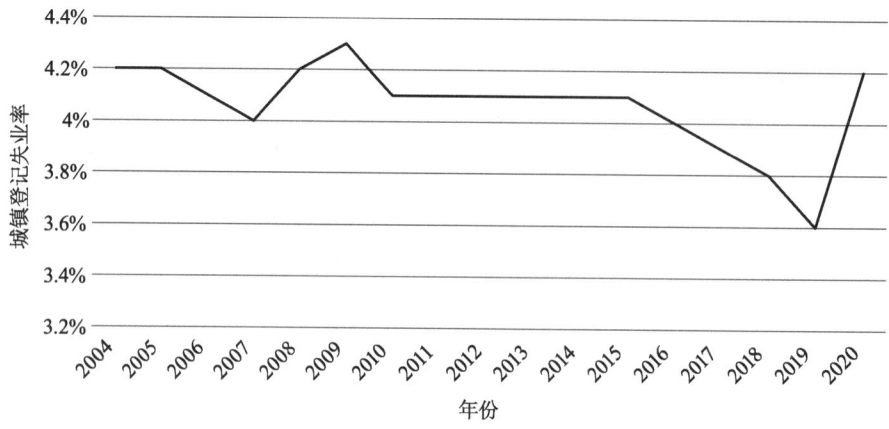

图 3-5　2004—2020 年中国城镇登记失业率走势

数据来源:国家统计局。

2017年以来,城镇调查失业率维持在较低水平,31个大城市的城镇调查失业率曾连续5个月低于5%,其中2017年9月,31个大城市城镇调查失业率是4.83%,也是2012年以来的最低点,2017年12月为4.98%。这两项指标同时走低,基本能反映出城镇居民失业状况,意味着国家出台的系列促就业政策效果显著,也反映出经济形势和结构调整出现积极变化。

2020年,在新冠疫情的冲击下,全国城镇调查失业率上升,全年平均城镇调查失业率达到5.6%。随着疫情逐渐可控,生产生活开始全面恢复,全国城镇调查失业率开始回落。2021年1—6月份,全国城镇调查失业率均值为5.2%,低于5.5%左右的预期目标。

近年中国求人倍率①保持大于1,且在整体上呈现增长态势,这意味着中国就业市场机会增多,劳动力供不应求的情况仍然存在。2016年三季度以来岗位空缺与求职人数比率始终在1.1以上;2017年四季度以来连续保持在1.2以上的高位,呈现持续上升趋势;2019年一季度上升至1.28;2019年二季度岗位空缺与求职人数比率回落至1.22,之后保持上升态势;2020年一季度受新冠肺炎疫情对人员流动管控等因素影响,进场求职人员减少,岗位空缺与求职人数比率上升至1.62;2020年二季度随着疫情趋稳,进场求职人员增多,岗位空缺与求职人数比率回落至1.32,之后持续回升;2021年一季度随着国内经济持续复苏,人力资源市场用工需求增加,岗位空缺与求职人数比率继续攀升(图3-6)。

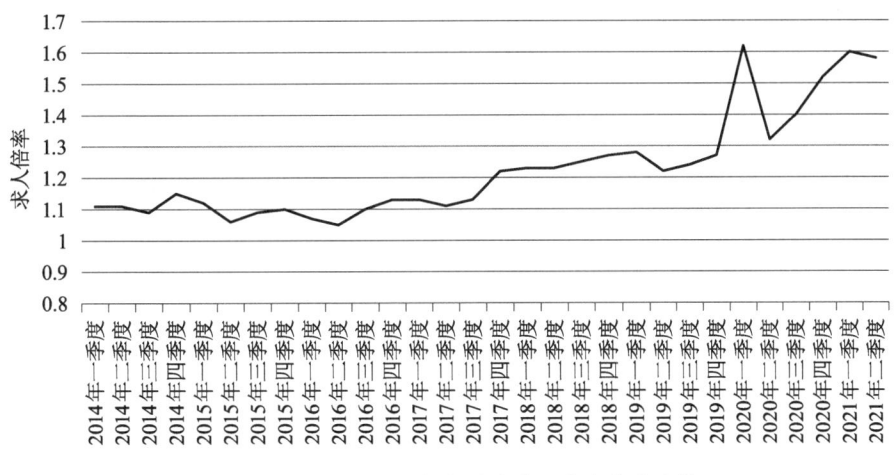

图3-6　2014—2021年各季度全国求人倍率走势

数据来源:中华人民共和国人力资源和社会保障部。

从从业人员指数来看,近几年中国从业人员景气度并未出现明显好转。2010年1月—2019年12月,中国制造业采购经理指数(PMI)从业人员指数一直处于荣枯线(50%)以下,且整体上呈现下降趋势,这表明制造企业用工量持续减少,这与经济增速的放缓有关。

---

① 求人倍率是劳动力市场在一个统计周期内有效需求人数与有效求职人数之比,表明了当期劳动力市场中每个岗位需求所对应的求职人数。它可以反应一个统计周期内劳动力市场的供需状况,当求人倍率大于1,说明职位供过于求;如果求人倍率小于1,说明职位供不应求。根据人力资源和社会保障部数据,2018年四季度市场求人倍率为1.27,即平均每名求职者能对应1.27个工作岗位。

非制造业领域就业表现略好于制造业,但也呈现疲软态势。2018年1月—2019年12月,非制造业PMI从业人员月度指数除2018年7月和8月处于荣枯线以上外,其余月份均处于荣枯线以下(图3-7),总体上也呈下降趋势,这意味着非制造业企业用工量也在减少。从这一指标来看,经济形势向好并不一定意味着就业形势就会向好。

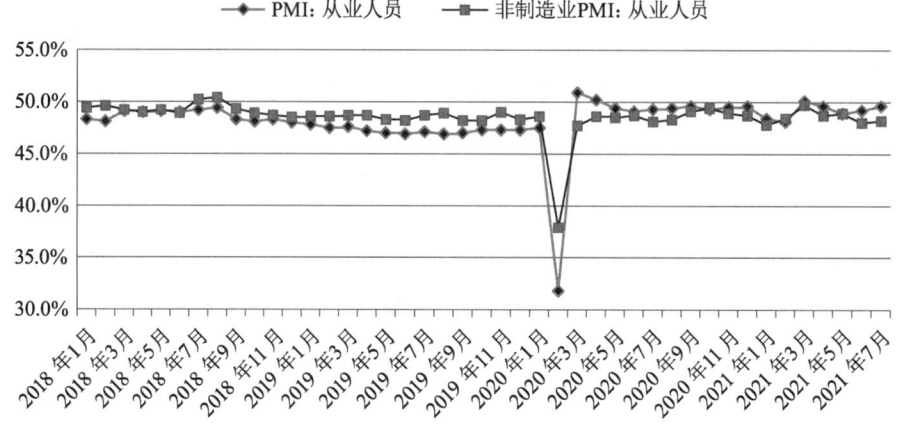

图3-7 从业人员指数走势

数据来源:国家统计局。

2020年新冠疫情爆发后,制造业和非制造业生产和就业都随着疫情演变产生了大幅度波动,服务业恢复明显落后于制造业和建筑业。

2. 重点人群就业保持稳定

从城镇就业困难群体看,城镇失业人员再就业和就业困难人员就业人数总体上保持稳定。2015—2019年,就业困难人员就业人数分别为173万人、169万人、177万人、181万人、179万人,2020年,城镇失业人员再就业人数达到511万人;就业困难人员就业人数达到167万人。2013—2017年,农民工总量年均增长1.8%,自2015年四季度以来已经连续9个季度呈现同比正增长。2020年全国农民工总量2.856亿人,受疫情影响比上年减少517万人。

大学生就业创业总体进展良好。据人力资源和社会保障部统计,中国高校毕业生上半年签约率同比稳中有升。全国各地各部门全面落实就业扶贫各项政策,积极开展就业扶贫工作,大力推进就业精准扶贫,取得积极进展。比如,人力资源和社会保障部2017年组织开发了农村贫困劳动力就业信息平台,遴选了1 465家就业扶贫基地,支持农村贫困劳动力求职就业和有组织劳务输出。

3. 创业带动就业成效显著

随着大众创业、万众创新蓬勃发展,市场主体大量涌现,创新创业成为带动就业增长的重要源泉。解决就业的主渠道在企业,特别是创新型中小企业。国家市场监督管理总局数据显示,截至2021年7月底,中国市场主体总量从2012年5 500万户增加到1.46亿户,增长了近1.6倍,年均净增长超过1 000万户;其中企业从1 300多万户增长到4 600万户,个体工商户从4 000万户增加到9 800万户;市场主体活跃度总体稳定在70%左右。2021年上半年,全国新设市场主体1 394万户,基本恢复到疫情前的水平。

创业企业作为市场新生力量,对激活经济、带动就业作用重大。根据《202年创业企业就业带动报告》,2020年1—9月全国平均每个创业企业招聘7.3个职位,随着疫情管控和经济恢复,9月创业企业平均招聘需求较1月提高73.6%,而既有企业仅提升13.7%。新设企业在疫情期间表现出强烈的生命力,对疫情期间的就业保障发挥了重要作用。单个大量涌现的新设市场主体促进了就业形式的多样化发展,新设企业对扩大就业的支撑作用持续显现。

全国各地区、各部门积极落实和完善各项创新创业优惠政策,加强创业服务和创业培训,推进创业孵化示范基地建设,大力支持大学生、农民工、科研人员等群体创业。2021年3月,国家发展改革委等部门启动创业带动就业示范行动,依托大众创业、万众创新示范基地,组织实施各项专项行动。截至2021年7月末,创业带动就业示范行动累计创造就业机会193万个。其中,社会服务领域"双创"带动就业专项行动累计创造81.67万个就业机会;高校毕业生创业就业"校企行"专项行动累计创造50.75万个就业机会。

就业质量也发生明显积极变化。现代服务业、高新技术产业新增就业人口较多。根据《中国就业报告2020:防范失业潮》,一产、二产就业人数在2002年、2012年见顶,2013年以来中国就业增长持续靠三产驱动。2018年,第三产业吸纳了3.4亿人就业,占比46.3%。2019年第三产业增加值占国内生产总值的比重为53.9%,服务业对经济增长的贡献率达到59.4%,由此带动的就业人数增长较快。

经济新动能的启动成长对扩大就业提供有效支撑。根据中国人民大学就业研究所在北京发布的《数字文化产业就业报告(2020)》,游戏、电竞、直播、文学四个数字文化产业典型领域涉及全职和兼职就业总人数约为3 000万人,总体数字已超过国家统计局公布的2 789万传统文化产业从业人数,成为文化产业发展的新赛道。特别是在2020年新冠疫情期间,数字文化产业逆势发展,成为后疫情时期"稳就业"的新蓄水池。

4. 就业服务质量得到显著提升

近年来,全国各地区各部门积极推进公共就业服务体系建设,实施"互联网+公共服务",整合人力资源市场,加快发展人力资源服务业,提升公共就业服务能力。在就业服务促进下,劳动力市场供需匹配效率进一步提高。据人力资源社会保障部公布的数据,2019年第一季度,用人单位通过公共就业服务机构招聘各类人员约589.7万人,进入市场的求职者约459.4万人。尽管在新冠肺炎疫情影响下,2020年市场用人需求和求职人员数量同比收缩,但随着中国经济稳定复苏,全国人力资源市场活力也不断恢复。

全国各地区各部门积极组织实施职业培训行动计划,开展企业新型学徒制培训试点。2012年以来,全国累计约1亿人次接受政府补贴职业培训,劳动者素质进一步提高,高技能人才队伍建设蓬勃发展,就业稳定性逐步增强。

(三)中国劳动力及就业中存在的问题

全国就业形势总体保持稳定,但在经济增速换挡、结构调整和动能转换的大背景下,中国长期以来的就业难和招工难并存的矛盾还没有得到有效解决。主要原因是劳动者的素质与市场需求不匹配,经济结构在转型,就业结构在转变,但劳动者能力没得到相应提升。

1. 劳动力供求仍不平衡

目前来看,中国劳动适龄人口总量基数依然非常巨大,加之每年新成长劳动力仍然居于高位,预计未来一段时期,中国劳动适龄人口仍将保持庞大数量。根据第七次全国人口普查数据,2020年中国16~59岁劳动年龄人口总规模8.8亿。但随着中国经济进入新常态,经济增长速度有所放缓,将使得企业对劳动力的需求量略有降低,这会直接导致有效的就业岗位减少,会明显增加国内劳动者的就业压力。

随着城镇化率持续提高,农民工市民化的需求越来越强烈。从农民工年龄构成看,30岁以下农民工的比重持续走低,已由2008年的46%下降至2020年的22.7%,而新一代农民工正在加速融入城市,不愿意重新返回农村。在这种背景下,城乡均面临着劳动力供求不平衡的问题,农村从事农业生产的劳动力在大幅减少,而向城镇转移的农村劳动力数量有所增加。而在城乡二元结构下,这种新增劳动力供需不平衡的情况还将持续较长一段时期。

2. 技术替代性失业凸显

经济结构的调整和经济发展方式的转换也使得企业对技术人才的要求越来越高。中国对产业迈向中高端的追求已经引发提高生产效率与保障就业之间的冲突。为应对劳动力成本上升的压力,很多制造企业在推进产业转型升级过程中开始考虑用机器人对人的替代,技术替代性裁员开始出现,结构性就业压力正在凸显。

从中国劳动力技能的结构来看,拥有初级技能的劳动力数量增长速度较快,但是拥有高级技能的劳动力数量和比重依然非常小,导致中国总体高技能人才供给短缺,与市场需求存在较大差距。比如,在数字经济领域,技能人才供给缺口大、缺乏多样化的就业管理服务、高技能用工制度存在缺陷等问题突出。

再如,人工智能会加速胜任日常的工作,并在未来取代一些人类工作岗位。咨询公司高德纳(Gartner)曾在2017年发布的报告中预测,2020年人工智能技术将取代180万个工作岗位,但同时也将创造出230万个新就业岗位,尽管创造的岗位增加,但是带来的结构性失业不容忽视。而麦肯锡公司更进一步预测,到2030年,全球将有多达8亿人的工作岗位可能被自动化的机器人取代,相当于当今全球劳动力的1/5;即使机器人的崛起速度不那么快,未来13年里仍有4亿人可能会因自动化而失去原有的工作。

3. 大学生就业形势严峻

2020年应届毕业生规模达874万人,2021年更是超过900万,达到909万人,带来了较大的就业压力。为提高大学毕业生就业率,很多高校敦促毕业生先就业后择业。为了就业而就业的仓促选择,虽然能实现提高初次就业率的主要目标,但在一定程度上忽略或者漠视了就业的质量问题,减少了学生对就业的主动性选择,出现"被就业"现象。

4. 农村转移劳动力就业任务重

2019年有241万新增农民工。在800多万名大学生和500多万名中职毕业生就业竞争激烈的背景下,农村新转移劳动力面临更严峻的就业形势。他们尽管可以在城市从事技能水平要求较低和工资收入较低的工作,但面临城市高成本的生活压力、在当地就业机会有限的情况下,农民工返乡创业的条件并不完善,这部分新增农村转移人口找到理想工作的难度较大。①

(四) 中国劳动力及就业发展趋势

1. 劳动力规模及其年龄结构的发展趋势

根据中国科学院数学与系统科学研究院、中国科学院预测科学研究中心、中国科学院大学的预测,2018—2025年,中国15～64岁劳动力将逐年递减,由2018年的7.60亿人减少至2025年的7.37亿人。此外,还将出现高龄化趋势,2025年,中国25～29岁、45～49岁劳动力的占比将会明显减少,分别相比2018年减少4.5和3个百分点;50～59岁劳动力的占比则明显增加4.2个百分点(表3-2)。②

表3-2 2018—2025中国劳动力供给量预测(万人)

年龄组(岁)	2018年	2019年	2020年	2021年	2022年	2023年	2024年	2025年
15～19	2 253	2 163	2 180	2 167	2 189	2 221	2 302	2 335
20～24	5 940	5 651	5 334	5 199	5 103	4 964	4 771	4 813
25～29	10 369	10 009	9 438	8 395	7 881	7 466	7 111	6 718
30～34	9 575	9 999	10 520	11 226	11 091	10 596	10 229	9 646
35～39	8 849	8 860	8 845	8 969	9 292	9 614	10 041	10 565
40～44	9 471	9 044	8 756	8 558	8 425	8 804	8 815	8 801
45～49	10 917	10 681	10 504	9 972	9 617	9 054	8 647	8 372
50～54	8 851	8 838	8 999	9 246	9 336	9 579	9 394	9 259
55～59	4 899	5 569	6 194	6 835	7 656	7 717	7 708	7 849
60～64	4 835	4 861	4 567	4 367	4 048	4 187	4 766	5 302
总计	75 959	75 675	75 337	74 934	74 638	74 202	73 782	73 660

数据来源:刘秀丽,汪寿阳.两孩政策背景下2018—2025年中国分年龄组劳动力供给量测算研究[J].科技促进发展,2018,14(Z1):17-22.

此外,在中国劳动年龄人口不断减少,劳动力供给规模不断减少的背景下,若未来劳动参与率继续维持下降势头,将加剧中国劳动力供给紧张局面(表3-3)。

---

① 刘向东.我国就业形势分析与展望[C].中国经济分析与展望(2017～2018):中国国际经济交流中心,2018:114-128.
② 刘秀丽,汪寿阳.两孩政策背景下2018—2025年我国分年龄组劳动力供给量测算研究[J].科技促进发展,2018,14(Z1):17-22.

表 3-3 2018—2025 中国劳动力分年龄组的劳动参与率

年龄组(岁)	2018年	2019年	2020年	2021年	2022年	2023年	2024年	2025年
15～19	30.69%	30.63%	30.57%	30.51%	30.45%	30.39%	30.33%	30.27%
20～24	68.08%	68.01%	67.94%	67.87%	67.81%	67.74%	67.67%	67.60%
25～29	85.72%	85.72%	85.72%	85.72%	85.72%	85.72%	85.72%	85.72%
30～34	87.84%	87.84%	87.84%	87.84%	87.84%	87.84%	87.84%	87.84%
35～39	88.57%	88.57%	88.57%	88.57%	88.57%	88.57%	88.57%	88.57%
40～44	88.71%	88.71%	88.71%	88.71%	88.71%	88.71%	88.71%	88.71%
45～49	85.63%	85.63%	85.63%	85.63%	85.63%	85.63%	85.63%	85.63%
50～54	75.49%	75.66%	75.82%	75.99%	76.16%	76.32%	76.49%	76.66%
55～59	66.74%	66.87%	67.01%	67.14%	67.28%	67.41%	67.55%	67.68%
60～64	58.55%	58.66%	58.76%	58.87%	58.97%	59.08%	59.18%	59.29%

数据来源:刘秀丽,汪寿阳.两孩政策背景下 2018—2025 年中国分年龄组劳动力供给量测算研究[J].科技促进发展,2018,14(Z1):17-22.

2. 新增劳动力规模及其受教育结构发展趋势

2015 年,中国劳动力市场新增供给规模为 1 573 万,随后出现缓慢下降趋势,新增劳动供给的最低点出现在 2025 年前后,随后趋于稳定(表 3-4)。由于高等教育毛入学率由 2013 年的 35% 左右提高到 2020 年 40%,到 2030 年将提高到 45% 左右,受过高等教育劳动力所占比例越来越大。劳动者素质的提高有利于中国未来产业结构的调整,从供给方为产业结构升级做了准备,同时教育也平滑了进入劳动力市场的规模,减轻了社会的就业压力。

表 3-4 2015—2030 年中国新增劳动力供给规模预测(分文化程度)(万人)

年份	小学阶段		初中阶段		高中阶段		中职毕业人数	大学毕业人数	研究生毕业	合计(扣除死亡)
	辍学	毕业未升学	辍学	毕业未升学	辍学	毕业未升学				
2015年	8.68	17.27	94.25	147.65	40.07	98.01	505.63	606.44	56.02	1 573.35
2016年	8.48	16.87	102.61	160.75	39.78	97.30	490.95	621.71	57.86	1 595.63
2017年	8.19	24.49	100.22	157.01	38.63	94.47	467.63	624.69	59.76	1 574.42
2018年	8.46	25.29	96.80	151.65	36.79	89.99	449.53	623.66	61.73	1 543.24
2019年	8.68	25.97	99.98	156.64	35.37	86.50	489.41	605.09	63.77	1 570.75
2020年	8.57	25.63	102.65	160.82	38.51	94.18	478.03	582.11	65.88	1 555.72
2021年	7.44	22.26	101.34	158.77	37.61	91.99	461.70	555.24	68.05	1 503.78
2022年	7.28	21.78	88.00	137.87	36.33	88.85	476.90	532.31	70.30	1 459.00
2023年	7.17	21.43	86.10	134.88	37.52	91.77	489.61	512.61	72.62	1 453.10

(续表)

年份	小学阶段		初中阶段		高中阶段		中职毕业人数	大学毕业人数	研究生毕业	合计（扣除死亡）
	辍学	毕业未升学	辍学	毕业未升学	辍学	毕业未升学				
2024年	7.09	21.19	84.72	132.73	38.52	94.22	483.37	510.75	74.26	1 446.25
2025年	7.05	21.08	83.76	131.23	38.03	93.02	419.74	511.82	75.94	1 381.09
2026年	7.28	21.78	83.35	130.58	33.02	80.77	410.66	515.92	77.65	1 360.43
2027年	7.30	21.82	86.10	134.89	32.31	79.02	404.11	523.15	79.40	1 367.52
2028年	7.47	22.34	86.26	135.14	43.20	77.76	399.53	533.43	81.20	1 385.73
2029年	7.48	22.37	88.30	138.34	31.43	76.88	397.54	546.11	83.03	1 390.90
2030年	7.55	22.58	88.45	138.58	31.28	76.50	410.66	559.86	84.90	1 419.76

数据来源：张车伟，蔡翼飞.中国"十三五"时期劳动供给和需求预测及缺口分析[J].人口研究，2016，40(01)：38-56.

3. 劳动力供需矛盾发展趋势

失业人口反映了劳动供求缺口的绝对量大小，但同时也需关注这种缺口的相对大小——失业率。城镇失业率等于城镇失业人口除以城镇经济活动人口，经济活动人口等于就业人口加上失业人口，因此只要得到城镇就业人口，就可得到城镇经济活动人口数量。城镇就业人口从2013年的3.8亿将提高到2030年的6.4亿，总共增加约2.6亿。城镇失业率呈现逐步下降的趋势，虽然城镇失业人口在2020年以前是增加的，但由于城镇就业人口更快地增加使得城镇失业率依然是下降的，从2015年的5.56%降为2020年的4.97%，年均下降0.1个百分点。2020年后，城镇失业率下降加快，将从2021年的4.8%下降到2030年的2.86%，年均降幅为0.2个百分点。

张车伟、蔡翼飞（2016）在对劳动力供求进行预测的基础上，进一步测算了劳动力供求缺口的规模，总结在供求缺口中有三类需要重点关注的人群，即"4050"人员、农民工和大学生群体。其中，"4050"人员即40岁以上的失业人员，该人群在全部失业人员中占比最高，约占1/3，总体规模维持在840万~890万人之间；而农民工和大学生群体的失业规模总体相当，均在420万~450万人之间，该两类人群一共占全部失业人员的1/3左右。"4050"人员、农民工和大学生群体三类失业人口共占全部失业人口的2/3，这三类人群的就业问题突出地表现了中国劳动力市场的结构性矛盾。[①]

四、中国"成而有业"阶段城镇就业政策

（一）改革开放以来中国就业政策的演变

改革开放之前，中国就业体制是与以重工业为主导的计划经济体制相配套的计划就业体制，在计划就业体制下实行统一招收和调配制度，为国民经济恢复和大规模经济建设提

---

① 张车伟，蔡翼飞.中国"十三五"时期劳动供给和需求预测及缺口分析[J].人口研究，2016，40(01)：38-56.

供了劳动力保障。但计划就业体制存在着隐性失业问题突出、劳动力资源配置效率低下、就业结构单一、劳动者自主性和能动性发挥不足等弊端,要进一步发挥劳动力资源潜力,改善就业状况,就需要改革计划就业体制。

改革开放后,随着经济社会发展重心的转变,中国城镇就业体制也发生了根本性的变革,这个变革的过程大致可以划分为四个阶段。

1. 初步改革计划就业制度,实行用工制度双轨制(1978—1991年)

随着改革开放的推进,中国就业制度也开始了改革。为缓解就业压力,1980年8月政府开始实行劳动部门介绍就业、自愿组织起来就业和自谋职业相结合的"三结合"就业方针,基本上解决了就业问题。1984年,以国企改革为主要内容的经济体制改革全面展开,逐步形成了与经济体制相适应的双轨制就业制度。1986年7月,国务院发布以改革用工制度为中心的四项改革办法,即新职工实行劳动合同制,老职工仍然保留固定工制度的用工制度双轨制。用工制度双轨制并没有从根本上改革计划就业制度,但它的形成,标志着城镇就业体制改革的全面展开,为进一步向市场化就业制度改革奠定了基础。

2. 全面实施劳动合同制,确立市场导向的就业体制(1992—2001年)

党的十四大明确提出中国经济体制改革的目标是建立社会主义市场经济体制。随着社会主义市场经济体制的改革,开始全面推行劳动合同制,建立劳动力市场,实施再就业工程,明确建立以市场为导向的就业体制。

1993年12月,劳动制度改革进一步要求推行全员劳动合同制。1995年1月开始实施的《中华人民共和国劳动法》要求全面实行劳动合同制,打破计划经济体制下行政力量对劳动力资源的过度支配格局,初步形成了企业自主用工、职工自主择业的新机制。1998年,为了解决下岗职工的就业问题,国家开始实施再就业工程,构筑以"三条社会保障线"为主要内容的国企职工基本生活保障制度,以此来保障职工基本生活,促进下岗职工再就业。1998年6月,中共中央、国务院明确提出"要建立和完善市场就业机制"的目标。1999年9月,中共中央提出"要积极发展和规范劳动力市场,形成市场导向的就业机制"。

3. 实施积极就业政策,确立就业优先战略,市场化就业机制逐步完善(2002—2011年)

这一时期的就业体制发生了深刻变革,建立了市场导向的就业机制,确立了就业优先战略,形成了积极就业政策体系。

制定积极就业政策。2001年底,全国城镇登记失业率为3.6%,创出了1981年以来的新高。为了应对这一状况,2002年9月,中共中央、国务院研究制定了一整套促进就业和再就业的政策措施,确立了积极就业政策的基本框架。同年,党的十六大将"社会就业比较充分"作为全面建设小康社会的一个重要目标纳入国家发展战略。2003年出台的《中共中央关于完善社会主义市场经济体制若干问题的决定》,第一次将实施积极的就业政策写进党的文件。

提出就业优先战略。2007年8月30日,第十届全国人民代表大会常务委员会第二十九次会议通过的《中华人民共和国就业促进法》,确立了市场化就业方针的法律地位。同年,党的十七大提出要建立促进就业的长效机制。2011年"十二五"规划正式提出实施就业优先战略。

4. 就业优先战略进一步丰富发展,推动实现了更高质量的就业(2012年至今)

2012年以来,在深化经济体制改革的进程中,国家继续巩固实施就业优先战略,致力于创业就业机制的构建、公平就业制度的健全与劳动者终身培训制度的建立。

进一步强调就业优先。《促进就业规划(2011—2015年)》明确提出将促进就业放在经济社会发展的优先位置。2015年,国务院强调深入实施就业优先战略,实现经济增长和扩大就业的良性互动。2017年,进一步强调稳增长的主要目标是保就业。

鼓励实施创新创业。2017年,国务院下发《关于做好当前和今后一段时期就业创业工作的意见》《关于强化实施创新驱动发展战略进一步推进大众创业万众创新深入发展的意见》,对进一步做好就业创业工作进行了全面部署和升级,要求支持新就业形态的发展,推动创新创业生态环境系统性优化,深入推进大众创业、万众创新。

完善城乡均等的就业服务体系。2012年,国务院提出要建立省、市、县三级公共就业服务机构。2015年,国务院要求健全覆盖城乡的公共就业创业服务体系,形成有利于公平就业的制度环境,加快建立统一规范灵活的人力资源市场。2018年10月起施行的《人力资源市场暂行条例》提出,要推动建设统一开放、竞争有序的人力资源市场体系,促进人力资源自由有序流动和优化配置。

构建劳动者终身职业培训制度。十八届三中全会首次提出要构建劳动者终身职业培训体系。党的十九大提出要大规模开展职业技能培训。2018年4月,国务院通过《关于推行终身职业技能培训制度的意见》,要求建立并推行覆盖城乡全体劳动者的终身职业技能培训制度。[①]

(二)现阶段中国劳动力就业政策存在的问题

2008年以来,中国开始实行积极就业政策,在促进就业方面发挥了重要作用,得到了社会的广泛认同,是一项必要的、有利的政策。根据2015年人力资源社会保障部劳动科学研究所对中国积极就业政策的调查研究发现,现行的积极就业政策主要存在如下问题。

1. 政策知晓率不高

为充分保障就业,国家出台了一系列优惠政策,但在执行过程中政策宣教效果并不理想。调查表明,部分离校未就业毕业生没有到人力资源社会保障部门进行实名登记,其中62%的表示是因为"不知道要登记"。企业问卷调查显示,23.44%的被调查企业表示不了解"鼓励企业吸纳城镇登记失业人员及就业困难群体就业的政策",30.46%的被调查企业表示不了解促进高校毕业生企业就业的政策。

2. 政策受益面较窄

仅有50%的目标人群和企业享受到各项创业扶持政策。其中,创业培训和创业项目信息服务两项政策的享受比例略为过半,而税费减免和小额担保贷款两项政策的享受比例未能过半,很多创业者并没有得到创业政策扶持。

---

① 吴绮雯,武力.改革开放40年来我国城镇就业体制和劳动力转移政策变迁探析[J].求实,2019(02):61-72+111.

调查结果表明,享受到各类扶持政策的企业在调查企业中占比偏少。其中,"招用就业困难人员给予社会保险补贴的政策"(30.97%)、"职业培训补贴政策"(19.48%)、"金融危机时期的五缓四减三补贴政策"(3.74%)、"就业见习补贴政策"(16.50%)、"小微企业新招用高校毕业生的社会保险补贴"(10.67%)、"鼓励科研项目聘用高校毕业生的政策"(5.69%)。单一扶持政策在企业群体中的落实程度整体偏低。

就业人员获得公共就业服务的比例同样有待提升。从各项服务人数比例看,虽然就业信息方面的服务享受比例较高,但培训和见习等服务享受比例相对要低,在涉及困难毕业生和未就业毕业生切身利益的见习计划和失业登记等方面,存在关注度偏低、政策受益面不广等问题。在就业的过程中,就业困难人员享受比例最高的服务为推荐介绍工作,其次为组织参加职业培训,再次为实名制求职登记,享受比例最少的为上门一对一职业指导。

3. 政策内容待优化

部分政策设计脱离实际,执行层面无法惠及目标群体。根据调查,创业者最需要的政策依次是税费减免、融资服务、创业政策咨询,创业培训和创业项目信息服务需求较小。针对税收方面的需求,国家有关部门出台了税收优惠政策。但在实际情况中,初创人员的规模或者其他条件往往达不到创业税收优惠政策的条件,企业并未能真正享受到这一优惠政策。此外,针对高校毕业生的补贴政策因为资格认定困难也未能落到实处。

部分创业领域政策存在空白。在对创业人员的扶持政策中,基本上面向的是初创期企业,针对创业成功后的企业扶持政策较为缺乏,造成成功企业发展壮大比较困难。就业专项资金对创业服务投入不够,在培训创业导师方面的资金政策缺乏。

部分政策系统性整合不够。政出多门,不同项目的税收减免规定不同,同一项目不同群体间的税收减免规定也不同。如鼓励创业的税收减免政策起点是"自领取税务登记证",行政性收费减免政策的起点是"自其在工商部门首次注册登记之日起",前者取消了个体经营的行业限制,后者仍然保留,政策规定事无巨细,政策碎片化严重,让受众理解和掌握困难。此外,部分政策存在重复,可以合并简化,如部分减轻企业负担的政策可以与就业困难人员的政策合并。

政策力度不够,缺乏吸引力。调查显示,高校毕业生对享受政策不满意的原因中,28.67%认为补贴经费太少,对企业和劳动者的激励性不足。企业问卷调查反映,40%的企业认为是由于政策力度不够,缺乏吸引力;被调查的公共就业服务机构和基层平台中,45.1%认为是政策力度不够,缺乏吸引力。[①]

(三)中国劳动力就业政策的改革方向

1. 就业体制变革与经济体制改革进一步融合

经济结构和经济体制改革既要有利于就业,又要有利于发展。把扩大就业作为经济社会发展的优先目标,而不是以经济增长速度目标代替或代表就业目标,才能实现宏观经济发展、产业结构调整与扩大就业的良性互动。反之,中国的就业制度和就业政策也作用于

---

① 张丽宾.我国积极就业政策的问题评估[J].人事天地,2015(11):19-22.

经济发展和产业政策。在人口红利逐渐消失的经济新常态背景下,走产业结构升级和创新发展道路成为必然选择,这就要求大力提升人力资本水平,实现经济高质量发展与更加充分就业的相互协调,新时代中国经济发展战略和就业优先战略也被赋予了新的内涵。

2. 充分发挥政府主导和市场调节作用

政府主导和市场调节作用在劳动力资源合理配置中缺一不可。为了提高劳动力资源配置效率、提高就业供需双方的匹配度,必须通过市场这只看不见的手来实现劳动力资源和就业岗位的合理配置。但与此同时也要发挥好政府主导作用。根据《中华人民共和国促进就业法》,一方面需要政府部门维护市场秩序、制定交易规则、扫除交易障碍,以此来促进劳动力市场的发育和发展,实现供求双方的公平交易;另一方面需要政府部门采取措施提高劳动者的就业能力,增加就业岗位。未来劳动力政策要在明确政府主导、市场调节的基础上,致力于健全政府与市场的配合机制,通过政府与市场的密切合作,既保障充分就业,又实现劳动力资源的合理配置。

3. 重视在发展中解决就业问题

在外部环境发生深刻复杂变化的大环境下,中国提出了要构建以国内大循环为主、国内国际双循环相互促进的新发展格局。在双循环的新发展格局下,不能继续墨守成规,而是要根据新阶段的主要特征和就业面临的形势,及时进行相应的调整与完善,使就业政策更符合发展趋势、更富有成效。同时,经济发展活力不足,经济发展创造的就业岗位就难以满足人们的就业需求,因此要充分利用国内、国际两个市场、两种资源的优势,增强高质量发展的内生动力,持续提升经济发展水平,从而催生出新的就业岗位与机会。

4. 强化以民生为本的发展思想

就业是民生之本,以人民为中心的发展思想最直接的体现就是就业问题。进入21世纪,我国政府高度重视就业问题,制定了积极就业政策,成功应对国际金融危机的冲击,使几千万农民工和大学生实现稳定就业。党中央坚持把就业作为最大的民生,把就业摆在突出位置,为就业优先战略注入新的内涵,将促进就业的目标融入经济社会发展的各个领域,贯穿在经济发展战略的各个环节,努力创造就业岗位、提高就业质量。新时期人民群众对就业提出了更高要求,需要继续实施就业优先战略,在不断提高就业数量、质量的同时,实现更加公平、更加平等的就业。[①]

5. 优化生育环境增加劳动力储备

随着第二轮婴儿潮的人口步入老年,中国老龄化迎来第二次"冲击波",我国劳动力人口形势愈发严峻,提高生育率补充劳动力人口迫在眉睫。与生育相关的劳动力政策将相继出台落实,如进一步强调要保障孕产妇的带薪产假,发展社区及企事业单位的优质婴幼儿看护机构,员工生育二孩、三孩的用人单位可在一定程度上享受税收优惠和生育补贴等。从减少育儿成本的角度,出台相关就业政策,提升持续低迷的生育率,通过出生人口的增加来提升未来的劳动力储备,减缓我国劳动力人口减少的进程。

---

① 吴绮雯,武力.改革开放40年来我国城镇就业体制和劳动力转移政策变迁探析[J].求实,2019(02):61-72+111.

6. 提高城市和镇女性的劳动参与率

根据世界银行数据,2029年中国女性劳动参与率为60.57%,同期男性为75.65%。因女性承担育儿与养老负担、受教育程度、工资待遇与男性的差距等原因,造成女性劳动参与率低,因此,需要继续完善我国的育儿与养老机制,发展优质育儿、托儿与养老服务机构;推广弹性工作时间与家庭办公模式;对需要接送的小学生实行弹性放学时间;提高15~24岁女性的在学率,增强其职业技能和获取高薪酬的能力;通过减税或财政拨款等措施,提高女性就业的福利待遇,并减轻企业雇佣女工的负担。①

7. 促进毕业生就业解决劳动力结构性失衡

我国劳动力市场的结构性矛盾突出,"找工作难"与"招工难"的现象同时存在。一方面,劳动力市场上有大量求职人员找不到合适的工作;另一方面,用人单位苦于招不到符合岗位要求的人才。作为新增劳动供给主体的高校毕业生,特别是职业院校的毕业群体,如何实现有效就业,是解决劳动力市场结构性失衡的关键。首先,应打破职业教育和普通教育之间的人才流通壁垒,建立职业资格证书与普通教育学历文凭之间的等值框架体系,消除职业教育在劳动力市场上的就业歧视。其次,构建适应市场经济变化的高校人才培养模式,特别是强化职业教育的技术性和实践性。加强企业与职业院校的联合培养,聘任有实践经验的社会导师教授职业技能,增加学生的实践操作机会,培养"有技能、会操作"的专业技术人才。

第三节 中国城市流动人口现状与管理

人口流动是"成而有业"阶段人口最明显的特征之一。由于中国城乡二元经济的长期存在,人口流动实际上主要是农村向城市的流动,城市地区是实施流动人口管理的主体。随着城镇化的不断发展,在不同城市间的人口流动也越来越普遍。在不同的阶段,流动人口发展的特点不同,相应的管理政策也有所不同;即使是在同一时期、不同区域不同等级城市,由于流动人口发展特点的不同,也会实施不同的管理政策,建立不同的管理制度。因此,有必要对不同时期和不同城市的流动人口管理政策加以区分和总结,以更好地认识中国流动人口管理政策的特点,把握其发展的趋势。

一、中国流动人口的发展与特点

在规模方面,中国流动人口规模在总人口中占有较大比重,总体上呈上升趋势。在结构方面,"80后""90后"等新生代流动人口逐渐成为流动人口的主力军;流动人口逐渐"家庭化",消费规模逐渐增加,消费结构进一步优化。在质量方面,流动人口平均受教育年限

---

① 刘秀丽,汪寿阳.两孩政策背景下2018—2025年我国分年龄组劳动力供给量测算研究[J].科技促进发展,2018,14(Z1):17-22.

连年上升,高素质人才规模与比重逐年增加,人口素质进一步提升。在空间区域方面,跨省流动仍是人口流动的主要方式,但其规模和比重正在逐年下降。

对于城市地区而言,城市人口自然变动幅度减小,而大量流动人口的流入流出,使得流动人口成为影响城市人口变动的主要因素。

(一) 流动人口总量规模较大

结合历年人口普查、人口抽样调查以及国家卫生健康委员会发布的《中国流动人口发展报告2018》的数据,从改革开放初期至今,中国流动人口规模整体上呈增长趋势(图3-8)。1982年中国流动人口规模为657万人,仅占总人口的0.7%;进入20世纪90年代后,中国流动人口规模开始加速增长,1990年流动人口规模为2 135万人,占总人口比重为1.9%,在2014年达到2.53亿人的最高值,占总人口比重高达18.5%;从2015年开始,流动人口规模开始下降,中国流动人口规模开始进入调整期。2015年和2016年中国流动人口规模分别为2.47亿人和2.45亿人,占总人口比重也分别下降为18%和17.7%,2017年继续下降至2.44亿人,流动人口总量与占比连续三年下降。这是由于城镇化的推进、户籍制度的改革等原因,使得部分流动人口在流入地落户转化为新市民。

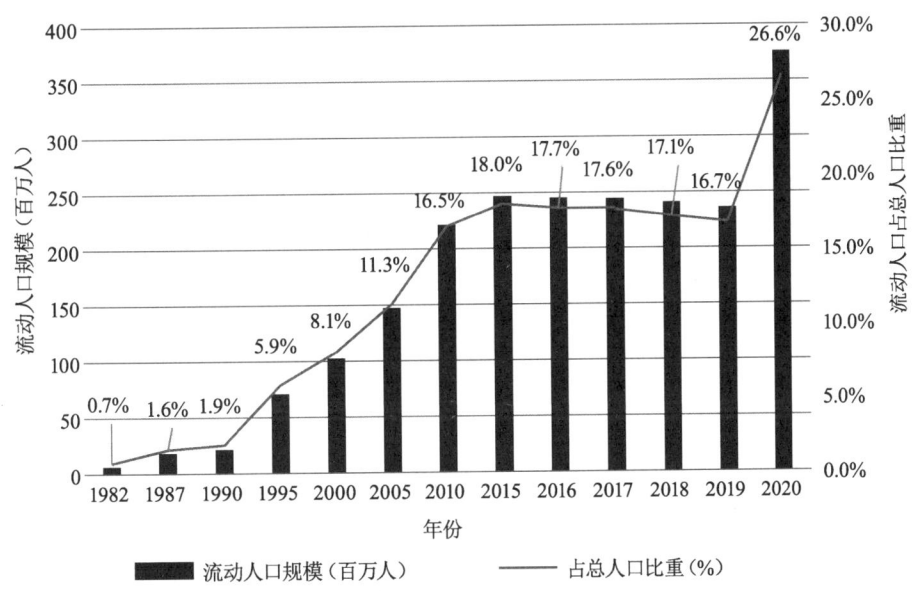

图3-8 1982—2020年中国流动人口规模(时间轴非等比例绘制)

注:1982年、1990年、2000年、2010年为当年人口普查时点数据,除2020年数据外其余为根据当年人口抽样调查数据推算所得。

数据来源:历年统计年鉴、国家卫生健康委员会《中国流动人口发展报告2018》、第七次全国人口普查数据。

第七次全国人口普查数据显示,2020年中国流动人口有3.76亿人,占总人口中的26.6%。从总体上来看,中国流动人口占在总人口中仍保持较大比重。可以预见,在今后较长一段时期,大规模流动人口仍将继续存在,并在中国经济社会发展中继续发挥举足轻重的作用。人口由乡村向城市地区流动的总体方向仍然没有改变,城市地区仍需要对大规模流动人口实施有效管理。

(二)跨省流动人口逐年下降

从 2011—2016 年流动人口流动范围的数据可以看出,中国的人口流动仍以跨省流动为主,不过跨省流动人口占流动总人口的比例正在缓慢下降,省内跨市流动的比例则缓慢上升,市内跨县域流动的比例整体上也在增加,这说明人口流动的稳定性增强,流动的范围正在收窄(图 3-9)。

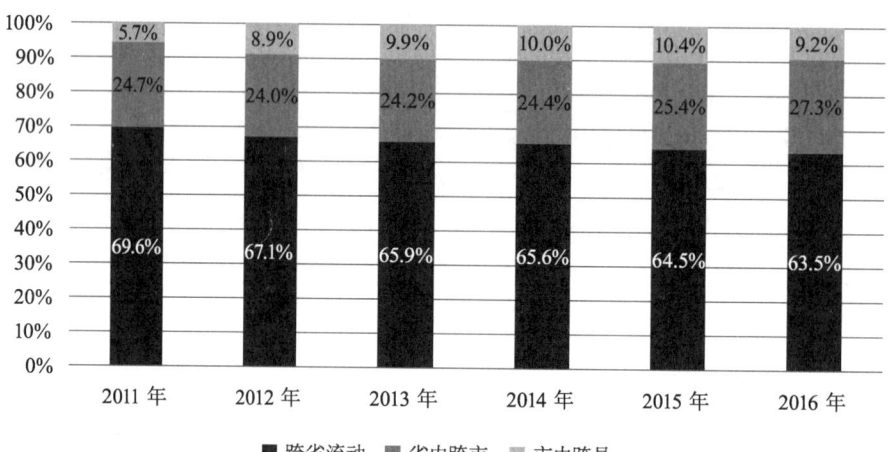

图 3-9　2011—2016 年中国流动人口流动范围变化趋势

数据来源:国家卫生健康委员会《中国流动人口发展报告 2017》。

截至 2020 年 11 月 1 日,中国流动人口中跨省流动的人口约有 1.25 亿人,占比 33.2%,省内流动人口约为 2.51 亿人,占比 66.8%。除了疫情因素影响外,也在一定程度上说明,就地、就近城市化和短线迁移趋势在中国人口流动中愈发明显。

(三)新生代流动人口成为"主力军"

从流动人口年龄结构来看,一方面,中国流动人口平均年龄呈持续上升态势,从 2011 年的 27.3 岁升至 2017 年的 30.7 岁;另一方面,新生代的"80 后"(出生于 1980—1989 年间)、"90 后"(出生于 1990—1999 年间)流动人口的比重不断上升,2017 年占流动人口总数的 68.1%,已经成为中国流动人口的"主力军"。

而在 16~59 岁的劳动年龄流动人口中,新生代比例则更高,"80 后"流动人口比重由 2011 年的不足 50%升至 2016 年的 56.5%;"90 后"流动人口的比重由 2013 年的 14.5%升至 2016 年的 18.7%,二者共计占比 71%,呈现稳步增长的趋势,是流动人口中劳动力的绝对主力。《2020 年农民工监测调查报告》数据显示,2020 年外出农民工平均年龄为 36.6 岁,其中 40 岁及以下所占比重高达 66.8%。

(四)流动人口受教育程度连年上升

2011—2016 年,中国 16~59 岁劳动年龄流动人口的受教育程度不断上升,高学历人才比重逐年增加,2011 年,劳动年龄流动人口中具有大学专科及以上学历人口占比为 8.06%,

到 2016 年这一比例上升至 15.53%，占比上升了近一倍(图 3-10)。统计数据显示，2020 年在外出农民工中，具有大专及以上文化程度的外出农民工占比已经达到了 16.5%①。

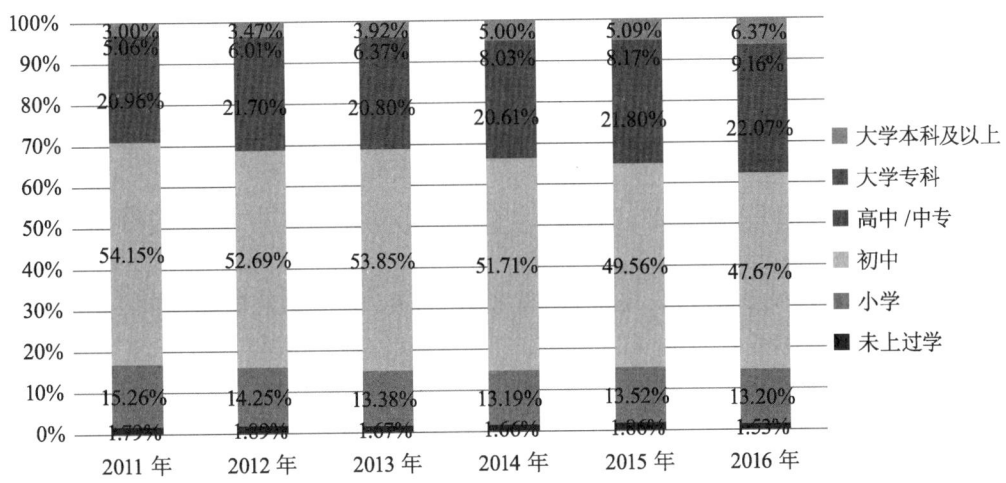

图 3-10　2011—2016 年中国劳动年龄流动人口受教育程度变化趋势

数据来源：国家卫生健康委员会《中国流动人口发展报告 2017》。

相对而言，新生代流动人口的教育程度普遍好于老一代流动人口。2017 年监测数据显示，流动人口平均受教育年限为 9.6 年，其中新生代流动人口的平均受教育年限达 10.2 年，远高于老一代流动人口 8.7 年的平均受教育年限。对于城市而言，流动人口受教育程度的提高，高素质人口比重的增加，不仅能直接推动城市经济社会的发展，同时也能进一步减轻流动人口管理难度。

(五) 流动人口消费支出增加

近些年，中国流动人口呈现家庭化的趋势，这也使得流动人口的消费行为发生变化，这种变化包括消费总量、消费结构与消费习惯的变化。

消费总量方面，2011—2016 年间，流动人口家庭月收入快速增长，由 2011 年的 2 535 元增至 2016 年的 4 503 元，增幅高达 76.3%，尤其在 2014—2016 年间，年均增幅达 15%。随着收入的快速增长，流动人口家庭消费支出规模明显增加，就业流动人口家庭在流入地的人均月支出由 2011 年的 1 029 元增至 2016 年的 1 748 元，增幅约为 69%，基本和收入增幅同步。

在消费结构方面，2012—2016 年 5 年间，中国流动人口家庭恩格尔系数逐年降低，同时医疗、教育等消费逐年增加。其中，人均医疗消费的中位数由一人户的 200 元/年增加至四人户的 500 元/年，所占比例由 1%增长至 5%。这表明中国流动人口的家庭消费结构正在逐渐趋于合理化。②

---

① 数据来源于《2020 年农民工监测调查报告》。
② 数据来源：原国家卫计委《中国流动人口发展报告 2017》。

此外,消费习惯方面,流动人口消费"本地化"趋势增强。流动人口在就业地的消费意愿和能力增强,流动人口不再是消费意愿低、向输出地汇款的"迁徙者"。以北京新生代农民工为例,2019年在其他日常生活用品、教育文化娱乐上的支出较老一代农民工高2.6和5.7个百分点①。

(六)人口迁移流动已经成为城市人口变动的主要因素

从1949年至今,中国人口出生率、死亡率和自然增长率的变化轨迹可以看出,中国的人口变动发展的历程大致可以划分为三个阶段,不同阶段人口变动的主导因素不同。

第一阶段(1949—1969年)是以死亡为主导的时期,死亡率主导人口变动幅度。

第二阶段(1970—1989年)是以出生为主导的时期,出生率大幅度提高,成为主导人口变动的主要因素。这两个阶段,人口的空间流动较少,人口变动取决于出生和死亡。

第三阶段(1990年至今)是以人口迁移流动为主导的时期。在这一时期,死亡率相对稳定,出生率持续下降,二者均处于较低水平。从而,人口在不同空间区域之间的流动就成为各地区人口变动的主要因素。对于东部发达城市而言,由于大量外来人口的流入,城市常住人口快速增长,城市劳动力规模、劳动力结构、人口年龄结构等都受到流动人口的影响。而对于人口净流出的城市而言,会出现人口增长率下降甚至是负增长的现象。从而,城市对流动人口的管理质量很大程度上影响着城市人口管理的整体水平。

二、中国城市流动人口管理概况

(一)中国流动人口管理政策演变历程

根据政策的演变特征可以看出,政策基本沿着限制—管理—服务的方向演变,管理理念由"人治"向"法治"转变,管理手段也从烦琐走向简便。可以将改革开放以来中国流动人口管理政策的演变分为以下三个主要阶段。

1. 限制人口流动阶段(1978—1983年)

改革开放初期,随着家庭联产承包责任制的落实,农村出现了大量的剩余劳动力,存在着较强的人口流动需求。但当时人口的迁移和流动受到了严格控制,相关政策也主要是通过发展队社企业等方式就地解决剩余劳动力问题,不使其涌入城镇,严格控制城镇使用农村劳动力,并清退来自农村的计划外用工。因此,此阶段城市对流动人口的管理内容也主要是依据国家的这一基本策略,对来自农村地区的流动人口进行严格的管控。

2. 有限开放与加强管理阶段(1984—1999年)

自1984年开始国家开始允许人口流动,城乡严格分割的户籍、行政管辖政策开始有所松动,农民可以进入城镇进行务工、经商、办服务业等。随着人口流动规模的加大,政府开始出台一系列控制盲目流动的规范性政策,以引导人口有序流动。这一阶段管理政策的主要特点是接受和鼓励人口流动,但流动需要在政府的控制下有序进行,并且提倡本地化的就近流动。城市人口管理政策思路仍然是保持一定的控制。

---

① 周景彤,王梅婷.从人口普查观察近年来我国人口流动的新变化[J].宏观观察,2021(34):6-7.

3. 管理与服务并重阶段(2000年至今)

进入新世纪后,社会经济发展在关注效率的同时更加注重公平,政府执政理念也发生转变,提出要构建服务型政府,而政府对于流动人口的管理政策方向也相应地发生了积极的变化。2000年7月,劳动保障部、国家计划委员会等七部委联合牵头实施首次城乡统筹就业试点工作,随后《国民经济和社会发展第十个五年计划纲要》又提出要"逐步建立市场经济体制下的新型城乡关系",要求打破城乡分割体制,大刀阔斧改革户籍制度,取消对农村劳动力进城就业的各种不合时宜的限制性政策,引导农村劳动力在城市和乡村之间进行自主有序的流动,从而在城乡之间形成城乡人口有序流动的机制。

此后,各级政府针对流动人口进城问题采取了一系列实质性的措施,赋予统筹城乡就业新的含义,取消对进城就业流动人口的不合理限制,逐步建立统一的劳动力就业市场。并且积极完善配套政策,在户籍、就业、教育、社会保障等多个方面实施改革,逐步推进流动人口市民化。经过一系列的举措,中国在此阶段已经基本形成了人口有序流动的局面。[①]

(二)中国现阶段城市流动人口管理政策共性问题

近些年来,各地政府都在不断出台流动人口管理和服务的相关政策,不断深化和完善流动人口管理服务工作,并积极探索流动人口管理服务的新模式,也取得了一定的成效。但对于管理主体而言,尤其是流动人口规模庞大的城市各级管理主体,由于管理方法、管理策略的不完善,以及流动人口本身的复杂性,例如人口整体素质较低、变动性大等,导致流动人口的管理和服务依然存在如下问题。

1. 法律法规不健全

流动人口法律法规不健全主要体现在两个方面。一方面是缺乏全国性的流动人口基本法律。各地相关管理办法、条例都有着严重的地方特色,标准不一,不利于全国流动人口的运行与对接工作。另一方面是现有流动人口法律法规内容上缺乏完整体系。流动人口的管理内容多、难度大,涉及生育、教育、就业、户籍、居住、社会治安、政治权利等多个方面,完整健全法律体系的缺乏,使得流动人口管理工作缺乏基础的、有底线的保障。

2. 管理服务制度与机构不完善

在管理制度方面,一些走在前列的城市逐步尝试"以房管人""以证管人"等方式,即通过加强对出租、居住房屋的管理来实现对流动人口的管理,以及以暂住证、居住证为载体,集成社会保障、职业培训、权益维护等为一体形成对流动人口的综合管理。但总体来看,与流动人口管理相配套的户籍、社会保障、教育、就业等制度仍不完善,尤其是流动人口与本地常住人口的公共服务标准仍有一定的差距,城市公共服务均等化仍有待加强。

在管理机构方面,城市政府一般会设置流动人口管理办公室等非正式机构来实施管理,但在实际工作中,由于这些机构缺乏权威性,尚未形成明确的内部工作机制,加上管理任务重,从而导致流动人口管理工作推进困难。而在正式部门机构方面,流动人口管理职责散落于多个职能部门与城市各级政府,尤其是职能部门与街道、镇等基层之间的条块矛

---

① 陈妍.改革开放以来我国流动人口政策变迁研究[D].陕西师范大学,2013.

盾,导致流动人口管理碎片化,管理效率低。

3. 流动人口基础信息缺乏

人口信息是实施人口管理的基础,对流动人口实施详细的摸底工作,才能采集到足够支持进一步管理的人口信息。但由于流动人口主动进行信息登记的积极性并不高,被动进行信息登记的配合度也不足,再加上公安机关、街道、基层社区等服务和管理职能部门协作不到位,导致流动人口信息登记率不高、登记信息准确率不高等问题,如流动人口漏登少登、登记后人户不一致等。流动人口信息摸底工作不到位导致流动基础信息缺乏,给流动人口管理工作的精准化、精细化造成了不利的影响。

三、不同等级城市流动人口的管理策略

不同等级、不同规模城市流动人口特征的不同,决定了管理策略的不同。依据流动人口现状及其管理策略的不同,可以将中国城市分为三类,即人口规模超载的超大城市、快速扩张的发展中城市、相对静态的中小城市。

(一)超大城市流动人口管理策略

1. 超大城市流动人口管理策略转变

一般而言,超大城市由于有更多的就业机会、更好的收入预期、更优的公共服务等,因而始终保持着对人口的巨大拉力,会吸引大量流动人口聚集。大量人口的流入为城市经济社会发展提供了充足劳动力的同时,也对城市的公共服务体系、社会治理造成了强烈冲击,对户籍、就业、住房、教育、医疗、基础设施建设等方面提出了全方位的挑战。尤其是在达到城市人口承载极限之后,城市过分"拥挤",过多的人口反而成为城市负担。因而,在超大城市发展到一定程度后,其对流动人口的管理策略就会有鼓励、开放向对外控制流入、对内加强管理的方向转变。

根据2014年11月国务院发布的《关于调整城市规模划分标准的通知》,超大城市是指城区常住人口超过1 000万的城市,中国目前有北京、上海、广州、深圳四座超大城市。不过广州、深圳虽然人口超千万,却比北京、上海少了1 000万左右的人口,因而在一线城市内部,其流动人口管理策略也有所不同,其中北京、上海是作为城市发展扩张到一定程度后,策略发生转变的代表。

2019年末,北京和上海常住人口分别为2 153.6万和2 428.14万,相比上年末分别减少0.6万人和增加4.36万人,2014—2019年的5年时间,北京常住人口仅新增2万,上海新增2.46万,相比杭州、深圳、广州等城市近几年两三百万的增长量,几乎可以忽略不计。这并不是北京、上海对人口的吸引力下降,而是人为控制的结果,北京、上海的常住人口量均超过2 000万,放眼全球也是属于人口最多的一批城市,人口规模过于庞大给城市带来了一定的负面影响。因此,对于北京、上海这样的城市,仍然在实行以严格的户籍制度为代表的流动人口管理政策,严格限制大规模的人口流入。

与此同时,北京、上海由于流动人口管理经验较多、管理需求强烈,经过不断地探索,目前已经形成了由被动管控机制走向主动服务的机制,逐步实现对流动人口的精细化管理和

服务,在管理机构设置、管理技术运用、管理机制建设等方面都有诸多创新举措,整体上可以概括为"以房管人""以证管人""以业控人"。

2. 北京"以房管人"策略

北京针对流动人口管理,在机构设置、技术创新、机制完善等方面都有不少作为,其中在"以房管人"最为典型,围绕流动人口住房管理采取一系列的创新举措,构建了以信息技术为基础的四级联动流动人口管理与服务组织体系,形成了流动人口管理与服务互补并重的模式。

在管理机构方面,2007年1月,北京成立了流动人口和出租房屋管理委员会及其办公室,该部门是全国首家省级流动人口和出租房屋管理的专门机构。该机构要负责组织协调有关部门开展流动人口和出租房屋管理、研究解决本市流动人口和出租房屋管理工作中的重大问题等工作。这种"以房管人"的机制,在全市范围建立了4 000多个服务站,一万余人的专职工作人员组建了基层管理队伍,形成了市、区(县)、街道(乡镇)、社区(村)流动人口和出租房屋管理服务的条块结合、以块为主的组织体系,管理服务网络覆盖全市社区(村)。

在管理技术手段方面,北京运用现代信息技术,开发了流动人口和出租房屋综合管理信息平台。该信息平台面向市、区(县)、街道(乡镇)三级管理机构,实现了流动人口和出租房屋综合管理相关数据的采集与管理。流动人口和出租房屋综合管理信息平台为北京市加强流动人口管理与服务提供了重要的参考数据,通过信息管理,提高了管理与服务的绩效。

此外,北京还实施"以业控人",严格准入标准,屏蔽不符合首都功能定位的行业形态,以及不符合北京资源消耗标准、污染排放标准的各类业态,从而抑制北京人口过快增长。

3. 上海"以证管人"策略

为了加强流动人口管理,上海市逐渐形成了一套以"居住证"制度为基础,集综合保险、职业培训、权益维护等为保障的动态综合管理模式。

在管理机构方面,根据《上海市居住证管理办法》的规定,由市发改委负责组织实施综合协调,公安部门负责人员登记和证件发放,人力社保部门负责积分管理等。县区政府负责本辖区内的具体实施工作。街道、镇(乡)设置社区事务受理服务中心具体承担登记和居住证的办理。人才服务中心具体承担积分办理工作。居住证具有持证人在本市居住的证明,记录持证人相关信息,办理和查询个人积分,以及办理卫生、计生、社保、子女教育等相关事务的功能。来沪持居住证人员如能满足相关政策要求,可以申请在沪常住户口。市人社部门负责受理和审核,市公安部门负责落户工作,市发改委、税务、教育、计生等部门各司其职协同做好配套服务工作。

在管理细则方面,居住证积分制度是根据来沪持居住证人员个人情况和实际贡献进行打分计算的一种积分体系。积分体系将来沪持居住证人员的在沪居住年限、工作年限、社保缴纳年限等给予相应的分值,根据累计分数,可以享受相应的公共服务。来沪持居住证人员可以通过用人单位向所在地区人才服务中心提出申请。居住证制度的实施,为吸引和留住人才,规范人口服务和管理,发挥了重要作用。[①]

此外,上海积极推动经济发展方式转变和产业结构优化升级,大力发展先进制造业和现代服务业,加快转移劳动密集型产业,以实现"以业控人"。

(二)特大、大型城市的流动人口管理策略

2019年,中国新增常住人口最多的10座城市分别为杭州、深圳、广州、宁波、佛山、成都、长沙、重庆、郑州、西安(图3-11),在自然增长率普遍较低的背景下,这些新增人口大部分是由流动人口贡献的。从榜单可以看出,北京、上海这样人口超2 000万的城市已经退出了人口净流入的第一梯队,人口规模相对较少的一线城市,以及新一线、强二线城市是人口净流入的主要城市。这些城市主要分布在发展成熟的长三角、珠三角城市群,或者是区域性中心城市。其中,广州、深圳虽然是一线城市,但其1 000多万的体量并未和新一线及二线城市拉开明显的差距,城市人口规模还处于扩张阶段,对流动人口友好的管理政策,加上城市良好的发展前景,使得广州、深圳每年仍然吸引大量人口流入。

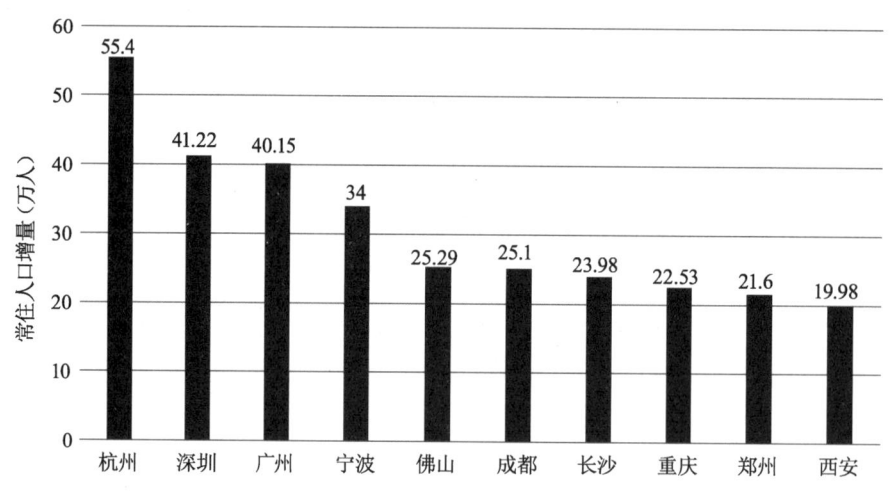

图3-11 2019年常住人口新增量前十城市(万人)

数据来源:各地2019年国民经济和社会发展统计公报。

在对待人口流入的策略方面,与人口超载的超大城市不同,对于杭州、苏州等新一线与二线城市而言,这些城市人口规模适中,其快速发展需要大量劳动力尤其是高素质劳动力的支持,人口增长仍有一定的空间。因此,人口相对较少的一线城市,以及一些人口规模适中的新一线、二线城市对人口流入是一种欢迎的态度,甚至是通过改革户籍、就业、购房等政策加入抢人大战。以杭州为例,在落户政策方面,人才落户的最低学历要求降到了大学专科,技术职称要求仅为中级以上,并在年龄、社保缴纳等方面进一步放松要求。西安更是将落户的最低学历要求降到了中专。

在流动人口管理方面,这些人口快速增长的城市也逐步加强了对流动人口的管理与服

---

① 王峰.流动人口管理创新及启示——基于三个城市的比较[J].浙江工业大学学报(社会科学版),2018,17(03):106-111.

务,除了学习北京、上海等发达城市建立起"以房管人""以证管人"的制度体系外,以深圳、杭州等为代表的互联网产业发达城市,还联合互联网企业和专业机构,利用互联网、大数据、人工智能等现代化信息技术建立起流动人口管理平台,不断丰富流动人口管理技术手段,提高了流动人口的管理效率,取得了良好的效果,也为其他城市进一步实现流动人口管理创新提供了有益借鉴。

(三) 中小城市流动人口管理策略

对于数量庞大的中小城市,由于流动人口管理的迫切性不足,以及限于经济实力、城市管理体系、社会发展水平、基础设施建设水平等因素的限制,中小城市流动人口管理制度往往并不完善,尚处于"头疼医头,脚疼医脚"的问题解决阶段,未建立与发达城市设立专门管理机构、完善管理技术手段、建立居住证综合制度等相类似的主动管理制度。

中小城市流动人口特点千差万别,但其流动人口仍存在共性。中小城市流动人口总体规模一般较少,主要面对的是人口净流出的问题,周边农村人口的就近流入,以及节假日等短时间人口净流入等。随着经济社会发展水平的提高,中小城市流动人口管理水平也在不断提高,但仍存在管理理念落后、管理制度不完善、管理机构和职能设置混乱等问题。

在流动人口管理理念方面,重防范和管理、轻服务和保障,尚未从管控理念向管理服务理念的转变。流动人口管理的目的还主要停留在稳定社会治安与稳定等方面,没有实现与管理服务理念、人本理念相适应的社会地位平等化,流动人口群体在一定程度上被社会边缘化。

在流动人口管理制度方面,过往严格的户籍制度是流动人口在流入地生活生存所面临的最大障碍之一,不过目前随着在中小城市全面放开户籍限制,与户籍挂钩的社会保障、就业保障、医疗、教育等公共服务也可能会在不同程度上逐步完善。而在面对人口净流出问题方面,由于大城市对人口的强大吸引力,中小城市在一定程度上被大城市"虹吸",一些人口净流出城市建立的吸引人口、人才的政策与制度,在强大的"虹吸"效应面前显得力不从心。

在流动人口管理机构方面,各地流动人口管理部门主要由当地的政法委和综治委负责领导,但由于其主要职能是对流动人口的信息统计和治安管理,所以在为流动人口提供公共服务这一方面存在职能缺失。计生委、人事局、发改委、教育局等相关部门本应承担其相应的工作职能,但由于缺乏一个协调这些部门提供公共服务的综合平台,导致政出多门、责任推诿、管理主体不清等多种问题。而正是因为流动人口管理服务涉及多个政府部门,这些部门之间缺乏交流、沟通不畅,导致这些部门协调工作效率低下,难以形成合力,严重制约着城市流动人口公共服务质量。同时,流动人口的信息采集和记录是开展服务管理工作的前提,但统计数据缺失、记录失实是中国多数城市流动人口管理工作中主要存在的漏洞和弊端。其根本原因是政府机构条块分割,造成众多管理部门无法控制跨区域的动态流动,硬性的分配任务致使各部门无法通过展开合作统计流动人口信息。仅仅是为城市公民设置的人口信息统计办法难以运用到流动人口当中,造成政令无效。[①]

---

① 温彬.城市流动人口管理工作的人本化取向研究[J].金卡工程,2011,15(04):268.

(四)城市流动人口管理策略转变方向

1. 总体思路

中国大量外来人口主要流向大城市主城区和近郊区,但其涌入步伐并未受现有户籍制度的限制而有所趋缓,从某种程度上讲,这是因为大城市提供的便利公共产品以及可能带来的良好预期不断地吸引着外来人口。相比之下,中小城市、中心城镇目前尚不具备这种条件。当前,城市人口流动管理出现一些新特征,新生代流动人口已经由生存型向发展型转变,选择城市的意愿主要不考虑当前的社会福利,而放眼于未来的发展机会,这也进一步印证了以上关于外来人口大量涌入并未趋缓的解释。

因此,要扭转人口单向集中涌入趋势,合理引导外来人口向中小城市、中心城镇转移,其管理举措不应局限于"户籍绑定""规模控制",根本上还要从缩小城乡、区域差距入手,充分发挥中央政府的主动调控和地方政府间的联动参与作用。按照"机会均等、权益均衡"的目标,逐步引导人口向户籍地附近中小城市转移。重点发展中小城市和中心城镇,不断缩小各类城市功能差距,逐步实现基本公共服务均等化。与此同时,要加强对大城市的宏观管理,通过管理创新和提高效率整合城市资源,使之形成人口数量与城市承载的合理匹配。

2. 不断强化大城市人口管理效率

在一定时期内,无论大城市针对人口流入采取何种政策,大量流动人口存在的基本现状不会有根本性变化,因此,在积极引导人口有序流动的过程中,还要加强对大城市流动人口的宏观管理,把握好"公平"与"效率"的结合尺度。在现有公共财政、服务供给和户籍制度条件下,大城市对外来人口提供的公共服务表面上存在差异性,这是合乎政策取向的。应该看到大中城市在帮助外来人口提升自身经济和社会地位方面所作的努力,对他们来说是一种潜在权益,它以"期望前景""价值体现""收入提升"等形式赋予。因此,要充分考虑这种潜在额外权利赋予与现实外部权利不平等之间的关系,这并非是绝对的公平与普惠。在具体操作过程中,要合理界定外来人口可获得的社会福利范围与标准,有效区分外来人口与户籍人口之间的福利差距。与此同时,大城市地方政府还应在加强城市规划、提升管理效率和创新方式手段上缓解"城市病"。

具体而言,可以通过合理调整产业结构,不断吸引高端产业所需人力资本,同时考虑中低端产业需求量,为各类劳动群体创造公平的就业环境,最终依靠人才竞争手段有效分流人口。还可以通过跨部门的整体规划合作和跨区域的城市群发展,制定高效率的土地利用、公共交通和能源发展规划,逐步释放次区域的经济活力,形成"多中心—组团式"的分散功能布局。需要综合运用云计算、物联网等信息技术,构建数字化城市综合管理系统,科学调配城市公共资源,有效应对各类公共危机,提高城市管理辅助决策能力。[1]

3. 提升中小城市人口承载力

由于城市间关系不平等、城市规划和财税体制不健全,以及政府主导资源的配置方式

---

[1] 龙海波.城市人口流动管理的几点思考与建议——新加坡、越南"结构转型与城镇化"调研启示[J].中国发展观察,2014(05):8-10.

不合理,导致中小城市在扩大就业机会、提升人力资本、提供公共产品等方面缺乏竞争优势,人口承载力相对不足。因此,须完善中小城市功能,促进城乡基本公共服务均等化,创造公平的竞争环境和市场秩序,确保各类城市有平等发展权。通过"扩大就业机会吸附一批、提高福利待遇留住一批、升华乡情认同归返一批"的方式,为劳动力的有效配置创造条件。

一是扩大就业机会。把制造业与现代服务业有机结合起来,充分考虑就业吸纳能力,形成合理的产业布局与区域分工,同时要不断提高劳动者素质,通过职业教育、在岗培训等形式,改善就业机会的公平性。二是提高福利待遇。转变以大城市为重点投入的思路,体现中小城市、中心城镇人均投入与大城市相对等,在此基础上,建立区域行业收入差距调节机制,对低于某一收入标准的弱势群体给予必要补贴。三是升华乡情认同。在改善中小城市基础设施建设的同时,要在乡情纽带维系、内心情感归属、城市品牌塑造等方面更好地发挥行业协会、社团组织的作用,共同营造有助于个人期望实现的社会环境。

需要淡化城市之间的行政级别,扭转城市功能定位集中倾向,避免优质公共资源的集中配置;建立城市支出约束机制,改变盲目追求外在城市形态塑造的发展思路,将公共财政重点投入民生保障领域;逐步剥离与户籍相绑定的公共服务,鼓励大城市以外的城市区域提供专业化、差异化的产品服务。

第四节 国内外"成而有业"阶段人口管理体系

一、中国政府管理机构概述

根据"成而有业"阶段人口的特点,中国政府相关管理机构主要以人力资源管理为主,此外还包括适龄劳动人口的教育、职业健康等领域的管理。因此,具体的政府管理部门以人社部门为主,还包括卫健部门和教育部门。从国家部委层面来看,即人力资源和社会保障部、国家卫生健康委员会、教育部;对于省级政府和城市政府,其职能部门是人力资源和社会保障厅(局)、省(市)卫生健康委员会和教育厅(局)不同层级的政府部门所承担管理任务的侧重面不同。

(一)人力资源与社会保障部

1. 人力资源与社会保障部职责概况

人力资源和社会保障部是统筹机关企事业单位人员管理和统筹城乡就业和社会保障政策的国家权力机构,是"成而有业"阶段人口最主要的国家主管部门。2018年国家机构调整后,在就业等方面,人力资源和社会保障部加强了统筹机关企事业单位人员管理的职责,完善劳动收入分配制度,充分发挥人力资源优势;此外,还包括统筹城乡就业和社会保障政策职责,建立健全从就业到养老的服务和保障体系;加强统筹人才市场与劳动力市场整合职责,加快建立统一规范的人力资源市场,促进人力资源合理流动、有效配置;加强促进就业职责,健全公共就业服务体系,建立城乡劳动者平等就业制度,促进社会就业更加充分;加强组织实施劳动监察和协调农民工工作职责,切实维护劳动者合法权益。

2. 针对"成而有业"阶段不同劳动人口的具体职责

(1) 拟订人力资源和社会保障事业发展规划、政策,起草人力资源和社会保障法律法规草案,制定部门规章,并组织实施和监督检查。

(2) 拟订人力资源市场发展规划和人力资源流动政策,建立统一规范的人力资源市场,促进人力资源合理流动、有效配置。

(3) 负责促进就业工作,拟订统筹城乡的就业发展规划和政策,完善公共就业服务体系,拟订就业援助制度,完善职业资格制度,统筹建立面向城乡劳动者的职业培训制度,牵头拟订高校毕业生就业政策,会同有关部门拟订高技能人才、农村实用人才培养和激励政策。

(4) 统筹建立覆盖城乡的社会保障体系。统筹拟订城乡社会保险及其补充保险政策和标准,组织拟订全国统一的社会保险关系转续办法和基础养老金全国统筹办法,统筹拟订机关企事业单位基本养老保险政策并逐步提高基金统筹层次。会同有关部门拟订社会保险及其补充保险基金管理和监督制度,编制全国社会保险基金预决算草案,参与制定全国社会保障基金投资政策。

(5) 负责就业、失业、社会保险基金预测预警和信息引导,拟订应对预案,实施预防、调节和控制,保持就业形势稳定和社会保险基金总体收支平衡。

(6) 会同有关部门拟订机关、事业单位人员工资收入分配政策,建立机关企事业单位人员工资正常增长和支付保障机制,拟订机关企事业单位人员福利和离退休政策。

(7) 会同有关部门指导事业单位人事制度改革,拟订事业单位人员和机关工勤人员管理政策,参与人才管理工作,制定专业技术人员管理和继续教育政策,牵头推进深化职称制度改革工作,健全博士后管理制度,负责高层次专业技术人才选拔和培养工作,拟订吸引国(境)外专家、留学人员来华(回国)工作或定居政策。

(8) 会同有关部门拟订军队转业干部安置政策和安置计划,负责军队转业干部教育培训工作,组织拟订部分企业军队转业干部解困和稳定政策,负责自主择业军队转业干部管理服务工作。

(9) 负责行政机关公务员综合管理,拟订有关人员调配政策和特殊人员安置政策,会同有关部门拟定国家荣誉制度和政府奖励制度。

(10) 会同有关部门拟订农民工工作综合性政策和规划,推动农民工相关政策的落实,协调解决重点难点问题,维护农民工合法权益。

(11) 统筹拟订劳动、人事争议调解仲裁制度和劳动关系政策,完善劳动关系协调机制,制定消除非法使用童工政策和女工、未成年工的特殊劳动保护政策,组织实施劳动监察,协调劳动者维权工作,依法查处重大案件。

3. "成而有业"阶段人力资源与社会保障的补充职责

此外,人力资源与社会保障部下设多个部属单位,共同推动人力资源和社会保障事业发展。涉及人力资源统计、就业培训、职业技能、社会保险、劳动保障等，是对人力资源与社会保障部管理职能的有益补充(表3-5)。

表3-5 人力资源和社会保障部部属单位列表

序号	名称	序号	名称	序号	名称	序号	名称
1	机关服务中心	6	中央国家机关养老保险管理中心	11	中国高级公务员培训中心	16	国家交流服务中心
2	信息中心	7	中国就业培训技术指导中心	12	教育培训中心	17	留学人员和专家服务中心
3	宣传中心	8	职业技能鉴定中心	13	社会保障能力建设中心	18	中国人事报刊社
4	统计调查中心	9	中国人事科学研究院	14	人事考试中心	19	中国劳动保障报社
5	社会保险事业管理中心(医疗保险异地结算管理中心、社会保险基数标准评定中心)	10	中国劳动和社会保障科学研究院	15	全国人才流动中心	20	中国人力资源和社会保障出版集团

资料来源：人力资源和社会保障部官网。

(二) 国家卫生健康委员会

新设立的卫生健康委员会完成了机构职能的转变，牢固树立大卫生、大健康理念，推动实施健康中国战略，以改革创新为动力，以促健康、转模式、强基层、重保障为着力点，把以治病为中心转变到以人民健康为中心，为人民群众提供全方位全周期健康服务。

涉及劳动适龄阶段人口的主要职责是职业卫生管理职责，下设职业健康司，负责制订职业卫生、放射卫生相关政策、标准并组织实施；开展重点职业病监测、专项调查、职业健康风险评估和职业人群健康管理工作；协调开展职业病防治工作等。

(三) 教育部

由于"成而有业"阶段还涉及劳动适龄人口的教育问题，尤其是职业培训与教育的管理工作，因此教育部也属于此阶段的政府管理机构之一。

教育部下设有基础教育司、职业教育与成人教育司、高等教育司、高校学生司、学位管理与研究生教育司(国务院学位委员会办公室)等都与此阶段的人口教育管理密切相关(表3-6)。

表3-6 教育部部属单位列表

序号	司局机构名称	主要职责
1	基础教育司	其中涉及高中阶段教育：拟订普通高中教育的发展政策拟订基础教育的基本教学文件，推进教学改革；指导中小学校的德育、校外教育和安全教育；指导中小学教学信息化、图书馆和实验设备配备工作

(续表)

序号	司局机构名称	主要职责
2	职业教育与成人教育司	承担职业教育统筹规划、综合协调和宏观管理工作,拟订中等职业教育专业目录和教学基本要求,会同有关方面拟订中等职业学校设置标准,指导中等职业教育教学改革和教材建设工作,指导中等职业学校教师培养培训工作,承担成人教育的宏观指导工作
3	高等教育司	承担高等教育教学的宏观管理工作,指导高等教育教学基本建设和改革工作,指导改进高等教育评估工作,拟订高等学校学科专业目录、教学指导文件
4	高校学生司	负责各类高等教育的招生及全国统一考试工作(普通、成人、研究生),负责各类高等教育学历和学籍管理工作,负责制定普通高等教育毕业生就业工作政策
5	学位管理与研究生教育司	组织实施《中华人民共和国学位条例》,拟订全国学位与研究生教育工作的改革与发展规划,指导与管理研究生培养工作,指导学科建设与管理工作,承担"世界一流大学和一流学科建设"等项目的实施和协调工作,承办国务院学位委员会的日常工作

资料来源:教育部官网。

此外,教育部直属单位中也有部分涉及"成而有业"阶段人口教育管理的职责,如教育部职业技术教育中心研究所、国家开放大学、全国高等学校学生信息咨询与就业指导中心、教育部学位与研究生教育发展中心等,有益补充了此阶段人口劳动力质量提升的职能。

(四)地方相关的主管部门

"成而有业"阶段人口管理的地方政府机构主要是与国家层面相对应的省、市一级的人力资源与社会保障相关部门、地方卫生健康委员会等部门,涉及部分"成而有业"阶段人口的管理工作。从官方对机构职责的定位来看,地方人力资源和社会保障及相关管理部门根据等级的不同,在管理的定位上也有所不同。

省级人力资源与社会保障部门一方面要贯彻执行国家人力资源和社会保障工作的法律、法规、规章、政策等,另一方面也要拟定相应地适合当地的地方性法规、规划、政策、改革方案等,并履行组织实施和监督检查职能,起到承上启下的作用。

而市级人力资源与社会保障相关部门更侧重于贯彻实施上级人力资源和社会保障工作方针政策和法律法规,起草地方性规范文件、拟定相关规划、政策并组织实施与监督检查,起到落地实施的作用。

二、中国人力资源与社会保障管理体系

结合人力资源与社会保障相关规划及相关部门职责,中国政府在人力资源和社会保障方面涉及的管理内容主要包括就业、社会保障、人才队伍建设、人事管理、工资收入分配、劳动关系、公共服务七个部分。

(一)就业

现阶段中国政府部门在就业方面的主要管理目标是推动实现比较充分和更高质量的

就业。即要坚持劳动者自主就业、市场调节就业、政府促进就业和鼓励创业的方针,实施就业优先战略和更加积极的就业政策,深入推进体制机制创新,鼓励以创业带就业,创造更多就业岗位,着力解决结构性就业矛盾,有效应对失业风险,实现比较充分和更高质量的就业。

具体的管理方向可以分为:一是促进经济发展与扩大就业的良性互动;二是实施更加积极的就业政策;三是促进以创业带动就业;四是统筹做好各类重点群体就业;五是完善人力资源市场机制;六是强化职业培训。

(二) 社会保障

中国政府部门在社会保障方面的主要管理目标是建立更加公平更可持续的社会保障制度。即要坚持全民覆盖、保障适度、权责清晰、运行高效,稳步提高社会保障统筹层次和水平,以增强公平性、适应流动性、保证可持续性为重点,建立健全更加公平、更可持续的社会保障制度。

具体的管理方向可以分为:一是实现法定人员全覆盖;二是完善社会保障制度体系;三是建立待遇合理调整机制,包括养老金标准调整、医疗保险待遇标准调整、失业保险金标准调整、工商保险标准调整等方面;四是确保基金安全可持续运行。

(三) 人才队伍建设

在人才队伍建设方面的主要管理目标是建设规模宏大的高素质人才队伍。即要坚持党管人才原则,充分发挥政府人才综合管理职能作用。深入实施人才优先发展战略,聚天下英才而用之,破除束缚人才发展的思想观念和体制机制障碍,以高层次专业技术人才和高技能人才为重点,突出"高精尖缺"导向,努力造就规模宏大、结构合理、素质优良、富有创新精神的高素质人才队伍,形成具有国际竞争力的人才制度优势,加快推进中国由人才大国迈进人才强国行列。

具体的管理方向可以分为:一是深化人才发展体制机制改革;二是加强专业技术人才队伍建设;三是加强技能人才队伍建设;四是实施更加开放的人才政策。

(四) 人事管理

在人事管理方面,中国政府相关职能部门的主要管理目标是深化人事制度改革。即要健全干部人事管理政策制度体系,完善公务员制度,进一步深化事业单位人事制度改革,推进中国特色退役军官安置制度建设,促进形成广纳群贤、人尽其才、能上能下、公平公正、充满活力的人事管理制度。

具体的管理方向可以分为:一是要完善公务员制度;二是要深化事业单位人事制度改革;三是要推进中国特色退役军官安置制度建设。

(五) 工资收入分配

目前,中国政府部门在工资收入分配方面的主要管理目标是深化工资收入分配制度改革。即要完善初次分配制度,加强和改进政府对工资收入分配的宏观调控,正确处理公平和效率的关系,坚持劳动报酬提高和劳动生产率提高同步,提高劳动报酬在初次分配中的比重,规范工资收入分配秩序,缩小工资收入分配差距。

具体的管理方向可以分为:一是要深化企业工资收入分配制度改革;二是要完善适应机关单位特点的工资制度。

(六)劳动关系

在劳动关系方面,中国政府相关职能部门主要管理目标是构建中国特色和谐劳动关系。即要坚持促进企业发展、维护职工权益,创新和完善构建中国特色和谐劳动关系体制机制,坚持和完善党委领导、政府负责、社会协同、企业和职工参与、法治保障的工作格局,实现劳动关系矛盾的系统治理、依法治理、源头治理和综合治理,建立规范有序、公正合理、互利共赢、和谐稳定的劳动关系。

具体的管理方向可以分为:一是要加强劳动关系法律制度和劳动标准体系建设;二是要健全劳动关系协调机制;三是要完善劳动人事争议处理机制;四是要创新劳动保障监察执法体制机制;五是要保障农民工合法权益。

(七)公共服务

目前,中国政府部门在公共服务方面的主要管理目标是提高基本公共服务能力和水平。即要坚持普惠性、保基本、均等化、可持续方向,围绕标准化、法制化、信息化,建立健全基本公共服务制度,提升基本公共服务能力,为群众提供更加方便快捷、优质高效的人力资源和社会保障基本公共服务。

具体的管理方向可以分为:一是要推进基本公共服务均等化;二是要推进基本公共服务标准化;三是要推进基本公共服务信息化;四是要推进基本公共服务能力建设;五是要加大脱贫攻坚工作力度。

三、中国职业教育管理体系

党的十八大以后,中国开始加强职业教育的管理工作,坚持立德树人,优化职业教育类型定位,深化产教融合、校企合作,深入推进育人方式、办学模式、管理体制、保障机制改革,稳步发展职业本科教育,建设一批高水平职业院校和专业,推动职普融通,增强职业教育适应性,加快构建现代职业教育体系,培养更多高素质技术技能人才、能工巧匠、大国工匠。

(一)中国职业教育体系基本内容

改革开放后,中国现代职业教育体系构建的发展历程大致可以分为三个阶段。第一,1978—1985年,是中等职业教育体系不断调整与完善的阶段;第二,1980—2000年,是高等职业教育体系初步建立与规范发展的阶段;第三,2014年至今,是本科层次职业教育的探索与发展阶段。[①]

目前,中国在纵向与横向两个层面上初步形成了现代职业教育体系。

在纵向层面上,中国职业教育办学已经实现五年制高职、中高职贯通、应用技术本科、专业学位研究生教育等多种形式。2019年1月,国务院印发的《国家职业教育改革实施方案》再次重申,"推动具备条件的普通本科高校向应用型转变,鼓励有条件的普通高校开办

---

① 和震,杨成明.论五大发展理念引领下的现代职业教育体系建设[J].教育与职业,2017(17):5-11.

应用技术类型专业或课程,开展本科层次职业教育试点",进一步加快试点改革步伐。截至2020年,教育部批准了22所本科层次职业技术大学,并开始着手论证本科层次职业教育专业设置,研制专业管理办法,统筹规划中职、专科高职和本科层次的一以贯之的统一专业目录。目前,试点高校在办学理念、治理结构、专业设置、人才培养、办学条件、师资队伍、科研转化、国际交流及终身教育体系等方面都取得了丰硕成果。①

在横向层面上,各类教育之间有机衔接和协调发展。深入开展院校和社会职业培训,促进学历教育与非学历培训的有机衔接与融通。开展职业技能等级证书制度试点工作,推进老年教育、社区教育建设。加快学分银行建设,促进资源共享、课程互通、学分互认,畅通各类人才成长通道。②

(二)中国职业教育相关制度与标准

2020年9月,教育部等九部门印发《职业教育提质培优行动计划(2020—2023年)》,提出落实立德树人根本任务、推进职业教育协调发展等10项任务27条举措。这标志着中国职业教育正在从"怎么看"转向"怎么干"的提质培优、增值赋能新时代,也意味着职业教育从"大有可为"的期待开始转向"大有作为"的实践阶段。

目前,在职业教育制度方面,已经建立起国务院职业教育工作部际联席会议制度,理顺分属教育系统管理的职业教育与人社系统管理的技工教育,联合其他相关职能部门,将其合并形成统一的国家职业技术教育体系,各部门之间、中央与地方之间明确定位与职责,协同发展,形成合力。

在职业教育标准方面,制定了中等职业教育德育大纲、中等职业学校公约,规范德育工作;完善专业目录、专业教学标准、课程标准等五位一体的职业教育国家教学标准体系。根据产业需要和行业特点,合理规划职业学校布局,明确各级学校办学层次;突出各学校的办学特色;鼓励社会力量参与职业教育,严格遵照私立职业教育机构审批有关政策及法律法规。在招生、教育、教学、就业等方面,对私立职业教育机构与公办职业教育机构一视同仁,统一标准、严格管理。

在协同育人方面,坚持产教融合、校企合作,开展现代学徒制试点。截至目前,中国职业类院校已开设专业超过1 200个,涉及专业点超过10万个,几乎覆盖了与中国国民经济发展相关的全部领域,每年培养高素质技能人才超过1 000万人③。同时,加大职业教育投入,解决资金短缺问题。目前国家已经实行了中等职业教育免收学费以及涉农专业和其他专业困难学生的助学金政策,中等职业教育已经具备了义务教育的部分性质。

完善职业认定制度。建立统一认证标准和认证程序,增强认证的权威性。培训和认证应与实际工作相结合,突出核心技能。严格认证过程,增加证书的含金量。技能等级与待

---

① 孙诚,宗诚,聂伟.我国职业教育发展的成就、问题与对策建议——《教育规划纲要》十年回顾与展望[J].职业技术教育,2021,42(07):6-12.
② 孟春萍,林清松.加快新时代职业教育高质量发展的战略思考[J].科教文汇,2021(15):125-127.
③ 孟春萍,林清松.加快新时代职业教育高质量发展的战略思考[J].科教文汇,2021(15):125-127.

遇挂钩,激励更多劳动者特别是青年一代走技能成才、技能报国之路。①

四、中国劳动力人口效率的改进措施与保障体系

中国"成而有业"阶段劳动力人口效率的改进涉及就业战略、职业培训、创新创业、失业救济、收入分配、统计管理六个方面。

(一)实施就业优先战略和积极就业政策

一是多措并举拓展就业空间。利用财政、税收、产业、货币等政策手段的宏观调控与引导作用,围绕就业促进、创业引领、基层成长等继续稳定和扩大就业,规范企事业单位用工,鼓励企业扩大投资,激发市场活力,拓展就业空间。财税、金融、产业等与就业密切相关经济政策的制定,需要切实贯彻落实就业优先战略和积极就业政策,综合考量政策对就业的影响。

二是创造公平竞争的就业环境。在就业市场方面,出台公平就业政策,防止就业市场存在的学历歧视、地域歧视、性别歧视、身份歧视等就业歧视问题。在城市就业管理方面,进一步消除就业中存在的城乡歧视、户籍歧视等问题,尤其是针对个体工商户、流动商贩、农民工等各类中低收入群体,杜绝以无证经营、建设文明城市、拆除违章建筑等为理由,实施一刀切的驱逐式管理,而是应该加强引导,有针对性地进行绣花针式管理,为各类群体提供公平的就业环境。

三是完善就业公共配套服务体系。在就业信息服务方面,加快建立健全人力资源信息库、企业用工信息库等就业信息服务平台,完善劳动力市场信息发布系统,通过完善的信息服务为劳动者就业牵线搭桥。在就业咨询服务方面,建设就业公共咨询机构,提供就业咨询平台,积极提供就业指导、就业登记、职业规划等咨询服务。在就业手续服务方面,简化劳动者求职手续,推动建立入职定点体检和结果互认机制。在就业培训计划管理方面,根据劳动力市场供需情况,及时调整就业培训计划,以应对结构性失业问题。

(二)加强职业技能培训和扶贫帮扶

根据双循环发展格局的需要,制定和调整适应发展转型的职业技能培训计划,扩展职业技能培训规模,提高职业技能培训质量,提高劳动者就业能力。以国际合作模式创新为突破点,以人才培养为着力点,通过联合培养、国际交流等方式,提高劳动者综合素质水平,培养适应新发展格局的新时代人才。

针对毕业但未就业大学生实施精准帮扶,加大对新生代农民工、特殊困难毕业生、残疾人、贫困人口的就业帮扶力度,确保零就业家庭实现就业,促进贫困人口充分高质量就业。

鼓励各地根据实际情况,为失业劳动者提供再就业培训,尤其是针对新格局构建与经济转型发展背景下的下岗事业人员,利用财政补贴、税费减免等方式,鼓励和支持各类职业培训机构、人力资源服务机构为下岗人员提供职业技能培训、岗位介绍等再就业服务,提高失业人员再就业的成功率。

---

① 孟春萍,林清松.加快新时代职业教育高质量发展的战略思考[J].科教文汇,2021(15):125-127.

鼓励各行业企业与行业协会根据行业需要开展职业技术培训,增强职业培训的实用性,提高人才与实际岗位需求的匹配度。对于积极吸纳因贯彻国家去产能政策而受影响的职工的企业,中央财政在现有奖补资金的基础上,适当增加奖补资金额度,并扩大奖补资金的行业企业适用范围,加大给予吸纳就业补贴的支持力度。

(三) 推动创新创业实现更充分就业

一是支持高校毕业生就业创业。调动地方政府、高校、社会资本的积极性,通过多种方式支持高校毕业生就业创业。创新地方人才引进制度,设立高校毕业生就业创业基金,加大对符合条件的高校毕业生、就业困难人员就业创业的安家补贴,尤其是加大前往落后贫困地区、边远地区就业创业高校毕业生的奖励补助力度。

二是支持留学归国人员创业创新。支持地方政府设立创新创业引导基金,支持留学归国人员以知识产权等方式入股创办企业。

三是支持以农民工为代表的各类人员返乡创业。鼓励地方在信贷、税收、项目等方面给予返乡创业人员支持,包括给予符合条件的小微企业或创业人员个人创业全额贴息担保贷款,对城市居民返乡创业的投资项目免征企业所得税和个人所得税,促进社会资金、项目、技术、人才等要素向县城、集镇和乡村转移,集聚县域经济发展新动能。

(四) 完善失业救济和低保托底安置制度

一是健全失业援助的政策体系。加大失业保险政策执行力度,扩大失业保险的覆盖面。建立和完善失业预警、失业监测机制。

二是健全失业人员的社会保障制度。各地应根据自身条件,适当提高失业人员的基本生活保障、失业保险和生活补助标准,完善养老保险、医疗保险等制度,解决失业人员的生活困难,积极维护社会公平。

三是解决因历史原因造成的职工退休年龄差异问题。对企业内部职工退休年龄的界定,应积极配合延迟退休的政策,出台更合理的不同年龄退休职工的待遇差异问题,特别是如何在同工同酬的情况下,解决因历史原因造成的女干部与女工人退休年龄差异问题。

(五) 完善收入分配制度并促进居民增收

一是探索构建体现社会公平的收入分配体系。切实推进初次分配、再分配、三次分配协调配套的基础性制度安排落地,加大税收、社保、转移支付等调节力度并提高精准性,形成中间大、两头小的"橄榄"形分配结构,缩小社会贫富差距。鼓励创新创业,让更多的人有机会通过智慧与劳动致富,畅通社会纵向流动渠道,努力让勤劳致富成为社会风尚。积极落实"同工同酬",严格抑制投机行为,坚决打击非法收入。丰富居民投资渠道,提高财产性收入占比,严厉遏制炒房,推进租售同权,加强对私人财产(包括房屋及其他不动产、知识产权、股权等)的保护,真正扩大中等收入群体。

二是要加快推进政策创新与落地,促进居民尤其是农民增收。在基础设施建设方面,加大城乡道路建设、信息化建设,构建城乡物流配送体系,提高城乡信息化水平,改善农民增收创收环境。在增收渠道方面,引导农村租售制度发展,形成农民承包权、住房等租赁市场,支持农民通过出租等方面是获得收益。在财税金融政策方面,利用政策倾斜的作用,加大对具有规模效益、示范效应的农业经营主体的支持力度,扩大规模化经营带来的效益增加和生产效率提高效应。

(六)继续做好就业、失业等情况的统计管理工作

一是扩大调查失业率的调查对象范围。失业率的调查除了覆盖城镇常住人口,还应当包括实际居住6个月以上但未登记的农民工等群体,即把实际生活在城镇的各类失业人群纳入调查失业率的统计范围之内,从而更加准确地反映城镇的真实失业状况。

二是进一步完善失业率抽样调查方法,侧重对不同群体与阶层失业率的分类统计调查,比如将失业农民工作为重点调查样本,提高调查失业率的精准度与"含金量",提高调查数据的可参考性。

三是加快公开发布全国城镇调查失业率。加快推进就业统计制度改革与完善,在31个大城市城镇调查失业率统计制度的基础上,及时发布全国城镇月度调查失业率,以便更好地反映劳动力市场供求变化以及就业状况。①

五、世界主要国家"成而有业"阶段的政府管理

(一)美国政府的相关管理机构与职能

美国政府"成而有业"阶段主要相关管理机构包括美国劳工部(United States Department of Labor)和美国中央政府的卫生和公众服务部。美国劳工部(United States Department of Labor)成立于1913年3月4日,是美国联邦政府行政部门之一。劳工部主管全国劳工事务,主要职责涉及全国就业、工资、福利、劳工条件和就业培训等工作。依据职责又设置人力管理署、劳资关系署和工资、劳工标准署、妇女管理局、雇工补偿局、联邦合同服从局和劳工统计局等多个机构。

美国联邦政府的卫生和公众服务部主要分为三大方面,即医疗保健、社会保障和公众服务。一是制定全美医疗保健计划与政策,对全美医疗机构实施指导与监督,承担和监督医疗保险与传染病预防工作,为老年人、残疾人、儿童、困难家庭、土著、流浪人员、在美常住外国人提供医疗补助;二是制定全美社会保障计划与政策,承担和监督养老保险、社会救助工作,为退休人员、战争残存者、丧失劳动能力者、贫困民众提供补偿性收入保障,对残疾人、遗属、公伤人员进行抚恤,组织社会公共灾害紧急救援;三是制定全美公众服务计划和政策,指导和监督社区公共服务,支持家庭服务,为儿童、妇女提供福利公益服务。

卫生和公众服务部内设6个局、5个办事机构以及3个相对独立的行政机构。6个局即政策规划局、战略发展局、法律事务局、财务管理局、系统人力资源统筹局、监察申诉局。5个办事机构即统计分析办公室、信息安全办公室、技术支持办公室、保险精算办公室、公众咨询办公室。此外还代管医疗保健署、社会保障署、公众服多署3个相对独立的行政机构,这3个采取垂直管理体制,在各州(特别区)、市、镇派设公众救助事务处1 300多个、国民医

---

① 刘向东.我国就业形势分析与展望[C].中国经济分析与展望(2017~2018):中国国际经济交流中心,2018:114-128.

疗保险事务所1 100多个和国民养老保险事务站1 200多个。[1]

针对流动人口,美国建立了一套流动人口管理制度。一是通过都市圈建设和城市规划促进人口有序流动。美国以芝加哥为中心的都市圈,其中包含有匹兹堡、底特律等大中城市以及众多小城市,城市总数超过了30个。通过都市圈的建设,美国对人口进行了有效分流,缓解了单个城市的人口集聚压力。二是通过市场机制调节人口流动。美国劳工统计局(U.S. Bureau of Labor Statistics)定期调查和统计市场劳动力供需情况,并通过官方渠道公开劳动力市场信息,以辅助劳动力的流动决策。三是通过行政和法律手段宏观调控人口流动。各地通过卫生、住房、收入等方面的条件限制来调控人口流动,流动人口需要符合卫生规定,具有一定面积的住房,有稳定的收入才能留在该地。此外,美国一些城市还通过制定就业移民政策来吸引自身需要的高科技、高层次和紧缺人才。[2]

(二)日本政府的相关管理机构与职能

日本"成而有业"阶段主要的管理机构即厚生劳动省以及地方厚生局。

厚生劳动省属于日本中央省厅的部门,位于东京都千代田区,是日本负责医疗卫生和社会保障的主要部门。具体职责包括负责日本的国民健康、医疗保险、医疗服务提供、药品和食品安全、社会保险和社会保障、劳动就业、弱势群体社会救助等职责。

厚生劳动省设有11个局,包括大臣官房、医政局、健康局、医药和生活卫生局、劳动基准局(安全卫生部)、职业安定局、雇佣环境环境均等局、儿童家庭局、社会和援护局(障害保健福祉部)、老健局、保险局、年金局、人才开发统括官、政策统括官。

除了在中央设立厚生劳动省外,日本根据《厚生劳动省设置法》第18条、《厚生劳动省组织令》第52条,在地方上设厚生局7个,分别为北海道厚生局、东北厚生局、关东信越厚生局、东海北陆厚生局、近畿厚生局、中国四国厚生局、九州厚生局。在地方各都道府县还设劳动局47个。

(三)英国政府的相关管理机构与职能

英国"成而有业"阶段管理机构最为典型的代表即创新、大学与技能部(Department for Innovation, Universities and Skills)。创新、大学与技能部重点涉及科研创新、教育、技能等职能,是在整合了两个部门的基础上形成的。其中,科研创新相关职能是从原贸易与工业部(Department of Trade and Industry)中分离出来,而教育、技能等职能直接来自于原教育和技能部(Department for Education and Skills)。

创新、大学与技能部负责推动英国的科学研究和工商业的创新,使英国的高等教育学府成为培育世界级人才的地方;同时,确保英国在全球经济竞争中拥有足够熟练的劳动力。为了保证英国在全球经济竞争中保持领先地位,创新、大学与技能部将集中最优秀的大学与科研机构,发挥高等院校的集群优势,打造充满活力的知识经济。

---

[1] 陈日发.世界主要国家与中国民政部相对应的机构设置、管理体制及职能配置情况[J].中国民政,2013(1):16-20.

[2] 朱健.国外城市人口管理的经验及启示[N].中国社会科学报,2017-08-07(007).

为了实现上述目标,创新、大学与技能部与商业、公共部门和志愿机构合作开展多个方面的工作。一是加快对知识与创造力的商业性探索,通过创新与研究来发展经济和创造财富,建设一个高效的商业环境,并提高人民的生活品质。二是通过不断提高劳动者技能来打造一支足以维系高水平竞争力的劳动力队伍,使每个人都能够在经济全球化中获得成长。三是通过进一步促进给社会公平,创造更多的经济机会,以及提升教育与技能培训水平,来增强社会和公众团体之间的凝聚力。四是推动科学研究与创新达到世界卓越水平,并通过网络等手段共享各类科学技术与技能,推动科技成果更好地被全社会所共享。五是进一步提高高等教育、继续教育系统的规模与质量,满足社会的发展需求。六是鼓励在政府部门中利用科学成果,促进公众服务的创新。依靠创新、大学与技能部的专业知识支持政府其他目标的实现。①

---

① 王志强,姜亚洲.从教育部"分家"看英国中央教育行政机构的改革及其影响[J].世界教育信息,2008(04):19-22.

第四单元
"老有所养"阶段城市人口管理

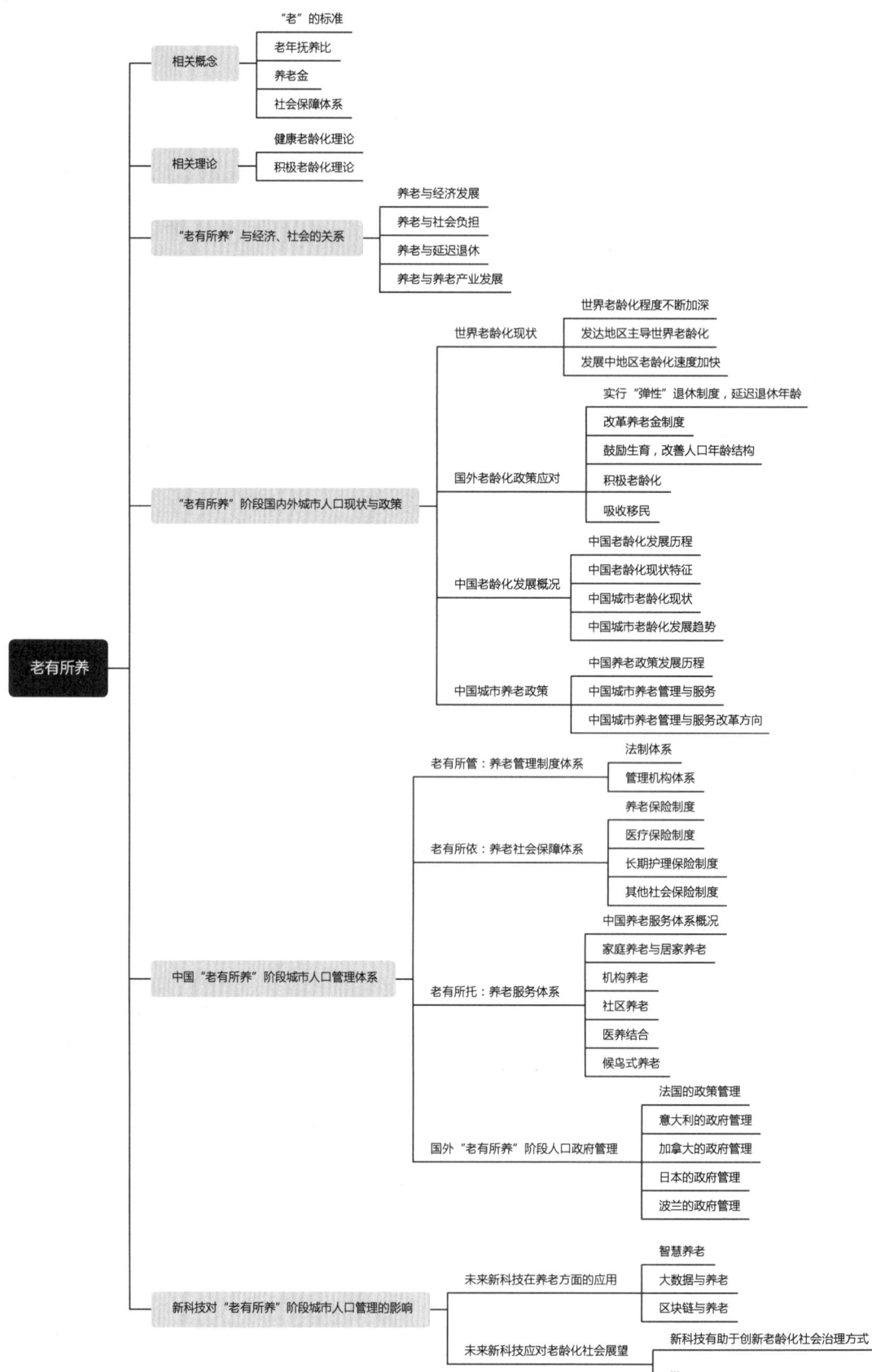

第一节 "老有所养"阶段人口管理概念与理论

一、"老有所养"阶段人口界定

"老有所养"阶段的人口管理主要是针对进入老年阶段人口所进行的管理,关于老年人口的界定,国际上一般有60周岁及65周岁两个标准,发达国家一般采用65周岁作为老年人口的标准。随着中国老龄化程度的加深,以及积极老龄化等战略的提出,老年人预期寿命增加,退休年龄逐渐推迟,因此,本书也主要以65岁作为老年人口标准,部分情况采用60岁作为标准会另作说明。"老有所养"阶段人口一般已经退出劳动队伍,转为需要家庭、政府、社会提供养老服务,因此,此阶段人口的管理即主要是养老。不过,随着社会经济发展水平的提高和社会观念的转变,养老的内涵更加丰富,已经不再局限于日常生活上的照料,而是包含了身心健康、娱乐休闲、教育学习、继续发挥社会价值等内容。

二、"老有所养"阶段相关概念

(一)"老"的标准

1. 老年人口标准

关于"老"的标准,涉及"老年起点"的概念,老年起点即老年人的起始标准年龄。一般地,老年起点常用的有两个标准年龄,一个是60周岁作为老年人的起点,另一个是以65周岁作为老年人的起点。联合国在讨论老龄问题时一般以60岁作为老年起点,进行人口统计时则统一采用65周岁作为老年起点。[1]

2. 老龄化社会标准

而关于老龄化社会,联合国提出的标准有2个,一是60岁及以上的人口占总人口比重超过10%;二是65岁及以上人口占总人口比重超过7%。联合国目前使用的标准是前者,而且已经成为普遍的国际共识。发展中国家习惯上使用第一条标准,发达国家则普遍采用第二条标准。[2]

此外,老少比也被用来衡量一个国家或地区是否进入了老龄化社会。老少比是指人口中65岁以上老年人口与0~14岁少年儿童人口之比,说明每100名少年儿童所对应的老年人口数。联合国将老少比大于等于30%作为老龄化社会的标准。

3. 常住人口老龄化与户籍人口老龄化

对于城市区域而言,由于还存在一定的户籍制度限制,在统计城市人口时,还要区分常住人口与户籍人口。在老龄化标准方面,也分常住人口老龄化与户籍人口老龄化。常住人

---

[1] 温勇,尹勤.人口统计学[M].南京:东南大学出版社,2006:166.
[2] 唐钧,刘蔚玮.中国老龄化发展的进程和认识误区[J].北京工业大学学报(社会科学版),2018,4:8-18.

口老龄化指常住人口中老年人口数占常住人口总数的比重,户籍人口老龄化指户籍人口中老年人口数占户籍人口总数的比重。

(二) 老年抚养比

老年抚养比又称老年人口抚养系数或老年人口负担系数,是指人口总体中,老年人口数与劳动适龄人口数之比。通常用百分比表示,用以表明平均每 100 名劳动适龄人口要负担的老年人口数。计算公式为:

$$老年人口负担系数 = 老年人口数 / 劳动适龄人口数 \times 100\%$$

其中,老年人口数指的是 65 岁及以上的人口数,劳动适龄人口指的是 16~64 岁的人口数。

(三) 养老金

根据《现代劳动关系辞典》的定义,养老金是指根据保险法规定,连续而定期对年老、丧失工作能力或由于工作已满规定年限而退出生产或工作的人员,以货币形式支付的养老保险待遇。养老保险按支付方式的不同分为一次性养老金和养老年金。前者为一次性支付,后者是长期支付,一般按月、季或年支付,直至被保险人死亡。在中国,新规定的养老金有三种,一是基本养老金,亦称退休金,主要用于保障职工退休后的基本生活需要;二是企业补充养老金;三是个人储蓄性养老金。

长期以来,中国实行由国家和企业支付退休金的办法。职工退休后,依照劳动保险法规的规定按工资的固定比例,按月领取退休金。实行职工养老保险制度改革后,企业建立基本养老保险,企业补充养老保险和职工个人储蓄性保险相结合的养老保险制度。养老保险基金由企业和职工个人缴纳,设立专门的社会保险管理机构经办基本养老保险和企业补充养老保险业务。职工退休后,按照规定的标准,从社会保险管理机构领取养老金。

(四) 社会保障体系

社会保障体系是指国家通过立法而制定的社会保险、救助、补贴等一系列制度的总称,是现代国家最重要的社会经济制度之一。其作用在于保障全社会成员基本生存与生活需要,特别是保障公民在年老、疾病、伤残、失业、生育、死亡、遭遇灾害、面临生活困难时的特殊需要。由国家通过国民收入分配和再分配实现。由社会福利、社会保险、社会救助、社会优抚和安置等各项不同性质、作用和形式的社会保障制度构成整个社会保障体系。现代国家必须制定社会保障法律规范,保证社会保障制度真正得到贯彻实施。

现代社会保障制度包括以下几个方面:(1)社会保险制度。指由国家依法建立的,使劳动者在年老、患病、伤残、生育和失业时,能够从社会获得物质帮助的制度。(2)社会福利制度。广义上与社会保障同义,狭义上指由国家或社会在法律和政策范围内向全体公民普遍地提供资金帮助和优化服务的社会性制度。(3)社会救济制度。指国家通过国民收入的再分配对因自然灾害或其他经济、社会原因而无法维持最低生活水平的社会成员给予救助,以保障其最低生活水平的制度。(4)社会优抚制度。指国家依法定的形式和政府行为,对有特殊贡献的军人及其眷属实行的具有褒扬和有待赈恤性质的社会保障制度。①

社会养老保障体系是社会保障体系的重要组成部分,目前的社会养老保障主要是指经济保障,是国家通过立法对国民收入进行再分配或以储蓄等方式建立养老基金,用于解决老年生活费用不足的社会保障制度,其中包括国家基本养老保障、企业年金补充养老保障和个人与家庭储蓄(商业保险)相结合的多支柱养老保障体系。随着养老需求的更加多元化,将各类养老需求纳入社会养老保障体系成为体系改革的重点和难点。

医疗保障制度是社会保障体系的重要组成部分,它是指一个国家或地区为解决本国国民治疗疾病、预防疾病问题所建立的围绕资金筹集和医疗及保健服务提供两方面主要内容的一系列制度安排。

医疗保障制度按照所提供的保障内容可以分为基本医疗保障制度和补充性医疗保障制度。所谓基本医疗保障制度,是指针对一个国家或者地区人口的大多数,满足人们基本的、公共的医疗保障需求的主体性制度安排;而补充性医疗保障制度,则是针对一个国家或地区中部分收入较高人群特殊的医疗保障需求或者一般收入人群超出基本医疗保障之外的需求的补充性制度安排。②

目前,世界上共有四种主要的医疗保障模式,即普遍医疗型、社会保险型、市场主导型、储蓄基金型,分别以英国、德国、美国和新加坡为四种模式的典型代表。

三、"老有所养"阶段理论基础

早在1865年,法国65岁以上老年人口比例就超过了7%,法国成为世界上最早进入老龄化社会的国家。随后瑞典、英国、德国、美国等发达国家陆续进入老龄化社会。20世纪80年代以后,世界范围内的人口老龄化问题日益严重,相应的理论和政策也在不断的更新和发展,出现有"第三年龄"阶段理论、成功老龄化理论、健康老龄化理论、生产性老龄化理论、积极老龄化理论等,其中健康老龄化理论和积极老龄化理论是比较有代表性的两种理论。

(一)健康老龄化理论

健康老龄化理论是基于老年人需求理论而建构的,"健康老龄化"概念最早出现于1987年5月召开的世界卫生大会,随后1990年世界老龄大会、1993年国际老年学学会等一系列学术活动推动健康老龄化理论进一步发展。中国著名人口学家、老年人口学会会长邬沧萍教授将健康老龄化理论概括为五个方面的内容。

第一,健康老龄化是国家针对人口老龄化提出的战略对策,它的目标是整体提高老年群体的生命长度和生活质量。

第二,健康老龄化提出了"健康预期寿命"的概念,不仅关注平均预期寿命,而且更加关注生命的质量。

---

① 奚洁人.科学发展观百科辞典[M].上海:上海辞书出版社,2007.
② 喻华锋.我国医疗保障制度引入市场机制改革研究[M].北京:经济日报出版社,2019.

第三,健康老龄化旨在使绝大多数老年人都按正常衰老发展,以求在活着时身体是健康的,功能是正常的,生活是能自理的。

第四,健康老龄化把预防保健、治疗康复结合起来,把卫生保健如饮食营养、体育锻炼、心理保健、环境保护、公共卫生、个人卫生、健康的行为方式等,都作为实现健康老龄化的一个组成部分,通过多学科、多方式来解决。

第五,健康老龄化是全社会共同的愿望与责任。

也有一些学者对健康老龄化理论有不同的诠释,认为"健康老龄化是指老年人在晚年保持躯体、心理和社会功能的健康状态,将疾病和生活不能自理的时间推迟到生命的最后阶段"。并将健康老龄化概括为三个方面的内容:一是让老年人自身维持良好的生理、心理和社会适应功能,拥有较高的生活质量;二是让老年群体中健康、幸福、长寿的老年人口占大多数,且比例不断增加;三是进入老年化的社会能够克服人口老龄化所产生的不利影响,保持社会持续、健康和稳定的发展,为生活于其中的所有人的健康、富足、幸福的生活提供物质基础和保证。

总体上来说,健康老龄化理论还是基于老年人自身是身心需求,而非老年人社会权利的视角来构建的。该理论对于维持老年人口基本健康和提高生活质量方面,具有一定的积极意义。但是该理论的构建背景是将老年人口视为社会负担,并未考虑老年人的社会价值及其权益。

(二) 积极老龄化理论

积极老龄化理论是基于老年人社会权利而构建的理论,是相比健康老龄化而言更加全面的一种老龄化理论。"积极老龄化"概念最早出现于1997年的西方七国丹佛会议上,随着欧盟"积极老龄化"国际会议的召开,世界卫生组织《积极老龄化:从论证到行动》的出版,以及联合国第二届世界老龄大会的举办等,积极老龄化理论在全球范围内产生了重要的影响,从而逐渐成为21世纪世界应对老龄化问题新的指导性理论。

积极老龄化理论是研究老龄化的一种新兴理论,它的产生和发展受到了积极心理学、生命周期理论等思想理论的影响,强调维护老年人群的社会权利。该理论所强调的积极老龄化,是指老年人要在机体、社会和心理方面都保持积极良好的状态,并充分发挥其在这些方面的潜力,按照自己的需求和能力继续参与社会活动,充分享受自身的权利,从而提高老年人生活质量的过程。在这个过程中,社会应该在老人需要提供帮助时,能够给与其充分的支持与保障。

"积极"是积极老龄化理论的核心,它强调老年人虽然退出了工作岗位,但是仍可以继续参与社会、经济、文化等相关社会事务,可以为家庭、社区乃至国家社会做出积极贡献,它摒弃了认为老年人是社会负担的传统观点。根据世界卫生组织在《积极老龄化政策框架》中的观点,若有就业、医疗、教育等多方位政策的支持,则积极老龄化能够具体在三个方面发挥积极作用。

其一,推行积极老龄化,是应对个人和群体老龄化挑战的重要政策手段。对于个人而言,"处于具有高生产能力的生命阶段的人中,早死者很少;在老年阶段因慢性病致残者很少；越来越多的人进入老年后，享有良好的生活质量"①，就人类群体的老龄化问题而言，积极老龄化带动越来越多的老年人参与社会、经济、文化和政治生活，使其继续为社会创造物质和精神财富，并且老年人的健康也意味着医疗费用与社会照料支出的减少。从而，积极老龄化相关政策可以有效应对人类个体与群体的老龄化挑战。

其二，推行积极老龄化，能够"鼓励和平衡个人责任（自我照料）、代际友好与团结"。由于积极老龄化政策的推行，一方面，老年人因为参与了社会、经济、文化和政治生活，从而增加了收入，老年人因失去收入而陷入贫困的可能性降低，且能够更好地保障自身的身心健康。"这既能预防慢性病导致残疾，又能节约个人和家庭用于健康照料方面的大量开支"。另一方面，除了参与社会活动外，实行积极老龄化的老人还在继续为家庭做贡献，例如帮忙照顾家庭中的第二代或是第三代，这样既能帮助处于适龄劳动阶段的子女们分担生活压力，还有助于代际之间的和谐，子女从而也愿意承担更多的照料老人的家庭责任。

其三，推行积极老龄化，有助于降低社会负担，提高社会活力。对于目前的发达国家和很多发展中国家而言，由于生育率的下降和老龄化的加剧，老年人口大量退出劳动力队伍，劳动力减少，造成了社会抚养比急剧上升。养老金和社会福利支出大幅度上升，这就增加了整个社会的负担，降低了社会的活力。而推行积极老龄化，鼓励一些有能力继续参加社会工作的老年人参加社会劳动，能够减少养老金和社会福利、社会照料的支出，从而提高社会的活力。②

积极老龄化理论颠覆了传统理论和健康老龄化理论将老年人视为社会负担的观点，认为如果能够保障老年人群的身心健康，让他们能够继续健康地参与社会、经济、文化和政治等事务，他们就能够继续为社会创造物质和精神财富，依然能够有效推动经济社会发展，从而使老龄化群体成为社会的资源与贡献者，而不是负担。③

四、"老有所养"阶段与经济、社会的关系

（一）养老与经济发展

关于人口老龄化对经济发展影响的研究，最早可追溯至1956年联合国推出的《人口老龄化及其社会经济后果》。该书运用稳定人口方法研究了人口老龄化对经济参与率、社会需求以及消费品分配的影响。随后，一些学者展开了进一步的研究，其中部分结论已达成了共识，与经济发展直接相关的主要集中以下方面：一是人口老龄化会带来劳动年龄人口比例下降，使劳动力资源相对缩减；二是人口老龄化会造成社会智力结构的老龄化，在一定程度上会影响社会生产力的发展；三是人口老龄化会影响一个国家内部财富在不同年龄人群间的分配，改变社会的储蓄和投资水平，从而影响经济的增长。

1. 老龄化对劳动力规模的影响

老龄化会使劳动力资源相对缩减。由于总和生育率在更替水平以下，进入劳动年龄的人口不足以填补劳动年龄人口退休造成的劳动力供给缺口，劳动年龄人口持续萎缩，劳动

---

① 世界卫生组织.积极老龄化政策框架[M].北京：华龄出版社，2003.
② 宋全成，崔瑞宁.人口高速老龄化的理论应对——从健康老龄化到积极老龄化[J].山东社会科学，2013，4：36-41.
③ 张耀华.从健康老龄化到积极老龄化——人口老龄化的应对之策[J].改革与开放，2018，8：87-88.

人口在总人口中的比重不断减少。目前,除美国外的大多数发达国家的劳动年龄人口都出现了萎缩现象。以西方发达国家为例,欧盟15国在1995—2005年间的劳动力上升了690万人,但在2005—2015年间,则下降了210万人。据估计,1995—2015年间,欧洲20~29岁年龄组人口减少1100万人以上。到21世纪中叶左右,德国劳动年龄人口比现在减少28%,日本减少36%,意大利减少42%。

对中国而言,老龄化进程同样会对中国劳动力规模造成冲击。自1999年中国进入老龄化社会后,虽然15~64岁劳动适龄人口的绝对数量维持增长态势,但其占总人口比重先是保持增长,到2011年第一次出现比重下降的情况,随后逐年递减。2013年,劳动适龄人口绝对数量增长见顶,随后开始逐年递减,从2013年的10.1亿下降至2020年的9.68亿。除非生产率的提高速度超过就业人数下降速度,否则中国的实际经济也可能会面临萎缩的风险。

2. 人口老龄化对劳动生产率的影响

在人口老龄化过程中,劳动力年龄人口也会趋于老化。换句话说,在劳动年龄人口中,年轻人的比重会降低,而年长者的比重会上升。以日本为例,在其老龄化的过程中,劳动人口的平均年龄由1950年的34.49岁增加至1970年的35.75岁。与之类似,自中国步入老龄化社会以来,15~64岁的劳动年龄人口中45岁以上的年长者比重,从1999年的24%上升到2017年的40.1%,2019年更是上升至41.9%,年长劳动力逐步成为劳动力市场的主体。

老化的劳动力年龄结构会对劳动生产率造成负面影响。45岁或50岁以上的劳动人口虽然经验丰富,但其体力、智力、记忆力会随着年龄的增加而逐渐衰退,劳动动作的敏捷程度和头脑的反应速度都会相对下降,劳动能力和劳动速度受到影响,从而影响产品的精密程度和整体质量,进一步影响市场竞争力。法国人口学家索维认为,劳动力年龄人口老化将会削弱创新和发明的力量,妨碍劳动生产率的提高。

劳动力老化对经济发展和创新的影响在未来可能更为明显。随着传统产业和行业逐渐衰退消失,劳动者的职业变换日益频繁。由于老龄劳动者的学习能力和适应能力较青年劳动者而言都相对较弱,老化的劳动力较难适应产业结构的调整。日本学者直广雄川认为,由于人口老龄化和劳动年龄人口的老龄化,日本的劳动生产率将会受到不利的影响,由此会引起日本经济增长速度的下降。他曾预计,到20世纪末,日本经济增长率可能下降为1%或者接近零增长。

虽然,年长的劳动力在工作经验和阅历上具有一定的优势,且在教育的推动下,未来劳动力的素质将大幅提升,也会在一定程度上缓解老龄化带来的压力。但是,从整体趋势来看,人口老龄化对整个社会劳动生产率的影响还是以负面为主。

3. 人口老龄化对消费、储蓄和投资的影响

人口老龄化深刻影响社会消费和家庭消费,对经济增长的影响以负面为主。从宏观角度来看,老年人口随着年龄增大,逐渐丧失原来的生产者属性,逐步变为单一的消费者。在老龄化进程中,为退休老年人口支出的养老金、医疗费用、护理保健费用、社会福利费用、社会保障费用快速增长。收支失衡导致社会经济负担急剧增加,国民收入中用于消费的部分增加,而用于积累的部分减少。从微观角度来看,家庭人口老龄化会使家庭收入水平降低,从而影响家庭人均消费水平的提高,使家庭消费向老年人倾斜,进一步影响了其他家庭成员消费水平的提高。由于在一定程度上抑制了消费,人口老龄化不利于经济的增长。然而,值得一提的是,在老龄化社会中,由于家庭和社会对老年消费品的需求急剧上升,消费偏好和消费结构的改变传导到产业端,社会的生产结构、投资结构和产业结构作出相应的变化和调整,进而催生出老年经济,在一定程度上对经济发展产生积极的影响。但由于老年人口的消费水平低于劳动力人口的消费水平,人口老龄化对刺激经济增长的作用有限。

老年人的储蓄水平相对较低,老龄化的人口结构将不可避免对经济发展产生影响。根据莫迪里亚尼的"生命周期假说理论",一般而言,社会中老年人口比例的提高是不利于储蓄的。在以中国为代表的广大发展中国家,老年人的储蓄水平均低于全国的平均水平,并且随着年龄的提高储蓄水平降低。但也有研究表明,人口年龄结构老化可能有利于储蓄水平的提高。一项针对1991年美国人均储蓄存款利息收入和股票收入的年龄分布研究发现,储蓄存款利息收入和股票收入与年龄之间存在明显的正相关关系,间接说明人口老龄化可能提高了储蓄水平。鉴于这一推论还需要更多实证研究加以证明,总体而言,人口老龄化对储蓄的影响倾向于负面。

老龄化社会的投资受到抑制,不利于经济的长期增长。投资是社会经济发展的依托,一国的投资主要源于政府公共投资和个人投资。一方面,随着人口老龄化的发展和老年人口数量的增加,需要新建和改造更多的老年配套基础设施。这意味着政府需要大幅增加财政支出,提高消费基金数量,减少积累基金数量,从而影响到社会投资规模。另一方面,老年人的储蓄水平低、预期收入少、承担风险的能力差,老年人口的增加造成个体层面投资能力的下降。因此,人口老龄化会对投资产生不利影响,从而影响长期的经济增长。

人口老龄化对经济发展的影响十分复杂。事实上,经济发展也会影响人口年龄结构,二者的影响是相互的。老年人口增加,社会抚养比上升,养老金入不敷出。一方面公共支出增加的压力转嫁到就业者身上,加重从业者负担;另一方面,老年人口增加造成的养老金赤字和资产兑现,可能会引起全球资本流动和金融市场的不稳定,停滞和不断衰退的市场需求还会给经济增长带来挑战,使从业者的负担持续恶化。在沉重的负担下,从业者的生育意愿进一步降低,劳动力规模进一步萎缩,由此形成恶性循环。如何应对人口老龄化对经济,进而对社会和政治的影响,是摆在所有人口老龄化国家面前的重大课题。[①]

(二) 养老与社会负担

1. 养老社会负担的形成

从社会功能角度看,人口由三部分构成,即支撑经济和社会基础的劳动适龄人口和由他们抚养的少儿人口、老年人口。相对于劳动适龄人口的抚养人口的比重,通过少儿人口对于劳动适龄人口的比率和老年人口对于劳动适龄人口的比率来表示,二者相加的比重称为社会抚养比。

---

① 李通屏,朱雅丽,邵红梅.人口经济学[M].北京:清华大学出版社,2008,119-123.

人口转变过程中出现老龄化是必然的,随着出生率和死亡率的下降而出现的人口老龄化,在初期是有利于社会经济发展的。伴随着这一过程的是人口增长放慢、总人口抚养比和少儿人口抚养比的快速下降、人口年龄结构趋于稳定,这样的人口老龄化并不成为问题。但人口老龄化达到某一阶段,老年人口比重超过少儿人口比重,老年人口成为社会的主要抚养对象,劳动年龄人口的老人负担系数提高。尽管在20世纪西方国家已经经历了老年人口抚养比上升的过程,但在21世纪这一进程仍将继续,这一趋势还将覆盖到包括中国在内的其他发展中国家。

老年抚养比的上升,使得公共和私人两个方面的支付都会增加。美国人口经济学家斯彭格勒和克拉克等研究认为,总负担费用的数量取决于年龄结构和用于老年人口与青少年人口抚养费用的绝对数量和相对比例,养一个老年人的平均费用要大大高于抚养一个人从婴儿到青年(0~18岁)的费用,所以,政府支付给老年人口的赡养费用是给青少年人口的3倍。而且,花在孩子身上的大部分支出是人力资本投资,而子女付给老龄人口的赡养费用是纯粹的消费性支出。这种消费性支出随着老人口的增加而增加,相应地减少用于社会生产的资本积累,资本积累的减少可能导致降低未来的经济增长率。

2. 发达国家养老负担

在发达国家,老年抚养比的提高对经济增长的不利影响日益明显。不断下降的生育率和不断延长的寿命使更少的纳税劳动者需要供养更多的退休受益人,更低的供养比导致所得税预扣的金额更高,生活压力增大,生育意愿进一步降低,造成就业人口规模进一步缩减。随着领取养老金而不纳税的人持续增加,为维持养老金的正常发放,就业人口的工资税率必然进一步升高,直到部分劳动人口的税后收入接近待业的收入水平,他们可能会选择主动失业,劳动力规模继续萎缩,形成恶性循环。

现在大多数国家劳动者数量与养老金领取者数量的比例大于2。据估计,至2050年大多数国家的供养比将小于2,意大利的供养比将跌破1。发达国家全部养老金的公共成本和老年人健康保险金支出平均占GDP的11%以上,到2050年,欧盟官方预测认为该比例将上升到17.8%。[①]

3. 中国养老负担

虽然2001年开始,中国老年抚养比就一直保持着上升态势,由于人口年龄结构变化的影响具有一定的滞后期,在进入老龄化社会前期,并不会明显感受到人口老龄化对劳动力供给的影响。由于生育率的持续下降,到2010年,中国的人口总抚养比持续下降,但由于青少年人口的抚养系数下降减缓,而老年人口的抚养系数加速上升,从2011年开始,中国人口总的抚养系数增加,2020年达到45.9,老年抚养比则达到19.7,是2000年的近2倍。人口抚养比的这种变化趋势说明,在今后,人口老龄化将使家庭代际收入分配更加向老年人倾斜,人口老龄化所带来的老年抚养压力的上升将深刻地影响中国经济的发展(图4-1)。[②]

---

① 李通屏,朱雅丽,邵红梅.人口经济学[M].北京:清华大学出版社,2008,119-123.
② 李通屏,朱雅丽,邵红梅.人口经济学[M].北京:清华大学出版社,2008,120-122.

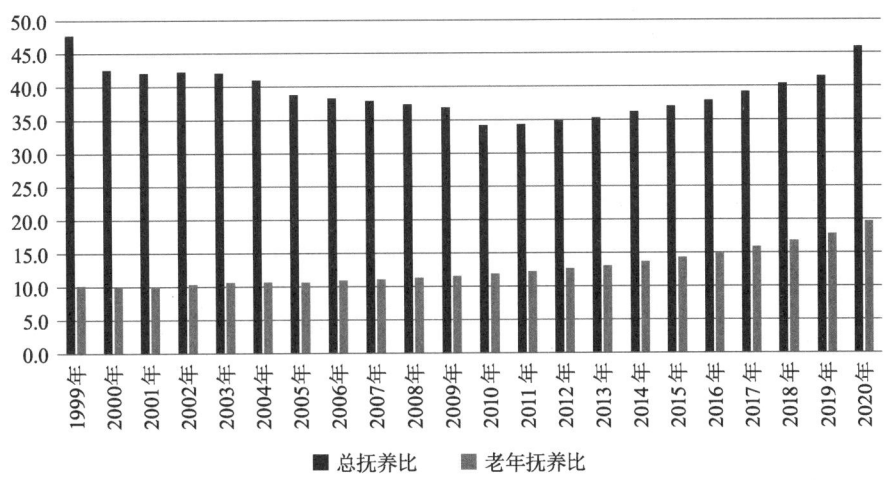

图 4-1 1999—2020 年中国社会抚养比与老年抚养比

数据来源：1999—2019 年数据来自历年中国统计年鉴，2020 年数据来自第七次全国人口普查公报。

老年抚养的来源实际上是劳动人口创造的劳动价值的一部分转移支付，劳动人口通过家庭、市场、养老保障体系等渠道为养老提供经济来源。中国在 1999 年进入老龄化社会的前期阶段，中国养老金支出增速一直低于养老金收入增速，从 2012 年至今，养老基金支出增速大部分时间高于养老金收入增速，养老金累计结余增速也呈下降趋势（图 4-2），这给中国现收现付的养老金制度带来了巨大的压力。2016 年，国内有 7 个省份出现企业养老保险当期收不抵支的现象，其中，黑龙江由于企业养老保险抚养比仅为 1.30∶1，企业养老保险不仅出现当期收不抵支的情况，且累计结余已穿底，为－232 亿元。[①]

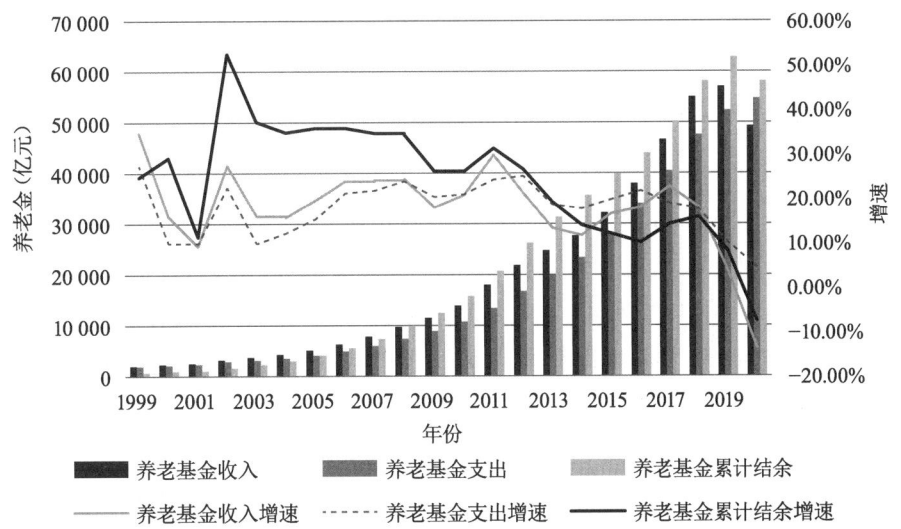

图 4-2 1999—2020 年中国基本养老保险基金收入、支出、结余规模（亿元）与增速

数据来源：历年人力资源和社会保障事业发展统计公报，2009 年及之前为城镇基本养老保险基金数据。

① 人社部社保管理中心编制的《中国社会保险发展年度报告 2016》的数据。

为了解决各地区养老基金运行状况的不平衡,中国从2018年开始实施养老保险基金中央调剂制度,即各地按比例上缴资金形成中央调剂基金,中央收取一定比例进行统筹调剂,按离退休人数全部向各地定额拨付,养老金进入了全国统筹时代,实际上就是全国各地共同负担社会的养老。不过,目前全国各地养老金情况差异巨大,在调剂制度下,2020年32个省市区(含新疆生产建设兵团)中仅有广东、北京、浙江、江苏、福建、上海、山东7个地区是净贡献,一共贡献了1 767亿元,其中广东一省就贡献了超过1/3,而广东、北京两地合计贡献超过6成(图4-3);22个地区净收益,3个地区上缴与划拨持平;而东北三省老龄化程度严重,部分省份养老金早已收不抵支。

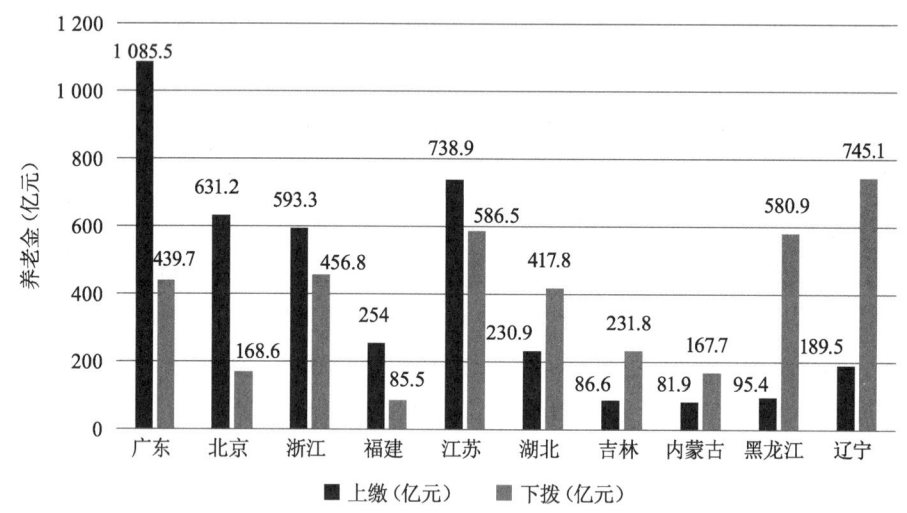

图4-3　2020年养老金上缴与下拨差额前五位与后五位省份

数据来源:历年人力资源和社会保障事业发展统计公报,2009年及之前为城镇基本养老保险基金数据。

(三)养老与延迟退休①

随着人口老龄化的加剧以及新生儿数量的降低,中国的人口形势愈加严峻,劳动力市场规模的缩减与结构的变化必然给经济社会的可持续发展带来阻碍。为此,早在2008年,中国相关部门就开始酝酿延迟退休政策,此后,延迟退休政策多次被政府部门提及。2021年3月12日,《中华人民共和国国民经济和社会发展第十四个五年规划和2035年远景目标纲要》明确提出,实施渐进式延迟法定退休年龄。目前,延迟退休政策已经从"研究制订"进入"计划实施"阶段。

1. 延迟退休的必要性和充分性

其一,现行退休年龄与人均预期寿命不匹配。纵向来看,中国的人均预期寿命已经由建国初的40岁左右提高至2019年的77.3岁,城镇居民人均预期寿命更高,已经超过了80岁,而中国目前仍保持1951年发布的男职工60周岁、女干部(现为管理技术岗位)55周

---

① 左玉辉,邓艳,柏益尧.人口-环境调控[M].北京:科学出版社,2008:215-218.

岁、女工人(现为工人岗位)50周岁的退休政策。从长远的趋势来看,逐步、适当地提高退休年龄,延长劳动者的就业时限,是符合自然和社会发展规律的。横向来看,发达国家的退休年龄普遍在65岁以上,中国退休年龄相对偏低。

其二,现行退休年龄不适应老龄化的发展趋势。随着中国老龄化日益严峻,中国已经步入"未富先老"的困境。到2019年底,60岁及以上的人口比重已经达到18.1%,中国65岁及以上人口占总人口比例达12.6%,连续19年上涨,人数与2001年相比翻了近一番。预计"十四五"期间,中国老年人口将超过3亿人,从轻度老龄化进入中度老龄化阶段。在人口老龄化趋势加快的背景下,如果退休年龄不作调整,意味着工作的人越来越少,退休的人越来越多,对经济社会的影响是显而易见的。

其三,现行退休年龄不适应劳动力供求关系的变化。中国劳动年龄人口数量从2012年开始出现下降,年均减少300万人以上,并且减少幅度在加大,预计"十四五"期间还将减少3500万人。延迟退休年龄,可以充分利用老年人力资源,在一定程度上提高劳动参与率,改善资本和劳动力配置状况,从而缓解中国未来可能面临的劳动力短缺困境。

其四,现行退休年龄偏低加大中国养老金发放压力。近年中国新退休人员平均缴费年限(含视同缴费年限)不到26年,其中缴费年限15年的约占1/4,20年以下的占比超过40%。[①] 随着近年人均寿命的提高,养老金存在"缴费年限短、领取待遇年限长"的问题,养老保险基金压力较大。根据中国社科院世界社保研究中心发布的《中国养老金精算报告2019—2050》,2019年中国养老金收不抵支的省份已高达16个,如果不考虑财政补贴,当期结余已是负值,即便算上财政补贴,预计2028年当期结余也将出现负数,累计结余则将在2035年耗尽。

其五,受教育年限延长缩短平均工作年限。在中国新增劳动力中,接受过高等教育的比例已经超过了一半,平均受教育的年限也在不断延长,已经达到了13.7年,人们开始工作的年龄相应推后。在退休年龄不变的情况下,平均的工作年限自然就会缩短,导致人力资源的浪费、人力资本利用率的下降。特别是在高校、医院、科研机构和一些高新技术产业,这些高学历人员集中的行业和单位,情况尤为突出。

其六,延迟退休年龄对年轻人就业影响较小。根据西方国家的实践经验,退休年龄高低与就业率高低之间不是简单的因果关系。此外,从中国的实际情况看,在现行退休年龄不变的制度下,许多"年轻的老人"一边领着退休金,一边因为返聘、自谋职业等"退而不休"的现象也十分普遍。即使未来在改革转型期有个别单位、企业存在就业挤压,但长期来看,就业市场里年轻人和老年人的岗位很少相互交叉,延迟退休挤占年轻人岗位的情况将并不突出。

2. 延迟退休改革原则

2021年6月29日,《人力资源和社会保障事业发展"十四五"规划》提出,按照小步调整、弹性实施、分类推进、统筹兼顾等原则,稳妥实施渐进式延迟法定退休年龄。

---

① 左玉辉,邓艳,柏益尧.人口-环境调控[M].北京:科学出版社,2008:215-218.

小步调整,即延迟退休改革不会"一步到位",而是采取渐进式改革,用较小的幅度逐步实施到位,每年延迟几个月或每几个月延迟1个月,节奏总体平缓。特别是对于临近退休的人,只会延迟1个月或几个月,对个人工作、生活的影响有限。对于年轻劳动者,延长的幅度较大,但由于距离退休时间较长,有充分的时间来调整和适应这一变化。

弹性实施,即延迟退休不会"一刀切",而是留有弹性空间。由于不同职业群体、不同岗位的就业稳定性和工作强度存在差异,个人身体状况、家庭需求和价值追求也存在差异,未来在统一实施的基础上,将会结合中国的现实国情、文化传统以及历史沿革等情况,增加弹性因素,允许个人根据自身情况和条件,选择提前退休的具体时间,充分体现改革的灵活性和包容性。

分类推进,即延迟退休不是"齐步走",而是与现行退休政策平稳衔接。中国现行法定退休年龄男职工60周岁、女干部55周岁、女工人50周岁,不同退休群体的政策有所不同。未来实施延迟退休改革仍将区分不同群体,采取适当的节奏,稳步推进,逐步到位。对于现有不同职业、地区、岗位存在的一些政策差异,改革后也会保持政策延续性,确保政策调整前后有序衔接,平稳过渡。

统筹兼顾,即延迟退休不能"单兵突进"。退休年龄问题涉及经济社会方方面面。因此,延迟退休改革是一项系统工程,与之相关的配套和保障政策措施非常多,需要统筹谋划、协同推进。过去一些与退休年龄相关的政策,要随着延迟退休进行相应调整;另一方面,延迟退休改革也会带来一些新的机遇、问题和挑战,需要有相应的配套措施及时跟进。[1]

3. 延迟退休相关改革趋势

完善资金筹措来源,提高养老金水平。其一,加大中央财政补助。未来会持续加大中央财政对养老基金的补助力度,并重点向西部地区和老工业基地倾斜。其二,畅通增值保值渠道。合理利用养老金历史结余资金,在保证养老基金安全的前提下,不断扩大结存的养老基金投资运营的规模,提高养老保险基金的投资回报率,实现养老金的保值增值。其三,扩大国有资产划拨。目前,中国的社会保障战略储备基金的权益已经由2000年的200亿元增加至2021年的2.4万亿元。未来通过部分国有资产的划拨,不断充实和扩大养老基金储备。

加快健全激励机制,提升延迟退休积极性。建立健全"长缴多得、多缴多得"的激励机制,使参保人员养老金水平与其缴纳时间长短、缴纳金额高低挂钩,参保人员缴费时间越长、缴得越多,退休后待遇水平越高,鼓励低龄老人自觉延长就业年限,减少提前退出劳动力市场行为。以德国为例,每提前一年退休,养老金减发3.6%,而每延迟一年,养老金增发6%。

合理开发老年人力资源,营造老年就业环境。首先,可以在部分适合老年人继续工作的领域逐步延迟退休年龄。如科学、教育、文化、卫生、管理和咨询等现代高端服务部门以及在城乡基层社区服务部门,老年人都拥有自己就业的优势和特点,并与中青年具有很大

---

[1] 李心萍.延迟退休如何进行[N].人民日报,2021-03-30(02).

的互补性。其次,开拓老年人的就业市场,为老年人的再就业创造条件。建立国家老年人才信息数据库,促进符合条件的老年人实现再就业。最后,积极发展老年职业培训机构,增加老年人的生产能力,使他们能更好地适应不断变化的工作需要。

(四) 养老与养老产业的发展

老龄化社会会从多个层面直接或间接地影响经济发展,而其中养老产业是与养老最为直接的经济联系之一。养老产业既是涉及民众福祉的民生事业,也是具有巨大发展潜力的朝阳产业。2020年,中国养老产业规模已经超过8万亿元,根据全国老龄工作委员会的预测,中国养老产业市场规模到2030年将达到22万亿元,中国将成为全球养老产业市场潜力最大的国家。

一般来说,养老产业可分为8个产业领域(表4-1)。[①]

表4-1 老龄产业分类

序号	产业领域	具体行业
1	卫生保健服务业	生产特定药品、医疗器具、延缓衰老保健品等
2	家政服务业	必要的家庭护理、居室的修缮、临终关怀等
3	日常用品制造业	老年服装、防滑器具、老人交通工具等
4	人寿保险业	人身保险、健康保险、养老投资连接保险、特定保险等
5	旅游娱乐业	旅游服务与陪同、老年棋牌、运动、曲艺等
6	房地产业	老年公寓、托老所、专科护理机构等
7	老年教育产业	老年学校、老年职业培训、老年职业介绍等
8	咨询服务业	心理咨询、婚姻介绍等

老年人生理、心理和生活特点提出的物质和精神需求与其他年龄人群不同,因此老年人的消费需求具有独特性,特别是在衣、食、住、行、医疗、保健、精神消费等方面的需求比较强烈。随着社会老龄化日趋严重,社会总的需求结构也会随之发生较大的变化,这对于现有社会、家庭的经济资源、医疗资源、人力资源等方面是一个严峻的挑战。因此,调整现有供给局面,加快养老产业发展迫在眉睫。

应对老龄化的问题,不能仅依靠政府采取扩大社会福利、社会保险的手段,还要通过市场机制,基于老年需求推动老龄产业发展,并通过老龄产业的发展反过来培育和引导老年需求。政府行政手段与市场机制的结合,可以在应对老龄化的过程中起到事半功倍的效果。因此,应当积极引导老龄产业发展,尽快制定相关法律法规,出台老龄产业管理条例,制定老龄产业登记审批管理办法,为老龄产业发展提供法律依据。此外,在政府开放各类福利性老年服务机构的同时,允许并鼓励各社团组织及私人组织建立相关老年服务机构,鼓励外资和社会团体、各界人士集体或个人投资兴办老年消费品产业,并制定必要的优惠政策,全方位、多层次、多渠道筹集资金,扶持老龄产业的发展。

---

① 左玉辉,邓艳,柏益尧.人口-环境调控[M].北京:科学出版社,2008:210-215.

第二节 "老有所养"阶段国内外城市人口现状与相关政策

一、世界老龄化现状

(一) 世界老龄化程度不断加深

21世纪全球人口增长逐渐放缓,但老龄化进程却不断加快,人类将进入漫长的老龄化社会,21世纪将是老龄化的世纪。

从速度上来看,在20世纪80年代之前,世界老年人口的增速与世界总人口的增速基本保持一致,但在80年代后老年人口增速开始加快进而超过总人口的增速。2020年世界人口增长率为1.04%,而老年人口(65岁及以上)增长率高达3.5%(图4-4),世界人口的老龄化速度正在由缓慢走向加速。未来40年将是城镇化发展水平高的发达地区老龄化最快的时期,而发展中地区一直到21世纪末都是在快速地老龄化,尤其是后半个世纪明显快于发达地区。

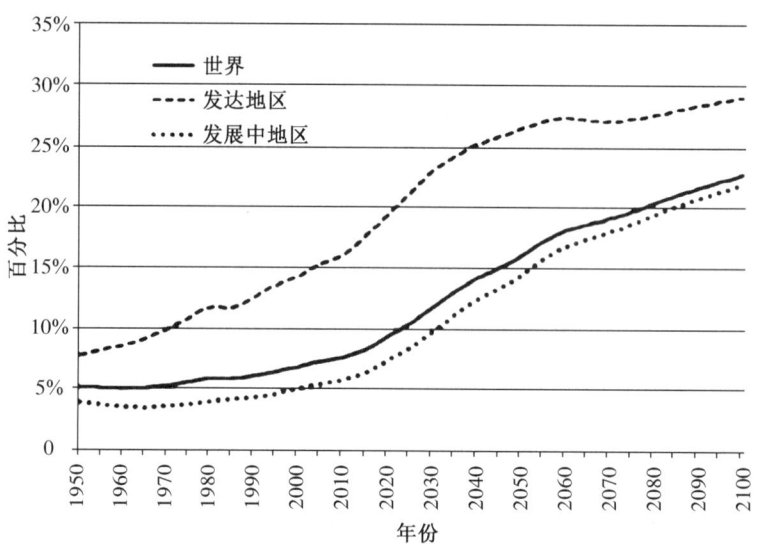

图 4-4 世界、发达地区和发展中地区的老龄化趋势(1950—2100年)

注:图中百分比指65岁及以上老年人占总人口百分比。

资料来源:United Nations, World Population Prospects: The 2015 Revision.

从体量上来看,1950年全球65岁及以上的老年人口有1.3亿,占总人口的比重仅为5.1%,到2002年这一比重接近7.1%,按照65岁及以上人口占总口比重超过7%即为进入老龄化社会的标准,全球已开始进入老龄化社会。2020年,全球65岁及以上人口数达到7.2亿,占全球人口总数的9.3%,到21世纪末,这一比重将超过22%,甚至超过30%。未来

40年,世界人口中老年人口比重将加倍。发达地区老年人口比重将于2022年超过20%,21世纪末将接近30%。发展中地区在未来30年老年人口比重加倍,21世纪80年代超过20%。即使是目前人口结构最年轻的国家,到21世纪末也将进入老年型社会。

从程度上来看,世界高龄化还将进一步加剧,根据联合国《世界人口展望2019:要点》(World Population Prospects 2019:Highlights)数据,1990年,全球80岁及以上人口仅0.54亿,2019年增加了两倍,达到1.43亿,到2050年将会再增加两倍达到4.26亿,2100年更是增加至8.81亿。

老龄化加速主要有两个方面的原因,即不断下降的生育率和不断提高的预期寿命。一方面生育率下降使得年轻人口在总人口中的比重下降。根据联合国的数据,1975—1980年间,全球妇女的总和生育率为3.85,约有79%的人口生活在高于更替水平的国家;2010—2015年间全球的总和生育率降至2.46,约有54%的人口生活在高于更替水平的国家;2020年全球总和生育率继续下降至2.4;预计2045—2050年间全球总和生育率会降至2.24,69%的人口会生活在更替水平以下的国家;2095—2100年间全球总和生育率预计降至更替水平以下的1.99(图4-5)。目前,大多数高收入国家的总和生育率已经低于2.1的更替水平,根据世界银行的数据,2020年高收入国家的总和生育率仅为1.57,自1975年开始已经连续46年低于更替水平。

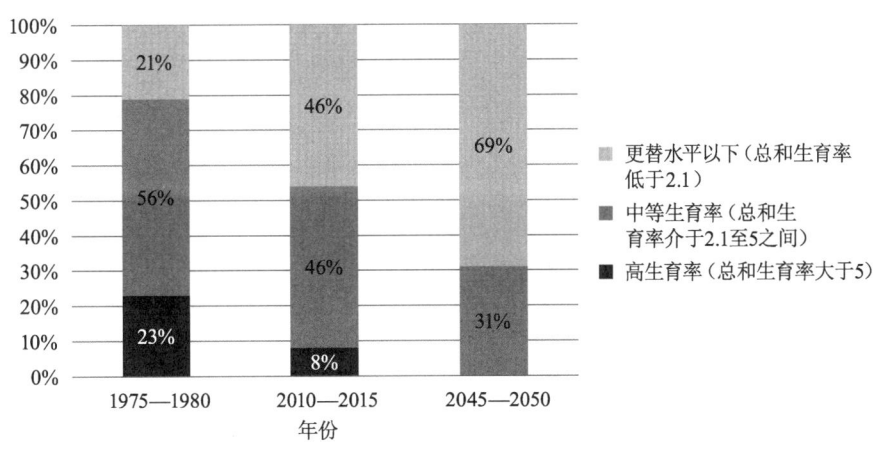

图4-5 世界人口总和生育率

资料来源:United Nations,World Population Prospects:The 2017 Revision.

另一方面,平均预期寿命的提高则使得老年人口在总人口中的比重上升。从全球范围来看,2005年,人口出生预期寿命为68.9岁,其中男性预期寿命为66.8岁,女性为71.2岁;2010年,人口出生预期寿命上升至70.6岁,其中男性和女性的预期寿命分别为68.4岁和72.8岁;2019年人口出生预期寿命进一步上升至72.7岁。根据《世界人口展望2019:要点》的预测,到2050年,全球人口出生预期寿命将增加至77.1岁。

(二)发达地区主导世界老龄化

发达地区是城镇化高度发展的地区,人口主要居住在城镇,这些地区主导着世界的老龄化进程。根据世界银行的数据,1960年高收入国家和地区65岁及以上老年人口占其总人口比重为8.7%,2020年这一比重为18.6%,上升了近10个百分点,而相应的老年人口总数由6 700万上升至2.27亿。

从地域来看,欧洲是老龄化最严重的地区,欧洲各年龄人口中,只有老年人口在不断增长。2020年,欧盟65岁及以上人口占比高达20.8%。而在世界各国中,日本是人口老龄化程度最高的国家,2020年其65岁及以上老年人口比重高达28.4%。

不仅如此,发达地区还在由老龄化迈向高龄化。1950年,发达地区人口中80岁及以上高龄人口占总人口比重不足1%,到2015年上升至4.7%;高龄人口占老年人口的比例由1950年的12.9%,上升到2015年的26.8%,这期间高龄人口规模增长了6倍多,高龄人口是所有年龄组人口中增长最快的。① 2019年,全球80岁及以上人口中有38%居住在欧洲和北美洲。

(三) 发展中地区老龄化速度加快

相对于发达地区,发展中地区的老龄化进程则相对缓慢。从老年人口比重来看,根据世界银行的数据,1960年,中低收入国家和地区② 65岁及以上老年人口占总人口比重为3.73%,到2020年,这一比重仅上升至7.58%。

但从老年人口规模的增长来看,发展中地区的增长速度则要显著快于发达地区。根据世界银行的数据,1960年,中低收入国家和地区65岁及以上老年人口数为8 400万,到2020年,其老年人口规模增加到4.93亿,是高收入国家和地区的2倍多。

按照世界银行的分类,中低收入国家和地区包含了除了高收入国家和地区以外的国家和地区,包括中高等收入、中等收入、中低等收入和低收入四个等级,这些国家和地区之间的老龄化程度也存在一定的不同(图4-6)。总体上来说,人口老龄化程度基本和收入成正

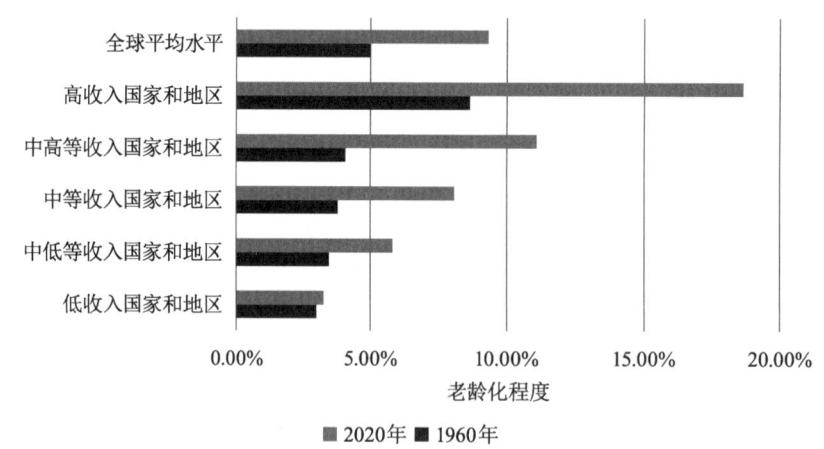

图4-6 收入与老龄化程度对比

数据来源:世界银行数据库;图中百分比为65岁及以上人口占总人口比重。

---

① 陈卫.国际视野下的中国人口老龄化[J].北京大学学报(哲学社会科学版),2016,53(6):82-92.
② 按照世界银行的分类,即除了高收入国家和地区以外的国家和地区。

比关系。中等及中高等收入的国家和地区也普遍超过了老年人口（65岁及以上）比重7%的老龄化标准。许多发展中国家的老龄化进程正在不断加快,而一些目前高生育率、高人口增长率的国家,未来的老龄化势能将是巨大的。

二、国外老龄化的政策应对[①]

国外发达国家经济发展水平高,城镇人口在国家人口中占据主导地位,其老龄化的主要问题实质上是城镇人口的老龄化问题。为了应对人口老龄化的挑战,西方发达国家出台了一系列的政策措施,如日本实施了"天使计划",欧盟发表了《应对人口变化:构建新的代际团结》的人口绿皮书,其他OECD国家也有许多相关措施。这些措施为他们缓解老龄化压力发挥了积极作用,其经验和做法对中国也有借鉴意义。

(一) 实行"弹性"的退休制度,鼓励老年人参与劳动

实行延迟退休制度,延长退休年龄,采取多项措施鼓励更多老年人继续参与劳动,已经成为许多国家采取的应对老龄化的主要措施之一。如欧盟就认为延迟退休、鼓励老年人继续参与劳动市场仍然具有很大的政策操作空间,因而欧盟多数国家采取了多项措施来推动老年人继续工作,包括改革退休与养老金制度、提升老年人就业能力等。

在改革退休与养老金制度方面,欧盟多数国家总体上限制提前退休,并通过配套改革福利与养老金制度,来降低提前退休的吸引力,从而提高老年人口的劳动参与率。如意大利、丹麦、荷兰、法国、奥地利和芬兰等,都制定了严格的提前退休条件;丹麦、奥地利、比利时、意大利、葡萄牙、西班牙、瑞典、荷兰、法国和英国则引入激励措施,鼓励老龄工人推迟退休,意大利还降低了社会福利水平;为了消除对老龄工人的歧视,荷兰专门成立了反年龄歧视局;为了老年人延长退休年龄,芬兰出台"国家老龄工人计划"。

在提升老年人就业能力方面,欧盟要求成员国改变过去非制度化、零碎式的老年人就业能力提升方法,而是要以综合性、积极地老龄化战略为引领,结合实施预防性、补救性、保障性措施。预防性措施即倡导终身培训和工作再设计,补救性措施即针对老人进行特殊培训,将这些措施贯穿整个工作生涯,而不是集中在后期阶段,从而缓解老龄化造成的社会就业压力。保障性措施即各国坚持积极老龄化政策方向不变,采取措施确保老年人能充分享有继续教育和培训的机会,从而维持或提升老年人的工作能力,以及改革用工制度,提升社会对老年人就业潜力的认知。如荷兰政府为了促进老年就业,到2005年,已累计投入2 100万欧元,此后两年,又进一步提供200万欧元用来进行一项关于老年劳动力部门间流动的实验,探讨老年就业的可行性和相关扶持条件。

而日本作为世界上老龄化程度最严重的国家之一,在鼓励老年人就业方面走在了世界前面。早在1994年日本国会就修改了《老年人稳定就业相关法》,其增加的内容包括:业主在规定退休年龄时,不得将年龄线定在60岁以下;劳动大臣可以要求业主制定和改善继续聘用制度,从而将退休年龄推迟至65岁;60岁以上的员工可以作为派遣劳动法的特例进行

[①] 李通屏,朱雅丽,邵红梅.人口经济学[M].北京:清华大学出版社,2008,123-128.

派遣;建设"老年人工作经验活用中心",专门为60岁以上老年人提供短期工作岗位;业主、职业介绍机构应当给予老年人在职业生涯规划方面的指导与建议。经过一系列措施的实施,日本也成为OECD国家中平均退休年龄最高的国家,老年人口的高劳动参与率也一定程度上缓解了日本公共支出的压力。

(二)改革养老金制度

目前,世界上多数国家尤其是发达国家,采用的都是以国家基本保险为核心的现收现付(PAYG)的单一支柱养老制度。现收现付制下退休人群的养老金实际上是由现期工作人群以税收或缴费的形式通过社会保障系统提供,而现期工作人群的养老则由下一代人提供,由此代代相续。这一制度可以使退休人群获得稳定的养老保障,但出生率下降导致的人口老龄化让这一模式的弊端暴露出来。也就是说,随着老龄化程度的加深,养老支出增长过快,养老保障系统不堪重负;而稳定的高福利又进一步刺激了人们争取早退休,从而降低了就业规模;高赋税又进一步削弱了企业的积极性与竞争力,社会非物质生产部门过于膨胀,最终制约了经济增长。由此带来的严重经济社会问题,迫使发达国家不得不改革传统的养老金制度。

1. 日本

为了缓解养老金支出压力,日本早在2000年年初就通过了《国民年金法》《厚生年金法》等七部有关养老保险改革的法案,大刀阔斧地对养老金制度进行了改革,其改革内容可以分为开源和节流两个方面。

一方面,通过调整缴费方式、延长缴费年限等方式实现开源。首先,改革养老保险费收入方式,将按月工资收取改为按年收入收入,由于一些企业职工年中和年末奖金在收入中占相当大比重,按年收入收取将大幅增加养老保险费总收入;其次,延长收取养老保险费的年龄,原先就业人群中60岁以上的老人无需缴纳养老保险费,改革后规定65~70岁的就业者也必须缴纳养老保险费,同时还根据其收入情况减少其工业期间领取的养老金数额;再次,设立青年学生养老保险费补缴制度,原先20岁以上的无收入青年学生可以向政府申请减免养老保险费,改革后改为向政府申请在就业后10年内补缴;最后,增加政府对养老金的投入,新法律将政府负担的养老金基础部分的资金比例由原来的1/3提高到1/2以上。

另一方面,通过调整养老保险金的支付方法来实现节流。首先,新法律规定将养老金收益削减5%;其次,将开始领取养老金的年龄逐步从目前的60岁提高至65岁;最后,取消对养老金基金运作规模的限制,将养老金基金投入资本市场自主投资,并允许企业以股票实物的形式向厚生年金出资等,共济年金则是鼓励个人为养老而储蓄。

2. 挪威

挪威的国家保险计划属于福利型的社会保障制度,实施的是"从摇篮到坟墓"的全民保障,保障内容无所不包,其资金来源主要是国家一般性税收。但随着人口老龄化的加剧,尤其是退休人口平均存活年限的不断上升,挪威的养老保障体系也受到了较大的冲击,必须要对现有养老体系进行改革,才能缓解老龄化的冲击。

挪威政府在2002年提出了养老体系改革的三大初步目标,即必须保证国家保险计划在财政上具有可持续性、必须能有效激励社会的劳动参与率、必须能继续为退休人员提供有保证的最低国家养老金。为了实现目标,挪威建立了收入与养老金之间的管理制度,养老金积累与个人工资增长相匹配,建立强制性的补充养老金计划,同时建立起弹性的退休制度,根据预期寿命调整养老金给付水平。

3. 荷兰

荷兰的养老体制虽然也是一种现收现付制,但由于其是一种覆盖全民的最低生活保障制度,保障水平较低,是一种混合的制度,因而老龄化对其冲击也较小。不过荷兰还是在应对老龄化冲击方面采取了一定的措施,其主要思路是通过明确各类主体责任来分散养老金压力。

首先,荷兰在国家养老金的基础上,还通过政府、雇主组织和工会三方协调机制,建立了职业养老金制度,分散了养老金的压力;其次,为了解决老年贫困和社会排斥问题,对在社会保障制度下享受福利的资格进行了严格的规定,扩大了个人、雇主、地方政府在社会保障中应当承担的责任;最后,通过经济政策来鼓励工作,减少对福利的依赖,从而减轻养老的社会负担。制度的改革有效减轻了公共养老金支出的压力,在消除老年贫困方面也取得了较好的效果。

(三) 鼓励生育,改善人口年龄结构

提高生育率能够有效提升新生劳动力供给的可持续性,是改善人口年龄结构、应对老龄化的有效手段。因此,在欧盟、日本等老龄化严重的国家,各国几乎都对生育政策做出了调整,包括退休养老优待、减免赋税、提供补贴等,以鼓励家庭生育子女。德国与法国通过退休养老有待鼓励生育,如德国规定妇女每生育1个子女,可多计1年的养老金缴费时间,生育3个及以上子女的,每1个子女多计算三年缴费时间,法国为2个及以上孩子的家庭发放补贴,对于生育3个孩子的妇女,给与退休年龄和待遇上的优惠。挪威则为生育子女的家庭提供免费看护服务、收入和就业激励。

除了妇女和孩子,欧盟还制定了一系列促进青年劳动力供给的政策来应对老龄化。早在2003年,欧盟国家25~34岁的青年人口中,接受过大学教育的比重就达到了28%,而55~64岁人口仅有16%,这说明青年劳动力相比老年群体有着更高的生产效率和工作适应能力。但现实中由于青年劳动力由于经验缺乏、学校教育与社会需求不符等原因,青年人的失业率却高于其他年龄组人口。2002年,欧盟18~24岁的青年毕业生中有16.5%的人没有获得任何资格证书。为此,欧盟各国采取各项举措来推动青年人融入劳动力市场,支持青年人尝试在就业、学习、失业、再培训或更新技能之间变换,追求不同于传统的职业发展路径。

相较于欧盟国家,日本在严重的少子化危机背景下,推出的鼓励生育政策力度更大。为了改变生育率持续低下的趋势,日本在1994年推出了第一项针对少子化的综合性政策,即《关于今后支援育儿施策的基本方向》(简称"天使计划")。日本政府为"天使计划"专项拨款60亿日元,重点用于解决生育服务设施、保健医疗体制、妇女就业及育儿、住宅生活环境、儿童教育、养育经济负担等方面的问题。1999年,日本政府推出"新天使计划"作为"天

使计划"的继续和延伸,2000年厚生劳动省又投入1万多亿日元,用于托儿所等妇幼保健基础设施的建设。

日本希望通过政策调整和持续投入来扭转人口出生率不断下降的趋势,但实际的政策效果却并不明显。2003年,日本执政三党又提出了《少子化社会对策基本法》(草案),提请众议院内阁委员会审议。该草案提出完善育儿休假制度和保育服务,规定了国家、地方自治体、企业等主体都有责任和义务来应对少子化的问题,希望最终构建一个"让生育孩子的人真正感到自豪和喜悦的社会"。但从实际效果来看,后续举措仍未能有效提升生育水平,目前也鲜有国家能把已经下降到更替水平之下的生育率提升至更替水平以上,这些举措更多的是防止生育率的进一步下降,以及降低老龄化加深的速度,却无法扭转总的趋势。

(四) 积极采取老龄化措施

各国担心老龄化的重要原因之一是老年人口比重的增加,会导致医疗和健康费用的大幅度上升,但实际上,高昂医疗健康费用激增并不全因老年人口本身,而是因为残疾和疾病常与老年人相关。如果能采取有效措施,让多数步入老年的人口保持健康,那么医疗健康费用激增的情况就会得到有效改善。

早在2002年,世界卫生组织(WHO)就提出了以改善老年人健康状况为核心内容的积极老龄化政策框架,参与、健康和保障是政策框架的三个主要内容。"积极"不仅仅包括身体的健康程度或参加体力劳动的能力,好包括持续参与社会、经济、文化、政治等各项事务的能力。积极老龄化覆盖所有年龄组的人口,其目的在于使得整体人口尤其是其中的体弱者、残疾者、需要照料者,能够延长健康预期寿命和提高生活质量。通过医疗健康保障体系、劳动力市场、就业与教育体系以及社会对积极老龄化的全方位支持,能够有效改善适龄劳动者的健康状况,减少老年阶段因病致残者的数量,使越来越多的老年人能享受很好的生活质量,同时通过积极参加社会经济活动,来继续为国家和社会做出贡献,医疗与健康费用也会相应地下降。

各国在落地实现积极老龄化政策方面也做出了各种探索,其中欧洲国家是典型代表之一。荷兰主要通过发展老年照料和护理事业来保障老年人的健康生活。首先是改革老年人护理机制,通过修改各项养老保险法律,逐渐在全国建立起"家庭—社区—保险机构"共同负担的老年人护理机制,秉持"首先是家庭,其次是社区,最后是保险机构"的老年人护理原则,支持家庭护理生活尚能自理的老人,保险机构则重点照顾生活不能自理、需要救助的老年人。再次是通过养老院为不同老年群体提供照料服务,荷兰的养老院多数是通过社区来开展工作,除了为普通老年人提供一般性照料服务,还专门收养患有老年痴呆疾病的老人。老年人进入养老院需要缴纳一定的费用,不足部分由社区从社会保障机构和政府获得。最后是完善老年护理基础配套,包括提供人性化的住房、交通等公共服务设施,普及预防性护理保健知识等,重点为老年病人和残疾老年人提供看护服务。

挪威则针对不同老年群体分类提供养老服务来推进积极老龄化。挪威的养老服务主要有居家服务和机构服务两种,其中身体状况好的老人多数选择居家养老。针对居家养老的老人,政府会给予相应的补贴,并提供清洁、上门医疗服务等家庭服务。而对于需要照料的老人,则由社区提供三类养老服务。一是护理院,护理院完全由政府出资建设,但只有重病或由于高龄而基本丧失生活自理能力的老人才能入住,这类人群约占老年人的10%。二是养老院,主要为身体不很健康但又不够入住护理院标准的老人提供养老服务,入住养老院需要老年人自费购买服务。三是老年中心,主要收养年满63岁以上老人,通过老年中心为老年群体提供文化娱乐、社会交往等参与性的服务,老年中心同样也需要付费,但收费一般比较低廉。

(五) 吸收移民

早在2000年联合国发布的人口替代报告就指出,以日本、德国、意大利等为代表的多数工业化国家,在21世纪上半叶都将面临严重的人口老龄化问题,必须要通过吸收外来移民来缓解劳动力紧张局面。

欧洲作为高度工业化地区,也同样面临着严重的老龄化问题。但面对移民,欧洲一开始持相对保守态度,担心大量移民涌入会对原有的社会文化体系造成巨大冲击,因此不愿接受大规模移民。但面对日益严峻的人口老龄化形势,欧洲开始转变观念,陆续出台了一系列政策举措来接受和鼓励移民。1997年欧盟《阿姆斯特丹条约》首次提出了移民政策合作的构想;1999年芬兰坦佩雷峰会决定,把移民政策纳入未来欧盟"共同司法与安全领域";2003年6月,欧盟委员会发表了一项有关移民、一体化和就业的通报,指出劳动力分配的不平衡和老龄化的加剧给就业带来了巨大压力,有必要从更长远的角度去审视移民政策;2004年11月,欧盟理事会出台了"海牙计划",要求欧盟委员会在2005年年底前向欧盟理事会提交一份有关统一经济移民政策的建议;欧盟委员会于2005年1月11日通过了名为《欧盟解决经济移民措施》的绿皮书,意在仿效美国,发放自己的"绿卡";2005年年底,欧盟又制定了一整套新的非欧盟国家公民在欧盟国家移民和就业的政策,该政策在限制限制非法移民、控制普通移民的同时,注重吸引外国劳工,鼓励高智商和高知识结构的人才到欧盟就业。

由于移民多数处于适龄劳动阶段(2019年全球移民中有74%处于20~64岁的就业年龄段,14%为20岁以下),因此不仅可以直接增加迁入地的劳动力规模,改善其人口年龄结构,还能通过高生育率推动迁入地人口的自然增长。因此,现如今包括欧洲在内的发达国家通过移民来调整人口年龄结构和缓解劳动力不足的做法,已经成为国际共识。根据联合国估算,2000—2005年,发达国家每年平均接受移民达到128万人。而到了2010—2020年间,高收入国家移民数量进一步增加,有14个国家移民净流入超过100万人,而这14个国家均是高收入或中高收入国家[①](按世界银行2018年分类标准)。

分地区来看,欧美发达国家是全球主要移民接受地区。1999年欧盟移民人口仅为72万,2000年上升至81.6万,但这也占了欧盟人口增长的70%以上。而2019年,全球移民数量已经高达2.72亿人,其中,欧洲接受的移民数最多,高达8 200万人,其次是北美,接

---

① 数据来源:联合国经济与社会事务部人口司《世界人口展望2019:要点》。

受了5 900万移民,两地占了全球移民的51.8%。

三、中国老龄化发展概况

(一) 中国老龄化发展历程

快速的老龄化来源于快速的人口转变。中国的人口转变及年龄结构变化的剧烈程度,在世界各国也是少有的(表4-2)。随着20世纪50年代至60年代死亡率和生育率的大起大落,以及70年代以来的长期下降趋势,中国经历了劳动年龄人口和老年人口比重短期下降后连续增加、少儿人口比重短期增长后持续下降的过程,从年轻型人口迅速转为老年型人口,并呈现不断加速的老龄化趋势。建国后中国人口年龄结构变化可以划分为四个阶段。

表4-2 中国老龄化发展历程

年龄段	1953年	1964年	1982年	1990年	2000年	2016年	2019年
60~64岁	2.9%	2.6%	2.7%	3.0%	3.4%	5.8%	5.6%
65~84岁	4.3%	3.5%	4.8%	5.4%	6.8%	10.1%	11.7%
≥85岁	0.1%	0.1%	0.1%	0.2%	0.3%	0.7%	0.88%

数据来源:2000年及以前的数据来自历次人口普查,2016年数据来自《中国人口和就业统计年鉴2017》,2019年数据来自《中国统计年鉴2020》。

1. 年轻化阶段(20世纪50—60年代)

新中国成立带来和平稳定的社会环境,经济得到快速恢复和发展,人民生活水平不断提高,医疗卫生条件得到极大改善。死亡率大幅度下降,而出生率还保持着很高的水平,导致中国人口增长率迅速上升。这一时期中国粗出生率高达30‰~40‰,粗死亡率降低至15‰以下,人口自然增长率达到20‰以上,导致人口年龄结构出现年轻化。

1953年第一次人口普查显示,中国0~14岁人口比重达到36.3%,65岁老年人口比重仅有4.4%,年龄中位数为22.7岁,是一个非常年轻的人口结构。1964年第二次人口普查,0~14岁人口比重进一步增加,达到40.7%,相应的劳动年龄人口与老年人口比重出现减少,年龄结构变得更为年轻。1953年和1964年,中国人口结构均是上窄下宽的增长型人口,低龄人口更多。20世纪50年代至60年代,中国增加的人口主要集中在0~14岁年龄组,15岁以上并没有太大变化,人口年龄结构变得更年轻了。

2. 成年化阶段(20世纪70—80年代)

70年代初,中国开始实行计划生育政策,中国经历了急速的生育率转变。1970年中国妇女总和生育率为6,1977年即下降到3以下。此后生育水平进一步下降,1990年生育率接近更替水平。生育率下降降低了少儿人口,同时,70年代之前高生育率下的出生人口进入劳动年龄人口,导致年龄结构的成年化趋势。

1982年第三次人口普查显示,0~14岁人口比重为34%,15~64岁人口比重为61%,65岁及以上老年人口比重为5%。与1964年相比少儿人口比重下降了7个百分点,劳动年龄人口比重上升了6个百分点,而65岁以上老年人口比重变化不大。1990年第四次人口普查时,少儿人口比重减少到28%,老年人口比重增加到5.6%,而劳动年龄人口比例增加到67%。少儿人口比重的持续下降和劳动年龄人口比重的上升表明,中国人口在逐步成年化。1982年的人口金字塔呈现出底部收缩的趋势。而新中国成立以来的两次生育高峰,在1982年和1990年的人口金字塔中表现为青壮年劳动年龄人口的突起,1990年人口年龄结构转变为典型的成年型人口。

3. 老龄化启动阶段(20世纪90年代)

20世纪90年代以来,中国进入低生育率时期,生育率降到更替水平以下,并且持续走低。中国人口年龄结构延续之前的变化,劳动年龄人口比重继续增加,少儿人口比重继续下降,2000年第五次人口普查时劳动年龄人口比重达到70%。年龄中位数自80年代开始逐渐上升,人口持续成年化,并走向老龄化。

20世纪80年代以来,中国老年人口比例出现上升,但速度较慢,90年代以后有所加速。2000年第五次人口普查结果显示,65岁及以上老年人口比重达到7%,比1990年时增加1.4个百分点。同时,少儿人口比例下降近5个百分点,劳动年龄人口比例上升近4个百分点。2000年人口金字塔底部进一步收缩,同时顶部在扩大。按照国际惯例,2000年中国人口成为老年型人口,中国进入了老龄化社会。

4. 老龄化提速阶段(2000年至今)

2000年以来,中国生育率处于很低水平,总和生育率维持在1.6左右,远低于更替水平2.1,人口增长趋势不断减弱。2000年第五次人口普查以来,人口老龄化程度不断加深,速度不断加快,进入老龄化提速阶段。2010年第六次人口普查结果显示,中国60岁及以上人口达到1.78亿人,占总人口的13.26%,比2000年增长了3个百分点。其中65岁及以上人口为1.19亿人,占8.87%,比2000年增长了1.7个百分点。2020年11月第七次人口普查结果显示,中国60岁及以上老年人口占总人口的18.7%,其中65岁及以上人口占总人口的13.5%。历次人口普查数据显示中国老年人口及其比例的增长速度持续加快,伴随着生育率持续降低,以及建国初期生育高峰人口将逐步步入老龄,中国人口老龄化正在进入加速推进阶段。①

(二)中国老龄化现状特征

中国自1999年开始进入老龄化社会,此后老龄化持续发展,2020年11月,中国60岁及以上老年人口占总人口的18.7%,其中65岁及以上人口占总人口的13.5%,已经远超国际上关于老龄化社会的通行标准。目前国内老龄化的发展主要有四个方面的特征。

一是老龄化速度快,老年人口规模大。与发达国家相比,中国是发展中国家当中老龄化发展速度最快的国家,仅次于日本。以65岁及以上老年人口占比提速来看,从7%提升到14%,法国用时130年,瑞典85年,美国和澳大利亚79年,日本用了24年,而中国预计27年就能完成这个过程。并且在未来40年,中国总体上将处于老龄化高速推进的时期,中

---

① 陈卫.国际视野下的中国人口老龄化[J].北京大学学报(哲学社会科学版),2016,53(6):82-92.

国将快速转向重度老龄化和高龄化。

同时,中国还是现今世界上老年人口最多的国家。2020年11月,中国65岁及以上老年人口数为1.91亿,占全球65岁及以上老年人口总数的26.4%。根据联合国中方案人口预测,中国65岁及以上老年人口规模在2025年将突破2亿,2036年突破3亿,2050年达到3.7亿。如果是按照60岁及以上标准来计算老年人口规模,2020年11月中国老年人口规模是2.64亿,2026年将达到3亿,2037年将超过4亿,2051年达到最大值,之后一直维持在3~4亿人的规模。这就意味着21世纪上半叶,中国将一直是世界上老年人口最多的国家,到了21世纪下半叶,中国也将是仅次于印度的第二老年人口大国[①]。

由于快速的老龄化速度以及巨大的老年人口规模,中国在全球老龄化格局中有着举足轻重的作用。根据联合国的估算,在2015年,中国的老龄化使得全球老龄化程度上升0.3个百分点,使得发展中地区老龄化程度上升0.9个百分点。到2030年和2050年,中国将使得全球老龄化程度分别上升1个和2个百分点,使得发展中地区老龄化程度分别上升1.9个和2.7个百分点。发展中国家和地区将很快于2020年全面进入老龄化社会,这是中国的老龄化使得发展中地区提前8年进入老龄化社会的结果。

二是女性老年人口数远多于男性。根据《中国统计年鉴2020》的抽样数据,2019年中国60岁及以上老年人口中男女比例为48.1%和51.9%;65岁及以上老年人口中男女比例为47.2%和52.8%,其中男性为8 366万人,女性为9 389万人,女性比男性多出993万人。2049年老年人口中女性比男性将多出2 645万人,达到峰值。21世纪下半叶,多出的女性老年人口基本稳定在1 700万~1 900万人。特别是,多出的女性老年人口中50%~70%都是80岁及以上年龄段的高龄女性人口。

从老年人口性别比看,根据《中国统计年鉴2020》抽样数据,2019年中国60~64岁老年人口性别比为100.74(女=100),65~69岁性别比为95.9,70~74岁性别比为94.11,75~79岁性别比为87.76,80~84岁性别比为77.24,85~89岁性别比为70.37,90~94岁性别比为51.53,95岁及以上的性别比为35.29,性别比随着年龄的增长而降低,总体上女性老年人口要远多于男性。

三是"未富先老"和"未备先老"。从发达国家老龄化进程的经验来看,老龄化一般是在经济发展到一定水平时才会出现,老龄化程度基本与经济发展水平成正比。发达国家进入老龄化社会时,其人均GDP基本在5 000~10 000美元以上,属于"先富后老"或者"富老同步"的类型。但中国在计划生育等政策因素的影响下,老龄化进程提前加速开始,开始人口老龄化时人均GDP刚超过1 000美元,具有"未富先老"的特点,应对老龄化的经济实力比较薄弱。

此外,中国老龄化还呈现"未备先老"特征。2010年中国的中位年龄为34.5岁,与20世纪90年代后期的美国大致相当,但是经济发展水平滞后美国100年左右,人类发展指数为0.8。而日本1967年人类发展指数为0.8时,中位年龄只有28岁。中国老龄化进程过早加

---

① 李通屏,朱雅丽,邵红梅.人口经济学[M].北京:清华大学出版社,2008,117.

速开始,经济社会整体发展水平不高,在认识和制度等方面都准备不足,尤其是养老服务体系滞后于养老服务需求,针对老龄化的保障还不完善,养老服务市场供给缺口巨大,具有"未备先老"的特点。

四是"少子化""高龄化""空巢化"三化与老龄化并存。三化与老龄化叠加,传统的家庭养老功能的空前弱化,将不能满足老年人养老的需求,老年人的养老面临多元化的挑战和选择。由于出生率快速下降,老龄化程度加深的同时伴随着少儿、劳动年龄人口的大幅减少,出现"少子化"伴随老龄化现象。

同时,随着老年人口队列从最初的低龄化逐渐向高龄化转变,80岁及以上老年人口占60岁及以上老年人口的比例也在增加。2010年,全国80岁及以上老人达2098万,同2000年第五次人口普查相比,80岁及以上高龄老人上升了0.61个百分点。根据《中国统计年鉴2020》年人口抽调查的比例测算,2019年全国80岁以上人口规模超过3000万。80岁及以上高龄老人正在以每年100万人的速度在递增,2025—2050年间,中国高龄老年人口年均增长速度将达到4.8%,预计到2050年80岁及以上的高龄老人将增加到1.08亿人。

高龄老人生理机能的严重衰退,成为纯粹的被赡养人口,高龄化将面临养老的贫困、疾病和失能三大棘手问题。人口高龄化在人们的自然寿命延长的同时,也在很大程度上延长了带病生存期,表现在患病率、伤残率增加,自理能力下降。80岁以上高龄老人中生活不能自理率高达30%以上,90岁以上高龄老人生活不能自理率更是高达50%以上,中国失能、半失能的老人达300多万人,仅生活照料和护理服务的需求就十分巨大,大大增加了养老成本。

独生子女达到婚育年龄后会陆续结婚、就业,不仅城市存在着大量异地就业,随着城镇化进程的加快,农村大量乡-城迁移就业劳动大军也会市民化,子女与老年父母分开甚至异地生活的比例越来越高,空巢老人和留守老人比例也会越来越高。另外,无子女以及由于子女夭折、意外身亡的"失独"老年人数量也在增加,早在2012年中国就有超过100万个"失独"家庭,并且每年以7.6万个的数量增加,2020年"失独"家庭估计超过160万个,与子女不在一起的"空巢老人"和"失独"的"空巢老人"群体日益庞大。

五是老龄化的地域发展不平衡。中国人口老龄化发展具有明显的由东向西的区域梯次特征,东部沿海经济发达地区明显快于西部经济欠发达地区,以最早进入人口老年型行列的上海(1979)和最迟进入人口老年型行列的宁夏(2012)比较,时间跨度长达33年。根据第七次全国人口普查的数据,2020年11月,全国(不含港澳台)31个省、自治区、直辖市中,山东省老年人口数量最多,60岁及以上老年人口达2122万人,占山东省总人口的20.9%,65岁及以上老年人口达1536万人,占山东省总人口的15.13%。其次是江苏和四川,60岁及以上人口规模分别为1851万人和1817万人,占省总人口比例分别为21.84%和21.71%,65岁及以上人口规模分别为1373万人和1417万人,占省总人口的比例分别为16.2%和16.93%。

辽宁是人口老龄化程度最高的省级行政区,其60岁及以上老年人口比例达到25.72%,比全国平均水平18.7%高出7个百分点,65岁及以上老年人口比例高达17.42%,比全国平均水平13.5%高出近4个百分点。

与此相反,西藏是全国老年人口数量最少的省份,其中60岁及以上老年人口占西藏自治区总人口的比例为8.52%,只有31万人,而65岁及以上老年人口占西藏自治区总人口的比例仅为5.67%,为21万人。其次是新疆和青海,60岁及以上人口占省总人口的比例分别为11.28%和12.14%,65岁及以上人口占省总人口的比例为7.76%和8.68%。这意味着新疆、青海等省份老龄化程度相对较低,而西藏则尚未进入严格意义上的老龄化社会。

(三)中国城市老龄化现状

随着中国老龄化进程的推进,在城市与乡村之间出现城乡老龄化倒挂的现象;城市之间的老龄化也出现分化,不同区域、不同发展水平、不同历史背景的城市呈现出不同的老龄化发展特征;而城市内部在不同口径和视角下,老龄化的情况也有所不同。具体表现为如下四个方面。

1. 城乡倒挂:城市老龄化程度低于农村

发达国家人口老龄化的历程表明,老龄化程度与经济发展水平成正比,城市老龄化程度一般要高于农村。而中国的城市老龄化整体水平却要低于农村,这种情况从1982年的第三次人口普查之后就开始出现。根据第五次全国人口普查的数据,2000年中国城市65岁及以上老年人口占城市总人口比重为6.7%,而农村65岁及以上老年人口占农村总人口比重为7.5%,城乡差距为0.8%。到2010年,根据第六次全国人口普查的数据,中国城市和农村老年人口比重分别为7.7%和10.1%,城乡差距为2.4%。到2018年,根据《中国人口和就业统计年鉴2019》的抽样调查数据,中国城市和农村老年人口比重分别上升至10.3%和13.8%,城乡差距扩大到3.5%。2020年第七次人口普查数据显示,乡村65岁及以上老人的比重为17.72%,比城镇高出6.61个百分点(图4-7)。城市和农村的老龄化水平差距还将逐步拉大,直到21世纪后半叶,城市老龄化水平低于农村的现象才会得以扭转,并逐渐拉开差距。

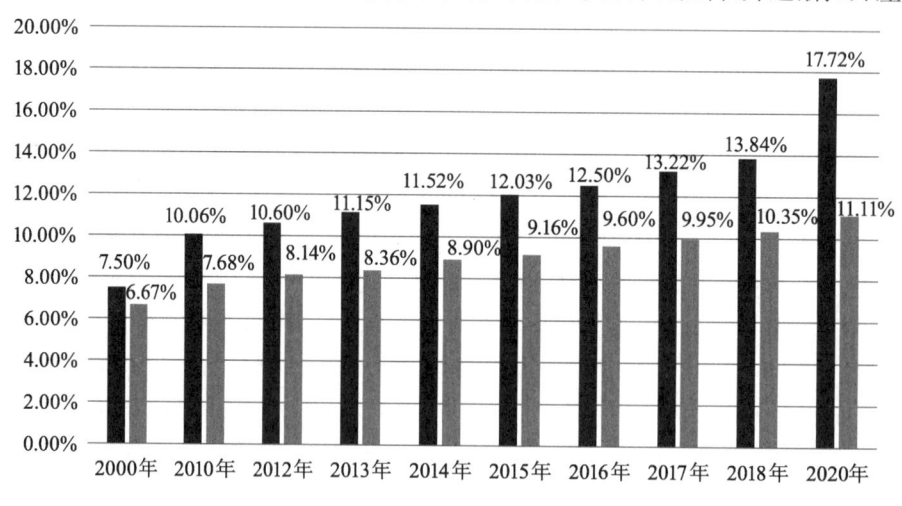

图4-7 2000—2020年中国城市与乡村老龄化发展对比(时间轴非等比例绘制)

注:除2020年外,城市数据不包括镇的数据;老年人口比重指65岁及以上人口占总人口比重。
数据来源:2000年、2010年、2020年数据来自当年人口普查数据,其余数据来自历年中国人口和就业统计年鉴。

城乡老龄化水平倒挂是中国人口老龄化区别于发达国家的重要特征之一,这种现象的出现有着深刻的社会历史背景。由于中国城乡社会经济二元结构的存在,大量农村年轻劳动力不断向城市迁移,延缓了城市的人口老龄化进程,但同时加速了农村人口老龄化的速度。

2. 城市差异:不同城市老龄化发展分化

中国老龄化发展存在地域差异,老龄化程度基本呈现由东向西的梯度变化,东部发达地区明显快于西部欠发达地区。在城市之间,经济社会发展水平、历史背景、自然地理条件等因素的不同,会导致其人口发展和老龄化发展情况也会有所不同。从国外发达国家城市发展的经验来看,城市发展水平越高,其老龄化程度也越高。在中国,这一规律对于多数城市而言大体上也适用,不过由于存在大量流动人口等因素,对这一规律的作用范围和程度也有所影响。

在全国老龄化深度发展的背景下,多数城市不可避免地也进入了老龄化社会,但中国仍然存在大规模的流动人口,对于收入水平较高、就业机会较多的城市而言,会有持续不断地适龄劳动人口尤其是年轻人口流入,从而使城市保持"相对年轻"。而对于部分人口净流出中小城市而言,年轻劳动力的不断流失,虽然城市仍处于较低的发展水平,但老龄化程度相对其发展水平而言,却已十分严重。

北京、上海、广州、深圳四座一线城市,代表国内城市发展的最高水平,按照一般规律,这些城市均应进入老龄化社会,且老龄化程度较其他城市更为严重。然而,北京、上海、广州虽然早已进入国际标准的老龄化社会,但2020年广州常住人口60岁和65岁标准的老龄化率分别为11.41%和7.82%(表4-3),低于全国18.7%和13.5%的平均水平,相对于其发展水平而言,其老龄化程度"相对较轻"。

表4-3 2020年中国四个一线城市老龄化率与全国平均水平对比

城市	60岁及以上人口占总人口比重	65岁及以上人口占总人口比重
全国	18.7%	13.5%
北京	19.63%	13.3%
上海	23.38%	16.28%
广州	11.41%	7.82%
深圳	5.36%	3.22%

数据来源:2020年第七次全国人口普查数据。

对于深圳而言,这座由移民组成的城市的发展历史较短,加上户籍门槛较低,人才政策创新,对年轻劳动力更有吸引力,每年仍有大量人口流入,因而城市人口可以保持年轻化。2020年,深圳第七次全国人口普查数据显示,其常住人口中60岁及以上老年人口占比仅为5.36%,65岁及以上占比仅3.22%,远低于国际标准的10%和7%,深圳也是目前国内四个一线城市中唯一一个尚未进入老龄化社会的城市。

3. 户籍差异:常住人口与户籍人口老龄化发展分化

城市老龄化水平的度量一般有两个标准,一是常住人口老龄化水平,另一个是户籍人口老龄化水平,也就会出现两个度量标准分异的情况。一般而言,人口净流入的城市,其常住人口老龄化水平会低于户籍人口老龄化水平,流入的人口以处于劳动适龄阶段的劳动力为主,从而会使得城市"年轻化"。尤其是对一些户籍管理严格、外来常住人口规模庞大的城市而言,常住人口和户籍人口老龄化水平的差异就会愈加明显。

以上海为例,2020年11月,上海60岁及以上常住老年人口581.55万人,占总人口的23.4%,65岁及以上常住老年人口404.9万人,占比16.3%。而2020年末上海60岁及以上户籍老年人口为533.49万人,占户籍人口的36.1%,65岁及以上老年人口为382.44万人,占户籍人口的25.9%(图4-8)。可以看出,上海常住人口老龄化和户籍人口老龄化水平有着较大的差距,对于60岁和65岁两个指标来说,上海常住人口老龄化比户籍人口老龄化水平分别低12.7个百分点、9.6个百分点。

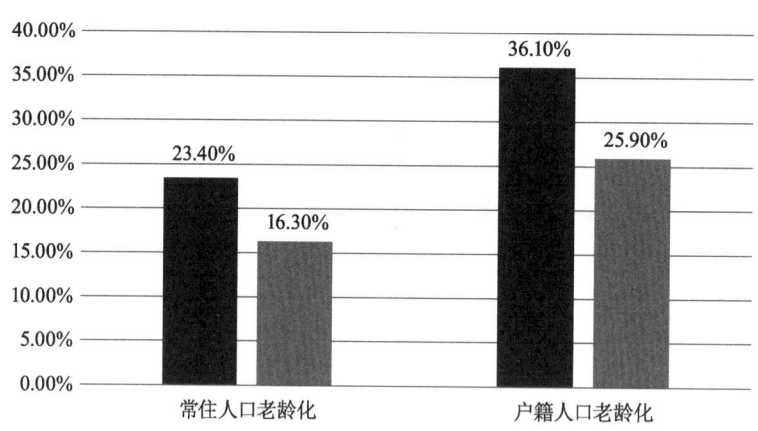

图4-8 2020年上海常住人口与户籍人口老龄化对比

数据来源:常住人口老龄化数据来自第七次人口普查,户籍人口数据来自2020年上海市老年人口和老龄事业监测统计信息。

4. 城区差异:城市内部城区老龄化发展分化

一般而言,城市老城区和新区、郊区的老龄化情况也会有所不同,老城区发展历史较长,原住户籍居民占比较高,老龄化程度也较高,而新区、郊区一般开发时间较短,外来人口较为集中,老龄化程度也较低。

以上海市为例,以60岁为标准,2020年上海全市户籍人口老龄化率为36.1%。分城区来看,整体上户籍人口占比较高、开发较早的老城区老龄化率高于全市平均水平,而新开发、近郊、远郊区老龄化程度相对较低。浦西七个老城区中的黄浦、长宁、静安、普陀、虹口、杨浦,老龄化率均高于全市平均水平,徐汇区为35.9%,与全市水平接近;而浦东新区、闵行、嘉定、金山、松江、青浦、奉贤等新开发或郊区老龄化水平低于全市平均水平,不过宝山区38.15%的老龄化率高于全市平均水平。崇明区较为特殊,由于地理位置偏远,加上生态发展定位、年轻人口流出、户籍人口占比高（全市各区第二高）等原因，其老龄化率也高于上海市平均水平（图4-9）。

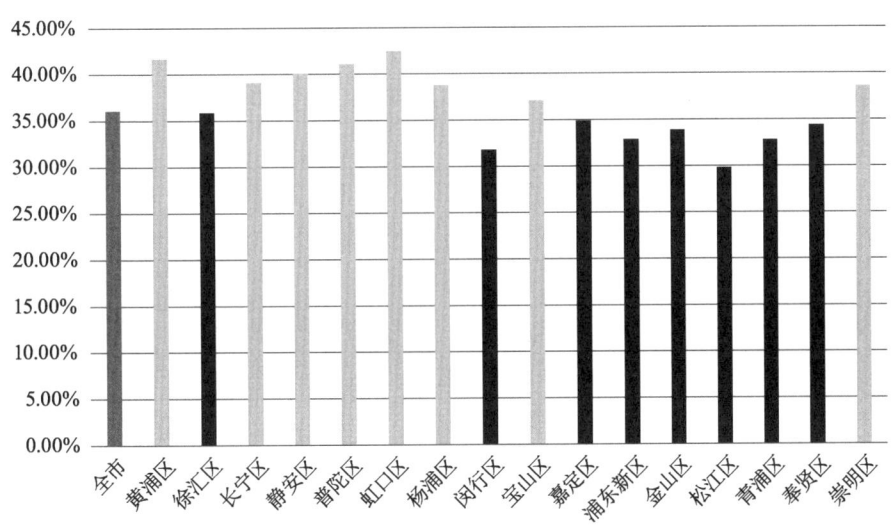

图4-9　2020年上海各区老龄化率对比

注：老龄化率按60岁及以上人口占比计算。
数据来源：上海市卫健委、上海市老龄工作委员会办公室、上海统计局发布的2020年上海市老年人口和老龄事业监测统计信息。

广州市也有类似情况，2019年，按照60岁标准，广州市户籍人口老龄化率为18.4%，按照老龄化率超过20%即进入中度老龄化的标准，广州全市平均水平尚未达到中度老龄化。但广州市老城区的荔湾区、越秀区、海珠区老年人口数均超过20万，三个区的老年人口数占了全市老年人口总数的近一半，达45.4%。荔湾区、越秀区、海珠区户籍人口老龄化率分别为28.64%、26.18%、25.75%，也是全市仅有的三个超过全市老龄化平均水平的城区。

（四）中国城市老龄化发展趋势

未来中国老龄化将不断加速，且高龄化趋势愈加明显，将出现由加速老龄化向高度老龄化的转变。在整体老龄化加速和高龄化趋势明显的背景下，随着城镇化的继续推进，城市人口将逐渐成为人口的主要组成部分，城市老龄化和国家整体老龄化发展的趋势将更加一致。

1. 未来老龄化不断加速

2020年第七次人口普查显示，中国60岁及以上老年人口比重为18.7%，65岁及以上老年人口比重为13.5%。根据联合国中方案人口预测，到2037年，60岁及以上老年人口将占到总人口的30%以上，那时中国将成为重度老龄化国家，2050年这个比例将进一步增长到36.5%。65岁及以上老年人口比重在2050年将达到27.6%。60岁及以上老年人口规模在2014年突破2亿，2026年突破3亿，2034年突破4亿，2050年接近5亿；65岁及以上老年人口规模2025年突破2亿，2036年突破3亿，2050年达到3.7亿。

中国老龄化速度虽有波动变化，但是未来30年老龄化在总体上将处于高速推进时期。2010—2020年，老龄化明显加速；2020—2035年，老龄化急速推进；2035—2050年，老龄化深度发展。2020年之前,60岁及以上老年人口比重每年增加0.4~0.5个百分点,2020年之后持续攀升,由每年增长0.5个百分点,上升到2029年的峰值,增长0.94个百分点,之后老龄化速度仍然很高但开始有所减缓。伴随着新中国成立后第三次出生高峰时期的子女进入老年,老龄化速度将再度加快,2048年60岁及以上老年人口比重较前一年增长0.83个百分点,将成为又一个高峰。

2. 高龄化趋势明显

未来30年,伴随着新中国成立以后生育高峰人口进入老年,60~79岁老年人口比重逐渐上升,其中60~64岁低龄老人数量持续波动,2040年后维持在1亿人左右,65~79岁老年人口未来30年将持续增长,但增长率逐渐下降,2040年之后,增长率转为负数,数量开始减少。未来30年80岁及以上高龄老人数量及比重持续增加,且人口增长率一直很高。2025年,当生育高峰的人口步入80岁,高龄老人比例将迎来迅速的上升,中国将面临越来越严重的高龄化趋势。

2019年中国人口平均预期寿命已经达到77.3岁[1],随着医疗技术进步,平均预期寿命还将继续增加,健康长寿的增长进一步推进了高龄化趋势。2050年,中国80岁及以上老年人口将增长到1.2亿,是2010年的近7倍。2030年起,中国老龄人口高龄化程度不断加深,80岁及以上人口占60岁以上老年人口比例将由2030年的11.6%增长到2050年的24.5%,20年间增长将一倍多。高龄老人比起低龄老人,具有更高的疾病和残疾风险,也具有更迫切的养老服务需求。因此,高龄化程度的加深对中国养老服务体系将带来更大的挑战。

3. 由加速老龄化向重度老龄化转变

未来40年中国老龄化进程将出现两次加速过程。2020—2035年中国60岁及以上老年人口比重将增加12个百分点,年均增加0.5~0.9个百分点。2035—2045年,比重增加值减少,老龄化速度减慢。2045年之后,老龄化速度又一次加快。2045—2052年中国60岁及以上老年人口比重将增加5个百分点,年均增加0.5~0.8个百分点。两次老龄化速度的变化与生育高峰时期的出生队列进入老龄时间相对应。

经过2020—2045年高速老龄化,中国60岁及以上人口比例达到30%以上,65岁及以上人口比例达到25%以上,80岁及以上高龄老人比例超过5%,并到21世纪中叶接近10%。也就是说,到2050年左右,中国每三人中便有一个60岁以上老人,每四人中便有一个65岁以上老人,每十人中便有一个80岁以上老人。老龄化的加速过程将使中国人口转向重度老龄化。[2]

四、中国城市养老政策

(一)中国养老政策发展历程

新中国成立至今,中国出台了一系列促进养老服务发展的政策。根据养老服务政策中

---

[1] 数据来源:国家卫生健康委《2019年中国卫生健康事业发展统计公报》。
[2] 陈卫.国际视野下的中国人口老龄化[J].北京大学学报(哲学社会科学版),2016,53(6):82-92.

政府的角色定位,可以把中国养老服务政策大致划分为四个发展阶段。

1. 政府主导养老服务阶段(1949—1978 年)

新中国成立后,养老服务主要是依靠城市社区服务体系、农村集体福利体系以及家庭养老体系来提供。

在城镇,国有单位包办职工及其家属的福利,有单位的人员退休后的养老服务主要由单位提供,无单位的未就业人员养老服务主要由家庭提供;而对于无劳动能力、无生活来源、无法定赡养人的城镇"三无"老人,则由政府负责集中养老。

在这一阶段,政府控制着除家庭自我承担之外的养老服务资源的供给,市场和社会在养老服务提供中的作用微乎其微。[①]

2. 社会化尝试阶段(1978—1999 年)

改革开放后,计划经济时期建立的社会福利体系被打破,政府推出一系列的政策,开始尝试引导社会和市场进入新的养老体系(表 4-4)。

表 4-4　1978—1999 年中国主要养老政策

发布时间	政策文件名称	政策含义
1978 年	《关于安置老弱病残干部的暂行办法》《国务院关于工人退休、退职的暂行办法》	解决老干部和老年工人晚年生活
1983 年	《城镇集体经济组织职工养老金保险试行办法》	使城镇集体经济组织职工在年老退休后得到了一定的生活保障
1984 年	—	民政部首次提出了社会福利社会化构想。中国养老保险费用社会统筹开始在全国各个地区施行,养老保险制度的整体改革揭开了序幕
1994 年	《中国老龄工作七年发展纲要(1994—2000)》	提出要多渠道筹措老龄事业发展资金
1995 年	《关于深化企业职工养老保险制度改革的通知》	提出了建立一个适应中国社会主义市场经济体制要求和适用城镇不同老年群体的养老保险体系的改革目标
1996 年	《中华人民共和国老年人权益保障法》	鼓励、扶持社会组织或者个人兴办老年福利院、敬老院、老年公寓、老年医疗康复中心和老年文化体育活动场所等设施
1998 年	—	民政部选定 13 个城市进行社会福利社会化试点工作
1999 年	《关于加强老年文化工作的意见》	强调了老年人的精神文化需求

资料来源:韩艳.中国养老服务政策的演进路径和发展方向——基于 1949—2014 年国家层面政策文本的研究[J].东南学术,2015,4:42-48+247. 及其他公开资料。

---

① 韩艳.中国养老服务政策的演进路径和发展方向——基于 1949—2014 年国家层面政策文本的研究[J].东南学术,2015,4:42-48+247.

在这一阶段初期,随着相关养老政策陆续出台,老龄机构初步建立,养老政策体系雏形开始形成,养老工作开始向规范化和专业化方向发展,但养老政策主要关注于解决老弱病残企业职工和老干部的晚年生活,系统性的工作思路尚未形成[①]。

1978年,民政部恢复并成立了中国老龄问题全国委员会,老龄工作开始步入正轨。1978年,国务院主要针对老干部和老年工人颁布实施了《国务院关于安置老弱病残干部的暂行办法》《国务院关于工人退休、退职的暂行办法》。1983年,《城镇集体经济组织职工养老金保险试行办法》颁布,使城镇集体经济组织职工在年老退休后得到了一定的生活保障。1984年,民政部在全国民政社会福利工作会议上首次提出了社会福利社会化的构想。1984年起,中国养老保险费用社会统筹开始在全国各个地区施行,养老保险制度的整体改革揭开了序幕。

随后养老政策经历不断调整,政府开始关注各类老年群体,并强调在法律层面保护老年人权益。同时,城市养老保险得到稳步发展,农村养老保险也走向正规化并进入快速发展阶段,这标志着养老保险也开始向更全面、更包容的方向发展,政策的实用性也逐渐增强。[②]

1991年,国务院颁布了《关于企业职工养老保险制度改革的决定》和《农村社会养老保险基本方案》,表明中国在关注城市养老事业的同时,也开始重视农村养老事业的发展。1992年,国务院颁布了《民政部关于进一步加快发展农村社会养老保险事业的通知》,指出当时农村社会养老保险事业的发展远远落后于整个形势的要求,强调必须进一步加快步伐发展农村养老保险事业。1994年,民政部等十部委又发布了《中国老龄工作七年发展纲要(1994—2000)》,提出要多渠道筹措老龄事业发展资金。

1995年,国务院印发了《关于深化企业职工养老保险制度改革的通知》,提出了建立一个适应中国社会主义市场经济体制要求和适用城镇不同老年群体的养老保险体系的改革目标。接着,1996年出台了《中华人民共和国老年人权益保障法》进一步指出国家要。1998年,民政部选定13个城市进行社会福利社会化试点工作[③]。1999年,文化部出台了《关于加强老年文化工作的意见》,强调了老年人的精神文化需求。

3. 明确养老体系阶段(2000—2012年)

进入21世纪之后,中国养老政策开始进入快速发展时期。2000年是中国养老政策发展历程中的一个重要时间节点,因为按照60岁及以上老年人口占总人口比重超过10%为标准,中国在1999年就进入了老龄化社会(按照65岁及以上老年人口比重为7%则是在2002年)。面对日益严峻的老龄化形势,中国政府开始出台一系列的新政策来推动养老服务的发展(表4-5)。

[①] 赵向红,王小凤,李俏.中国养老政策的演进与绩效[J].青海社会科学,2017,6:162-167.
[②] 赵向红,王小凤,李俏.中国养老政策的演进与绩效[J].青海社会科学,2017,6:162-167.
[③] 韩艳.中国养老服务政策的演进路径和发展方向——基于1949—2014年国家层面政策文本的研究[J].东南学术,2015,4:42-48+247.

表 4-5　2000—2012 年中国主要养老政策

发布时间	政策文件名称	政策含义
2000 年	《关于加快实现社会福利社会化的意见》《关于加强老龄工作的决定》	以家庭养老为基础、社区服务为依托、社会养老为补充的养老机制第一次被明确提出
2000 年	《关于加快实现社会福利社会化的意见》	强调社会办福利机构与政府办社会福利机构享受同等待遇
2000 年	《财政部、国家税务总局关于对老年服务机构有关税收问题的通知》	指出要大力加强养老服务机构建设,大力支持社会福利机构,社会福利不再是政府单方面承担,而是向社会转化,加快实现社会福利社会化
2003 年	《关于实施农村医疗救助的意见》	在 2002 年试点农村医疗制度改革后,明确了医疗救助对象和救助办法
2005 年	《关于支持社会力量兴办社会福利机构的意见》《民政事业发展第十一个五年规划》《关于加快发展养老服务业的意见》	在全国城市开展养老服务社会化示范活动,引导和鼓励社会力量参与养老服务
2006 年	《关于加快推行新型农村合作医疗试点工作的通知》	倡导为农村居民提供高质量便捷的医疗服务
2008 年	《关于全面推进居家养老服务工作的意见》《关于对老年服务机构有关税收政策问题的通知》	为进一步凸显对"居家养老服务"的重视,提出要运用税收优惠政策鼓励和支持社会力量参与、兴办居家养老服务业,建立和完善社区居家养老服务网络
2011 年	《关于印发社会养老服务体系建设规划(2011—2015 年)的通知》	指出要建设以居家为基础、社区为依托、机构为支撑的社会养老服务体系。从先前的"机构为补充"到"机构为支撑"体现了对养老机构职能和养老服务体系的重新认识
2011 年	《养老机构安全管理》《国家基本公共服务体系"十二五"规划》《国家人口发展"十二五"规划》和《民政部关于鼓励和引导民间资本进入养老服务领域的实施意见》	促进养老服务发展

资料来源:韩艳.中国养老服务政策的演进路径和发展方向——基于 1949—2014 年国家层面政策文本的研究[J].东南学术,2015,4:42-48+247.及其他公开资料。

此时期,养老服务政策的数量和内容都得到了长足的发展,政府在养老服务政策制定上思路更加清晰,将科学规划、引导发展作为首要职责。"以居家养老为基础、社区养老为依托、机构养老为支撑"的养老服务机制的提出,表明中国养老服务政策在养老服务体系化建设方面迈出了重大的一步。[1]

4. 创新养老服务供给方式阶段(2013 年至今)

2013 年以来,政府更加关注治理和改善民生,集中出台了一系列促进养老服务社会化

---

[1] 韩艳.中国养老服务政策的演进路径和发展方向——基于 1949—2014 年国家层面政策文本的研究[J].东南学术,2015,4:42-48+247.

的政策。在这一时期,养老政策得到了快速发展,政策主要集中在养老服务供给方式创新以及养老服务质量提高上,在保障老年基本生活的同时,逐渐强调运用多元方法来满足老年人的文化娱乐需求,体现出实用性和大众化的特征[1]。尤其是2017年开始,有针对性地开展养老服务质量提升行动,强调在全国范围内根本性地提升养老服务质量,构建养老服务标准体系、监管体系和统一市场,养老服务体系化、社会化建设的进一步延伸(表4-6)。

表4-6 2013—2016年中国主要养老政策

发布时间	政策文件名称	政策含义
2013年	修订《中华人民共和国老年人权益保障法》,出台《国务院关于促进健康服务业发展的若干意见》《关于开展公办养老机构改革试点工作的通知》《关于政府向社会力量购买服务的指导意见》《关于开展养老服务业综合改革试点工作的通知》《民政部关于推进养老服务评估工作的指导意见》等	加快发展健康养老服务,推进医疗机构与养老机构等加强合作、探索公建民营、政府购买养老服务等多种养老服务供给方式,并对养老服务需求内容进行评估,以提供有针对性的养老服务
2014年	《关于加强养老服务标准化工作的指导意见》《关于推进养老机构责任保险工作的指导意见》	加强养老服务标准化建设,构建养老服务业风险分担机制
2014年	《关于推进城镇养老服务设施建设工作的通知》《关于加强老年人家庭及居住区公共设施无障碍改造工作的通知》	加强养老服务设施建设
2014年	《关于做好政府购买养老服务工作的通知》《关于民政部门利用福利彩票公益金向社会力量购买服务的指导意见》《关于鼓励外国投资者在华设立营利性养老机构从事养老服务的公告》	继续支持鼓励民营资本、外国资本等进入养老服务领域
2015年	《关于推进医疗卫生与养老服务相结合指导意见的通知》	提出了"医养结合"的理念,以为老年人提供健康的养老服务
2016年	《民政事业发展第十三个五年规划》	促进养老服务业快速发展,加强信息化养老服务体系建设,努力探索并建立长期照护保障体系
2017年	《关于开展养老院服务质量建设专项行动的通知》	建立全国统一的养老服务质量标准和评价体系,完善养老服务质量治理和促进体系,显著提升养老院服务质量总体水平
2019年	《国务院办公厅关于推进养老服务发展的意见》	保障人人享有基本养老服务的基础上,有效满足老年人多样化、多层次养老服务需求

---

[1] 赵向红,王小凤,李俏.中国养老政策的演进与绩效[J].青海社会科学,2017,6:162-167.

(续表)

发布时间	政策文件名称	政策含义
2020 年	《养老机构管理办法》	2020 年 11 月 1 日起施行,全面提升并规范养老机构的服务与管理
2020 年	《关于建立健全养老服务综合监管制度促进养老服务高质量发展的意见》	加快形成高效规范、公平竞争的养老服务统一市场,建立健全养老服务综合监管制度

资料来源:韩艳.中国养老服务政策的演进路径和发展方向——基于 1949—2014 年国家层面政策文本的研究[J].东南学术,2015,4:42-48+247.及其他公开资料。

(二)中国城市养老管理与服务

以北京、上海为代表的发达大城市和占城市多数的中小城市,在老龄化现状与问题方面有着较为明显的差异,加上城市发展水平、治理水平的不同,因而面对城市老龄化问题时,其养老管理与服务的策略与水平也大有不同。

1. 大城市养老管理与服务

按照国际发展经验,大城市经过深度发展后,主要表现为老年人口占比高、老年人口规模大、高龄人口比重高。从而,大城市老龄化社会治理会出现多个方面的矛盾。

一是养老服务基础设施供求矛盾,即由于老年人口占比高,老年人口的绝对规模庞大,因而产生了大量医疗、康养、老年社会文化活动等需求,但相应地服务基础设施建设往往是滞后的,尤其是中国存在"未备先老""未富先老"的问题,养老基础设施建设跟不上老龄化发展的进程。

二是老年人口多样化需求与单一供给的矛盾,除了在规模上的矛盾外,城市老年人口对养老服务的需求还呈现出多样化、个性化的特征,尤其是在精神文化需求方面有着更多的追求。但在长期集中精力进行经济建设的环境下,老年人的多样化需求一直是被忽视的,而专业服务人员、服务机构都是缺乏的。

三是精细化治理目标与复杂现状的矛盾,即大城市越来越注重对社会的精细化治理,但老龄群体庞大,需要解决的问题多样而复杂,对治理机构设置、制度优化、技术手段创新等方面的要求高。

针对严重而复杂的老龄化问题,大城市需要在管理原则与理念、管理主体、管理制度、管理技术手段、基础设施等方面实现全方位创新,力图探索出适应大城市的养老管理服务体系。上海目前是中国老龄化程度最高的大城市,养老服务需求大、负担重,面对严重的老龄化问题,上海根据自身情况探索出了一套大城市养老管理服务体系,同时也为全国其他大城市养老管理服务体系的完善提供了重要借鉴。

其一,明确现代化的管理原则与理念。中国已经进入老龄社会,让老年人老有所养、生活幸福、健康长寿是我们的共同愿望。党中央高度重视养老服务工作,要把政策落实到位,惠及更多老年人。上海遵循党中央部署,始终坚持问题导向、需求导向、暖心导向原则,加强顶层设计,推动基层创新,探索寻找大城市养老发展难题的"上海答案"。

其二,确定多元化管理主体。在政府管理主体方面,上海市政府成立了由 20 个部门和

16个区政府为成员单位的社会养老服务体系领导小组,由分管副市长挂帅。制定中长期规划,指导养老服务工作。上海每年都将养老服务列入市政府与人民生活密切相关的10项事实之中,并严格考核养老任务完成情况,纳入部门和各区绩效考核。在市场主体方面,上海全面放开养老服务市场。2016年出台养老企业登记实施意见后,新增企业数成倍增长。通过出台推进公建民营的指导意见,明确了新增养老服务设施原则上均采用委托社会力量运营的方式,注重培育本地养老服务品牌。

其三,构建养老平台,从细从实做好养老服务。一方面,构建实体养老服务平台,形成养老设施"骨干网"。建立集日托、全托、助餐、康养、医养结合等多项功能为一体的综合为老服务中心,并将其覆盖至所有街镇,作为养老服务设施体系枢纽,与3 000多家各类养老设施一起支撑社区养老服务。另一方面,构建信息化管理平台,发展智慧养老。上海依托民政"数据海"以及信息技术在养老领域的深度应用,打造了全市统一的养老服务信息平台。在平台管理端,通过多部门信息共享,实现联合监管,强化信息归集,借助信息化平台实现"像绣花针一样精细"管理养老服务。在平台服务端,向公众开放养老资源查询、智能向导、精准匹配等服务,结合民生顾问平台、社区养老顾问制度,提供政策咨询、资源链接、个性化养老方案定制等服务,高效匹配养老供需,让寻找养老资源"像网购一样方便"。

其四,构建多样化养老服务体系。早在2005年,上海就提出"9073"目标,即老人90%由家庭自我照顾,7%享受社区居家养老服务,3%享受机构养老服务,并逐步形成了以居家为基础、社区为依托、机构为支撑、医养相结合的社会养老服务格局。2014年又提出构建涵盖养老服务供给、服务保障、政策支撑、需求评估、行业监管"五位一体"的社会养老服务体系。具体在机构养老方面,上海着力解决"一床难求"问题,2019年,上海已建成养老机构724家,床位数共计15.16万张,养老床位占60周岁及以上老年人口比例为2.9%(表4-7)。上海还明确到2022年护理型床位数占60%,认知障碍照护床位数8 000张。

表4-7 2005—2019年上海机构养老与居家养老服务数据

指标	2005年	2010年	2018年	2019年
机构养老服务				
机构数(家)	474	625	712	724
床位数(万张)	4.95	9.78	14.42	15.16
新增养老床位	1.01	1.08	1.06	0.95
养老床位占60周岁及以上老年人口比例	1.9%	3.1%	2.9%	2.9%
居家养老服务				
社区老年人日间服务机构				
机构数(家)	83	303	641	720
日托老年人数(万人)	0.21	0.9	2.5	2.7
获得政府补贴的老年人(万人)	3.94	13	8.2	8.0

数据来源:《上海统计年鉴2020》。

上海还针对大城市新建养老机构成本高、周期长的特点,以及老年人希望在熟悉环境内养老的需求,探索把社区嵌入式养老作为大城市养老的首选模式。社区嵌入式养老即以街道为单位,以"15分钟养老服务圈"为目标,以家门口养老服务站点为依托,打造小规模、多功能、专业化、综合型的养老设施,让老年人在熟悉的环境中、在亲情的陪伴下原居安养,目前主要有"长者照护之家"和社区综合为老服务中心两种社区嵌入式养老服务。其中,长者照护之家是将社区闲置资源改造为小型住养机构,一般为300~500平方米,主要为有需要的老年人提供短期住养照料、大病出院后康复护理、家庭喘息服务以及入住养老机构前的体验适应服务等。到2017年底,上海中心城区和郊区城市化地区的街镇已至少拥有一家长者照护之家。社区综合为老服务中心一般为1 000平方米左右,是包括长者照护之家、日间照料中心、助餐点、护理站或卫生站等在内的"枢纽式"为老服务综合体,为社区老年人提供日托、全托、助餐、助浴、康复、护理等一站式养老服务。

其五,建立规范化管理标准体系。加强法规与标准对养老行业的引领,2014—2019年,上海修订出台了《上海市老年人权益保障条例》《上海市养老机构条例》,制定完善了近10个地方性标准和60多个政策文件。将各类"指标评价体系"纳入综合监管,养老机构日常质量监测工作正在积极开展并向社会公开结果,养老机构等级评定工作已基本覆盖,质量提升专项行动持续开展。[①]

2. 中小城市的养老管理与服务

在全国进入老龄化社会的背景下,中小城市也面临着较为严重的老龄化问题,老年人口总体规模庞大。并且对于一些劳动力净流出的城市而言,由于年轻劳动力的缺乏,造成社会抚养负担较重。一般而言,中小城市经济社会发展水平低于大城市,养老管理服务的制度体系、基础设施等软硬件发展相对滞后。养老管理服务在中小城市主要存在三个方面的共性问题。

一是基础设施配套落后。相比大城市,由于中小城市发展起步较晚,经济社会发展水平整体较低,财政实力不强,因而在医疗康养、老年生活服务、老年文化娱乐等方面的基础配套设施较为落后,专业服务人员队伍也处于紧缺状态。

二是养老方式单一。不论是大城市还是中小城市,家庭居家养老仍然是主流的养老方式,但是相对而言,中小城市养老方式更加单一,家庭养老占有绝对主导地位,机构养老、社区养老、医养结合等新型养老方式尚未在中小城市开展或普及。以机构养老而言,中小城市居民家庭收入平均水平要低于大城市,而养老机构费用高昂,对于很多家庭来说都不是最优选择。并且中小城市老年人口传统家庭观念浓厚,对于新型养老方式的接受程度普遍低于大城市。多方面原因导致中小城市养老方式单一。

三是养老生活质量不高。中小城市由于家庭成员中的适龄劳动人口不断流出,城市中存在大量空巢化家庭,年轻子女无法承担照顾老人的责任,留守老年人口需要自我养老,不仅如此,老年人还可能要承担抚养孙辈的责任,而家庭养老方式却在中小城市中占据绝对主导地位,这也导致了中小城市养老生活质量不高。由于市场机制不健全,监管不到位,中

---

① 上海市民政局.上海:谋长远 建平台 强配套 破解特大型城市养老发展难题[J].社会福利,2019(05):9-10.

小城市养老机构服务水平参差不齐,整体水平较低。另外,由于缺乏对老年人精神生活的足够关注,也导致中小城市老年人情感缺失度远远高于大城市。

基于中小城市养老的基本特征和存在的一系列问题,政府、社会、家庭和个人等主体共同建立起一套适合中小城市的特色养老管理服务体系。

其一,发展小型化养老机构。小型养老机构前期运营成本低、投资成本小、手续办理简便,对于经济发展水平相对落后的中小城市而言,小而多的模式能够有效运用社会闲散资金来建设养老机构,利用市场化的方式缓解养老问题,同时也能减轻政府财政压力。政府仍需要加强监管,进一步提高小型养老机构的专业化、规范化水平。

其二,实施"互联网+养老"工程。对于中小城市而言,信息技术具有普适性,因而信息技术革命是一次缩小与大城市差距的机遇。很多中小城市积极实施"互联网+养老"工程,由政府牵头,支持养老服务机构、社区、社会组织利用大数据、人工智能等现代化信息技术参与养老管理与服务,缩小与大城市养老管理与服务水平的差距。

其三,弘扬敬老、养老、助老社会风尚。家庭是中小城市养老的主要承载主体,提高城市养老管理与服务水平,需要发挥家庭及其成员的作用。中小城市一般会选择加强敬老、养老、助老的社会风尚,对于家庭中负有赡养义务的劳动适龄人群而言,要坚决履行抚养义务,给与老年人物质与精神的支持。对于老年人而言,要改变传统思想观念,顺应社会整体发展趋势,代际之间思想观念的不同是社会快速发展的必然结果,老年人群不必强求后代与自己观念一致,而是要保障家庭的和谐,为养老生活创造良好的家庭环境。

(三) 中国城市养老管理与服务改革的方向

在中国老龄化的进程中,中国城市老龄化事业发展不平衡、不充分,无法满足老年人口日益增长的美好生活需要,城市养老管理与服务的改革势在必行。随着科技发展,尤其互联网、物联网、人工智能的发展,老年人的生活、出行、社会参与越来越可行和便捷,在一定程度上延伸了生理的年龄,为传统定义下的老年人口继续参与社会经济活动创造了可能。未来在养老管理和服务中,要以老年人的需求为本和实现老年人的全面发展为基本原则,重新定位老年人的社会角色,更新老龄政策的设计理念,将老年人口视为重要的人力资源而不仅仅是社会负担,从整体的、动态的视角来重新思考应对人口老龄化的战略布局,从养老服务人才、养老保障体系、居家养老服务、养老服务科技、养老服务监管等方面精准聚焦解决老年人的生活顾虑,满足老年人日益增长的社会参与和情感需求。

加快养老服务人才培养。从教育培训、薪酬待遇、社会氛围等方面入手,着力提升养老服务人员的规模与质量。其一,扩大专业人才培养规模。鼓励高校、科研院所等培养更多老年医学、康复、护理等方面所需的专业人才。其二,提高养老服务专业人员的待遇。推动各地结合实际,完善薪酬动态调整机制,培养选拔优秀护理员,提供居住落户、住房保障、子女就学等方面的扶持政策。其三,营造尊重养老服务人员的社会氛围。加强宣传引导,建立养老服务从业人员人文关爱、心理疏导机制,组织技能竞赛和道德模范评选,增强职业荣誉感和社会认可度。

完善新型养老保障体系。一方面,完善多层次养老保险体系,建立以账户制为基础、个人自愿参加、国家财政从税收上给予支持,资金形成市场化投资运营的个人养老金制度,推动个人养老金制度落地。另一方面,积极落实长护险制度,逐步减少政府的养老服务补贴,转而推动普惠性的商业化、市场化养老服务体系建设,分散和转移国家基本养老保险面临的压力与风险,解决行动不便的居家老人刚需性的吃饭、代购、长期护理、精神慰藉等问题。

建设社区居家养老服务网络。大力发展居家社区养老服务,让所有老年人能够享有"身边、床边、周边"的居家社区养老服务,提高服务的可及性、多样化水平。其一,制定家庭养老支持政策,出台支持共同居住、照料假、喘息制度等专项政策,引导和强化子女赡养、照料老年父母的责任,进一步强化家庭养老功能;其二,扶持居家养老相关企业,对提供健康、护理、照料、精神关爱等居家养老服务的单位提供场地支持和税收优惠,使老年人可以享受到便利的助餐、助洁、助行、助浴、助医、康复、护理等上门服务;其三,制定家庭养老床位的规范标准并纳入养老服务监管范围,出台支持家庭养老床位建设的相关政策;其四,开展失能老年人家属照护技能培训、喘息服务等试点,提升家庭照护服务能力。

提升养老服务科技水平。将信息技术引入养老服务各个领域,推动适老化改造,优化养老管理服务。其一,提供高科技产品服务。依靠科技创新引领产业升级,开发更多的适老化产品,如智能服务机器人的研发与应用,辅助器具技术研发与应用等,为老年人提供更贴心的服务,使老年人的生活更加便捷;其二,优化养老服务模式。大力发展"互联网+养老服务",将智慧养老延伸到老人饮食起居、医疗医护、休闲娱乐等各个方面,提供更加及时、高效、普惠的养老服务;其三,建立养老信息互通认证网络。推动各地建立省级或市级层面统一的、面向公众的养老服务信息平台,实现广泛参与、信息互通、资源共享、系统整合。

建设养老服务"大监管"体系。建立健全养老服务综合监管机制,对养老服务主体的服务活动进行全覆盖、全方位、全过程监管,发挥政府监管、社会监督、行业自律等协同作用,营造公平竞争、健康有序的市场环境。其一,加强标准化规范化建设,健全养老行业综合监管制度,以标准规范和信用监管为基础优化监管机制;其二,完善养老服务评估机制,推动建立全国统一的养老服务标准和评价体系,对机构实施分类分级管理和安全质量监管;其三,加快信用体系建设,建立覆盖从业人员和服务对象的养老服务行业信用体系,建立黑名单和行业禁入退出机制。

第三节 国内外"老有所养"阶段城市人口管理体系

根据中国在"老有所养"阶段人口管理体系的现状特征,将该体系分为养老管理制度体系、养老社会保障体系、养老服务体系、养老社会环境四个子体系。

一、"老有所管"——养老管理制度体系

(一)法制体系

1. 老龄法制体系概况

老龄法制体系,是由国家有关老年人权益保护方方面面的法律制度构成的统一整体,

及其运转机制和运转环节的全系统,是在人口老龄化社会这一状况下国家、社会各种法律关系产生、变化和终止的综合性法律表现。老龄法制体系是老龄社会背景下国家、社会各种法律关系产生、变化和终止的综合性法律表现。[①]

为了有效应对老龄化社会,保障老年人合法权益,在中国,除了《中华人民共和国宪法》《中华人民共和国刑法》《中华人民共和国民法典》等基本法律涉及老年人权益保护外,还以《中华人民共和国老年人权益保障法》及其他针对老龄工作的法律法规为主干,形成了"老有所养"阶段人口管理的法律体系,保障了中国老龄工作的规范化、法制化。

2. 老龄工作核心法律

《中华人民共和国老年人权益保障法》在中国老龄法制体系中居于核心地位,是根据宪法,基于保障老年人合法权益,发展老龄事业,弘扬中华民族敬老、养老、助老的美德而制定,将积极应对人口老龄化作为国家的一项长期战略任务。《中华人民共和国老年人权益保障法》以法律的形式将党和政府有关老年人权利保护的一系列方针政策稳定下来,明确了保护老年人权益的基本原则、主要措施及侵犯老年人权益应承担的法律责任,并且把负有保护老年人权益不受侵犯义务的主体从家庭成员扩大到政府和全社会,不失为老年人权益保护方面的基本法律保障[②]。

该法针对60周岁及以上的公民,从家庭赡养与抚养、社会保障、社会服务、社会优待、宜居环境、参与社会发展等方面提出对老年人权益的保障。提出国家保障老年人依法享有的权益,将建立多层次社会保障体系、社会养老服务体系写入法律,规定各级人民政府将老龄事业纳入国民经济和社会发展规划;将保障老年人合法权益作为全社会的共同责任,要求对全社会进行人口老龄化国情教育,支持和鼓励社会对老年人合法权益的保障;支持老龄化科学研究,保持养老优良传统等。

3. 老龄法制体系优化

目前中国老龄法制体系还有待进一步完善,尤其是在老年人经济保障、健康保障、社会参与权保障等方面的专门法律还有所欠缺,应当以《中华人民共和国宪法》为指导,围绕《中华人民共和国老年人权益保障法》,建立一套涉及老年人群全方位权益保护与管理的法制体系,为实现"老有所养"提供更完善的法制保障。

(二)管理机构体系

党的十九届三中全会通过了《中共中央关于深化党和国家机构改革的决定》和《深化党和国家机构改革方案》,对深化机构和行政体制改革作出了重要部署,要求统筹考虑各类机构设置,科学配置党政部门及内设机构权力、明确职责。第十三届全国人民代表大会第一次会议审议批准通过了国务院机构改革方案。

通过改革,国家机构的设置更加符合实际、科学合理、更有效率。同时,与老龄化工作相关的相关机构也发生了一定的变化。从国家层面来看,国家机构调整后,中国在"老有所

---

① 车流畅.老年人权益法律保护立法体系的构架[J].才智,2012(31):5.
② 同①。

养"阶段涉及的政府管理部门主要有国家卫生健康委员会、人力资源和社会保障部、民政部、国家医疗保障局等。对于地方政府"老有所养"的相关职能部门，基本都是按照国家机构改革来调整，一般既要接受上级职能部门的指导，又要接受本级政府的领导。

1. 国家卫生健康委员会

（1）老龄化工作职责

国家卫生健康委员会贯彻落实党中央关于卫生健康工作的方针政策和决策部署，在履行职责过程中坚持和加强党对卫生健康工作的集中统一领导。

国家卫生健康委员会整合了国家卫生和计划生育委员会、国务院深化医药卫生体制改革领导小组办公室、全国老龄工作委员会办公室的职责，工业和信息化部牵头《烟草控制框架公约》履约职责，以及国家安全生产监督管理总局的职业安全健康监督管理职责。新组建的国家卫生健康委员会与老龄化工作直接相关的职责主要是组织拟订并协调落实应对人口老龄化政策措施，负责推进老年健康服务体系建设和医养结合工作。

组建国家卫生健康委员是为了推动实施健康中国战略，树立大卫生、大健康理念，把以治病为中心转变到以人民健康为中心，预防控制重大疾病，积极应对人口老龄化，加快老龄事业和产业发展，为人民群众提供全方位全周期健康服务。

（2）与其他相关部门的职责分工

全国老龄工作委员会日常工作由国家卫生健康委员会承担，中国老龄协会也改由国家卫生健康委员会代管。

与民政部的有关职责分工方面，国家卫生健康委员会负责拟订应对人口老龄化、医养结合政策措施，综合协调、督促指导、组织推进老龄事业发展，承担老年疾病防治、老年人医疗照护、老年人心理健康与关怀服务等老年健康工作。

（3）下设部门职责

国家卫生健康委员会下设老龄健康司，专门负责组织拟订并协调落实应对老龄化的政策措施，组织拟订医养结合的政策、标准和规范，建立和完善老年健康服务体系，以及承担全国老龄工作委员会的具体工作。

2. 人力资源和社会保障部

（1）老龄化工作职责

人力资源和社会保障部是统筹机关企事业单位人员管理和统筹城乡就业和社会保障政策的国家权力机构，2018年国家机构调整后，人力资源和社会保障部在老龄工作方面，加强了统筹城乡就业和社会保障政策职责，建立健全从就业到养老的服务和保障体系；加强了统筹机关企事业单位基本养老保险职责，逐步提高基金统筹层次，推进基本养老保险制度改革。

与养老有关的具体职责有：①统筹拟定城乡社会保险及其补充保险政策和标准，组织拟订全国统一的社会保险关系转续办法和基础养老金全国统筹办法，统筹拟订机关企事业单位基本养老保险政策并逐步提高基金统筹层次。②会同有关部门拟订社会保险及其补充保险基金管理和监督制度，编制全国社会保险基金预决算草案，参与制定全国社会保障基金投资政策。

(2) 下设部门职责

在老龄化工作方面,人力资源和社会保障部下设养老保险司,负责统筹拟订机关企事业单位基本养老保险及其补充养老保险政策,逐步提高基金统筹层次;拟订城镇居民养老保险政策、规划和标准;拟订养老保险基金管理办法;拟订养老保险基金预测预警制度;审核省级基本养老保险费率。

下设社会保险基金监管局,负责与老龄有关的工作主要有负责在京中央国家机关事业单位职业年金基金管理合同、中央企业年金基金管理合同和养老金产品备案工作,负责对养老金管理机构实施监管等工作。

3. 民政部

(1) 老龄化工作职责

民政部贯彻落实党中央关于民政工作的方针政策和决策部署,在履行职责过程中坚持和加强党对民政工作的集中统一领导。涉及老龄工作的内容方面,民政部的职责主要有指导老年人、孤儿和残疾人等特殊群体权益保障工作;负责统筹推进、督促指导、监督管理养老服务工作,拟订养老服务体系建设规划、法规、政策、标准并组织实施,承担老年人福利和特殊困难老年人救助工作。

(2) 下设部门职责

在老龄化工作方面,民政部下设养老服务司,负责承担老年人福利工作,拟订老年人福利补贴制度和养老服务体系建设规划、政策、标准,协调推进农村留守老年人关爱服务工作,指导养老服务、老年人福利、特困人员救助供养机构管理工作。

4. 国家医疗保障局

国家医疗保障局的组建是为了完善统一的城乡居民基本医疗保险制度和大病保险制度,不断提高医疗保障水平,确保医保资金合理使用、安全可控,统筹推进医疗、医保、医药"三医联动"改革,更好地保障病有所医。

国家医疗保障局整合了人力资源和社会保障部的城镇职工和城镇居民基本医疗保险、生育保险职责,国家卫生和计划生育委员会的新型农村合作医疗职责,国家发展和改革委员会的药品和医疗服务价格管理职责,民政部的医疗救助职责,是国务院直属的副部级机构。

由于老龄人群在医疗健康方面的需求相对于其他年龄段的人群要大,因此,国家医疗保障局与国家卫生健康委员会等部门在医疗、医保、医药等方面加强制度、政策衔接,建立沟通协商机制,协同推进改革方面,对老龄人群提高医疗资源使用效率和医疗保障水平发挥了应有的作用。

5. 地方政府老龄化管理部门

在地方,老龄化相关政府管理部门的基本设置和中央政府各部门体系类似,主要是由卫生健康部门、人力资源与社会保障部门、民政部门、医疗保障部门等组成。对于省、直辖市、自治区政府组成部门来说,主要起到承上启下的作用,即接受上级部门的领导,贯彻国家政策,同时还要结合本地区具体实际,指导和监督下级部门的管理工作。对于市、区相关部门而言,则更多是执行工作,具体将老龄化工作落实到所在辖区,落实到老龄化工作的管理对象身上。

以安徽省为例,其涉及老龄化工作的主要部门包括安徽省卫生健康委员会、安徽省人力资源与社会保障厅、安徽省民政厅、安徽省医疗保障局等。

安徽省卫生健康委员会贯彻执行党中央关于卫生健康工作的方针政策和决策部署,落实省委的工作要求,在履行职责过程中坚持和加强党对卫生健康工作的集中统一领导。具体在老龄工作方面,要组织拟订并协调落实应对人口老龄化政策措施,负责推进老年健康服务体系建设和医养结合工作。

安徽省民政厅在老龄工作方面负责统筹推进、督促指导、监督管理养老服务工作,拟订养老服务体系建设规划、政策、标准并组织实施,承担老年人福利和特殊困难老年人救助工作。合肥市民政厅在老龄工作方面的职责和省民政厅的表述一样。而合肥市瑶海区民政局在老龄工作方面的职责,就是要承担全区老年人福利工作,落实合肥市老年人福利补贴制度;推进养老服务体系建设,指导养老服务、老年人福利、养老服务机构工作。由此可见,区、县一级政府相关部门以及街道、乡镇相关部门是实际承担和落实老龄工作的部门,直接面向老年群体、养老服务机构等(表4-8)。

表4-8 中国各级政府民政部门老龄化工作职能

各级政府部门	老龄工作职能表述
民政部	统筹推进、督促指导、监督管理养老服务工作,拟订养老服务体系建设规划、政策、标准并组织实施,承担老年人福利和特殊困难老年人救助工作
省民政厅 (以安徽省为例)	统筹推进、督促指导、监督管理养老服务工作,拟订养老服务体系建设规划、政策、标准并组织实施,承担老年人福利和特殊困难老年人救助工作
市民政局 (以合肥市为例)	统筹推进、督促指导、监督管理养老服务工作,拟订养老服务体系建设规划、政策、标准并组织实施,承担老年人福利和特殊困难老年人救助工作
区民政局 (以瑶海区为例)	承担全区老年人福利工作,落实合肥市老年人福利补贴制度;推进养老服务体系建设,指导养老服务、老年人福利、养老服务机构工作
街道、乡镇	街道一般会设置社会事务部、社会事务和劳动保障办公室等部门来承担老龄工作,但部门设置不再与区县及以上政府部门一一对应

资料来源:相关政府官网。

6. 养老服务部际联系会议制度

2019年7月,国务院同意建立由民政部牵头的养老服务部际联席会议制度,其主要职能是在党中央、国务院领导下,统筹协调全国养老服务工作,研究解决养老服务工作重大问题,完善养老服务体系;研究审议拟出台的养老服务法规和重要政策,拟订推动养老服务发展的年度重点工作计划;部署实施养老服务改革创新重点事项,督促检查养老服务有关政策措施落实情况;加强各地区、各部门信息沟通和相互协作,及时总结工作成效,推广先进做法和经验;完成党中央、国务院交办的其他事项。

联席会议由民政部、发展改革委、教育部、科技部、工业和信息化部、公安部、财政部、人力资源社会保障部、自然资源部、住房和城乡建设部、商务部、卫生健康委、应急部、人民银行、国资委、税务总局、市场监管总局、统计局、医保局、银保监会、扶贫办等21个部门和单位组成,民政部为牵头单位。

养老服务部际联系会议制度的建立,进一步完善了中国养老服务体系,为深入研究养老服务发展有关问题、制定相关配套政策措施和提出政策建议提供了有效制度支撑。

二、"老有所依"——养老社会保障体系

对于城市老年人口而言,基本都能够被纳入到中国的养老社会保障体系中。目前来看,覆盖城市老年人口的养老社会保障体系主要包括养老保险制度、医疗保险制度、长期护理保险制度以及其他社会保障制度。

(一)养老保险制度

1. 中国养老金体系基本概况

如图4-10所示,通常一个国家的养老金体系包括三个支柱,第一支柱即政府主导并负责管理的基本养老保障,覆盖面最广,在中国就是企业职工基本养老保险等社会保险。第二支柱是由政府倡导、企业自主发展的企业职业年金,多采用完全或部分累计制,主要覆盖企业职工,美国有401K计划,在中国则是企业年金。第三支持是由个人或团体建立的私人退休账户,因为完全是个人账户,可以覆盖自由职业者和尚未参加第二支柱养老金计划的就业者,美国有IRA,在中国则是商业养老保险。

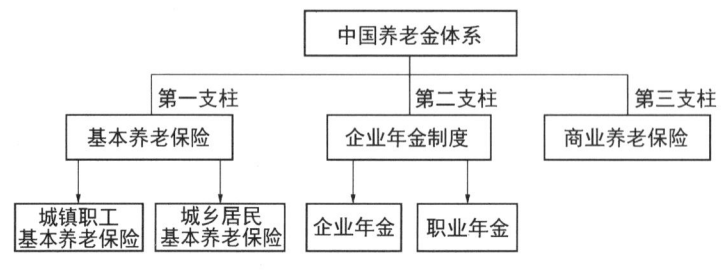

图4-10 中国目前的养老金体系

《"十三五"国家老龄事业发展和养老体系建设规划》提出要完善社会统筹与个人账户相结合的基本养老保险制度,构建包括职业年金、企业年金,以及个人储蓄性养老保险和商业保险的多层次养老保险体系。目前,中国养老金体系主要有以下特征:

一是养老金体系积累的资产不足。2015年,中国养老金体系三大支柱积累的养老资产约为5.758万亿元①,仅占当年GDP(67.67万亿元)的8.5%。而美国同期养老金总资产为25.4万亿美元,占同期GDP(17.4万亿美元)的152%。养老金积累总资产不足,已经难以适应中国快速发展的老龄化对养老保障的需求,迫切需要通过发展私营养老金等多种方式

---

① 其中第三支柱资产为国务院发展研究中心金融研究所根据保监会《2015中国保险市场年报》等估算所得。

来增加养老金资产。

二是养老金体系三支柱资产结构失衡。2015年,中国5.758万亿元养老金总资产中,第一支柱为3.99万亿元,占比69.3%,而第二、第三支柱分别为9 526亿元和8 154亿元,占比分别仅为16.5%和14.2%。2019年,中国养老金总资产达到9.61万亿元,其第一、二、三支柱分别为6.29万亿元、1.80万亿元、1.52万亿元,占比分别为65.5%、18.7%、15.8%。可以看出,中国养老金体系中,第一支柱独大,而第二、第三支柱却占比较低,养老金体系的三大支柱资产结构失衡。养老金资产结构的失衡,又进一步导致了中国退休人员养老金收入结构的失衡,且相比资产结构更为严重。2015年,中国退休人员养老金的平均收入为2 278.61元/月,其中第一支柱所提供的养老金收入为2 200元/月,占比高达96.55%。而第二、第三支柱所提供的收入仅分别为13.6元/月和65元/月,分别占0.60%和2.85%。与之相应,2015年中国退休人员养老金总替代率为44.08%①,其中第一支柱养老金替代率达到42.56%,而第二、第三支柱的替代率仅分别为0.26%和1.26%。②

三是城乡差距较大。目前来看,中国完整的养老金体系主要体现在城镇区域,尤其是一些经济社会发展水平高的大城市,除了基本养老保险外,其企业年金制度和商业养老保险也都相对完善。2020年末,中国基本养老保险累计结存58 075亿元,其中城镇职工和城乡居民基本养老保险分别累计结存48 317亿元和9 759亿元,分别占比83.2%和16.8%,但二者参保人数占比差距并不大,2020年中国基本养老保险参保人数共计99 865万人,其中参加城镇职工和城乡居民基本养老保险人数分别为45 621万人和54 244万人,占比分别为45.7%和54.3%。③ 由此可见,中国城乡之间的基本养老服务仍有一定差距,城市的养老金体系更加完善,养老服务待遇更加到位。

2. 第一支柱:基本养老保险

基本养老保险是法律强制的公共养老金,一般是由政府法律强制实施的公共养老金计划,旨在给退休人员提供最基本的养老保障,同时政府为公共养老金提供最终责任和保障。通常公共养老金采取的是现收现付制,由当期工作人口纳税融资支付给当期的退休人口作为养老金,体现现代社会资源的代际再分配。

在中国,城镇在职人员及曾经在职的老年人口,由城镇职工基本养老保险覆盖,而城镇非在职人员则由城乡居民基本养老保险覆盖。目前,城镇职工基本养老保险作为中国养老金体系第一支柱的主要组成部分,承担了绝大部分的养老保险责任。

(1)制度赡养率逐渐提升

随着人口老龄化程度的加剧,中国城镇职工基本养老保险的制度赡养率(领取养老金的人数与缴纳养老保险费的人数之比)逐渐提高,2015年提升至34.84%。这意味着,近年来中国城镇职工基本养老保险的养老负担不断加重。

---

① 养老金替代率=养老金收入/社会平均工资。
② 主要数据为国务院发展研究中心金融研究所根据《2015年度人力资源和社会保障事业发展统计公报》《全国企业年金基金业务数据摘要》《2015年保险统计数据报告》等资料整理。
③ 数据来自国家人力资源和社会保障部《2020年度人力资源和社会保障事业发展统计公报》。

(2) 参保人员中的缴费人员比重不断下降

由于经济下行、部分参保人员缺乏缴费能力以及基本养老保险制度的激励性不够,近年来,企业的部门缴费人数占参保职工的比重不断下降,从2006年的89.98%下降至2015年的80.3%,如海南省、广东省和北京市甚至不到70%。参保人员中的缴费人员比重下降,进一步恶化了基本养老保险的财务可持续性。

(3) 对财政补贴的依赖性较大

2014年城镇职工基本养老保险基金总收入中,财政补贴3 548亿元,占14.02%。2010年以来,财政补贴占基金总收入的比重一直维持在13%~14%。各级财政补贴基本养老保险基金的数额不断增加,从2010年的1 954亿元提高到2015年的4 716亿元,2010—2015年累计补贴18 157亿元。考虑到消化制度的转轨成本,财政投入有一定的合理性;但制度依靠大量财政投入维持正常运行,则意味着其自我维持平衡能力不足,可持续性不强。

(4) 基金的当期结余减少

2010—2014年,城镇职工基本养老保险基金收入的增长速度为88.60%,支出的增长速度为106.11%,从而造成基金当期结余减少。2014年,城镇职工基本养老保险基金的当期结余下降4.52%。除了西藏自治区和甘肃省,其他所有省份的当期结余均有所下降。

从上述可知,中国基本养老保险正面临较大的可持续发展压力。

3. 第二支柱:年金制度

企业年金是由企业个人共同缴费的职业养老金计划,这在有些国家已经成为了养老金体系的主体。通常,职业养老金计划采取的是完全积累制,即由个人缴费和企业匹配进入个人账户成为养老金来源的主体,加上多年的累计投资收益最终成为给付的基础,体现了精算平衡原理,能够有效应对公共养老金不足和人口老龄化的加剧,并且目前职业养老金计划也越来越多地由DB模式转为DC模式。而该计划在美国等国家是自愿实施的,同时政府给予税收优惠和政策引导,也有部分国家是实施强制性职业养老金计划的。

中国的企业年金也集中在城镇职工群体中。2015年,全国有7.55万户企业建立了企业年金,仅占当年企业法人数量(2 168.4万户)的0.35%;参加职工人数为2 316万人,占当年全国参加城镇职工基本养老保险人数(35 361万人)的6.04%。2020年,建立企业年金的企业数仅增加至10.5万户,参加职工人数为2 718万人[①]。可见,企业年金覆盖的企业数量和人群都比较有限,没有真正发挥第二支柱的作用。

近年来,企业年金覆盖的企业数量、参加职工人数以及基金积累的增长速度都趋缓,未来其增速还可能进一步下滑。究其原因,除了基数逐年增长外,还包括以下因素。一是此前中央企业、地方性大型国有企业、外资企业、经营较好的民营企业大都建立了年金计划,企业年金新增企业趋于减少。二是在经济下行环境下企业效益下降,企业新建年金计划的意愿和能力下降。三是钢铁、煤炭等行业正在经历去产能的调整,由此造成部分已建立年金计划的企业及其职工减少或者中断缴费。

---

① 数据来自国家人力资源和社会保障部《2020年度人力资源和社会保障事业发展统计公报》。

4. 第三支柱：商业养老保险

商业养老保险是商业保险机构基于个人意愿和完全积累制的个人养老储蓄计划。由个人自愿缴费，国家通常会给予税收优惠，以养老风险保障、养老资金管理等为主要内容的保险产品和服务，是养老保障体系的重要组成部分。发展商业养老保险，对于健全多层次养老保障体系，促进养老服务业多层次多样化发展，应对人口老龄化趋势和就业形态新变化，进一步保障和改善民生，促进社会和谐稳定等具有重要意义。

近年来，中国商业养老保险一直处于较快的发展中，但其整体发展水平仍然较低。从总量上看，根据保监会《2015年中国保险市场年报》，截至2015年年底，中国商业养老保险累计资产约为8 154亿元人民币，仅占GDP的1.2%；而同期美国个人退休金账户（IRA）累计资产为7.32万亿美元，占GDP的42.1%。

从产品上来看，中国个人养老年金产品单一，难以满足多样化的市场需求。由于市场退出机制不健全以及监管部门的"保护性干预"，一些保险公司缺乏硬性的市场约束，有可能出现对行业声誉构成损害的行为，在一定程度上抑制了商业养老保险的有效需求。另外，保险业的资产管理能力尚存在不足，对于商业养老保险账户积累资金保值增值的效率有待提升。

（二）医疗保险制度

医疗保险制度是居民医疗保健事业的有效筹资机制，是构成社会保险制度的一种比较进步的制度，也是目前世界上应用相当普遍的一种卫生费用管理模式。

2009年3月，《中共中央　国务院关于深化医药卫生体制改革的意见》提出了对中国医疗保障制度的改革意见，提出要加快建立和完善以基本医疗保障为主体，补充医疗保险和商业保险等多种形式为补充，覆盖城乡居民的多层次医疗保障体系。目前，中国已经形成包括城乡居民基本医疗保险和城镇职工基本医疗保险组成的基本医疗保险制度。城镇非从业人员由城乡居民基本医疗保险覆盖，城乡居民基本医疗保险由原针对农村居民的新型农村合作医疗和针对城镇居民的城镇居民基本医疗保险统一合并而成；城镇从业人员则由城镇职工基本医疗保险覆盖，城镇职工基本医疗保险由原劳保医疗和公费医疗制度演变而来（图4-11）。随着中国老龄化程度和高龄化程度的快速加深，完善的基础医疗保险体系将发挥着越来越重要的作用。

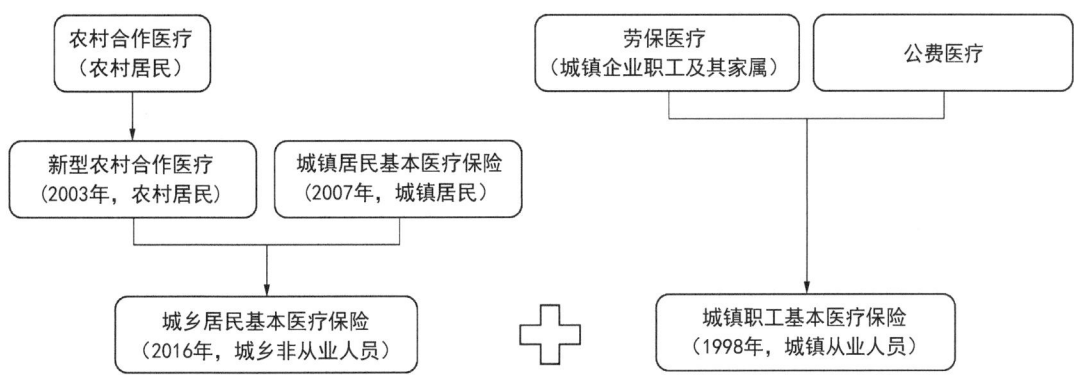

图4-11　中国基本医疗保险制度的演变

(三) 长期护理保险制度

长期护理保险制度,是指以社会互助共济方式筹集资金,对经评估达到一定护理需求等级的长期失能人员,为其基本生活照料和与基本生活密切相关的医疗护理提供服务或资金保障的社会保险制度。

2016年6月,《人力资源社会保障部办公厅关于开展长期护理保险制度试点的指导意见》提出探索建立长期护理保险制度,并在河北、吉林、黑龙江、上海、江苏、浙江、安徽等地开展试点工作。探索建立长期护理保险制度是应对人口老龄化、促进社会经济发展的战略举措,是实现共享发展改革成果的重大民生工程,是健全社会保障体系的重要制度安排。

中国长期护理保险制度注重长期护理保险与福利性护理补贴项目的整合衔接,提高资源配置效率与效益,并鼓励商业保险公司开发适销对路的长期护理保险产品和服务,满足老年人多样化、多层次长期护理保障需求。

(四) 其他社会保障制度

针对"老有所养"阶段的人口管理,除了设立由养老保险制度、医疗保险制度、长期护理保险制度构成的社会保险制度外,中国还在社会福利制度、社会救助制度和公益慈善事业中设立了针对养老的相关管理制度。

一是社会福利制度中的养老管理,包括制定实施老年人照顾服务项目,鼓励地方丰富照顾服务项目、创新和优化照顾服务提供方式;着力保障特殊困难老年人的养老服务需求,确保人人能够享有基本养老服务;在全国范围内建设针对经济困难的高龄、失能老年人的补贴制度;对经济困难的老年人,地方各级人民政府逐步给予养老服务补贴;在农村建立和完善农村计划生育家庭奖励扶助和特别扶助制度。

二是社会救助制度中的养老管理,包括确保所有符合条件的老年人按规定纳入最低生活保障、特困人员救助供养等社会救助制度保障范围。建立完善医疗救助制度,全面开展重特大疾病医疗救助,逐步将低收入家庭老年人纳入救助范围。建立完善临时救助制度,加强对老年人的"救急难"工作,按规定对流浪乞讨、遭受遗弃等生活无着老年人给予救助。落实农村最低生活保障制度与扶贫开发政策有效衔接有关政策要求,确保现行扶贫标准下农村贫困老年人实现脱贫。

三是公益慈善事业中的养老管理,包括鼓励面向老年人开展募捐捐赠、志愿服务、慈善信托、安全知识教育、急救技能培训、突发事故防范等形式多样的公益慈善活动;依法实施对公益慈善组织和公益慈善活动的扶持和监管,依法及时查处以公益慈善为名实施的侵害老年人合法权益等违反法律法规、违背公序良俗的行为;政府民政部门与公益慈善组织、社会服务机构之间开展信息对接和工作衔接,实现政府救助与社会帮扶有机结合。[①]

三、"老有所托"——养老服务体系

(一) 中国养老服务体系概况

中国目前的养老服务体系是以居家为基础、社区为依托、机构为补充、医养相结合的多

---

① 国务院《"十三五"国家老龄事业发展和养老体系建设规划》。

层次养老服务体系。根据居住场所和服务来源的不同,进一步将养老方式划分为家庭养老、居家养老、机构养老和社区养老。此外,中国近些年也出现了候鸟式养老等新型养老方式,对中国的养老服务体系形成了有益补充。

中国养老服务体系也实现了从政府为主向政府、社会共同发展养老服务的重要转变,不断地扩大居家和社区养老服务的改革试点,针对老年人多样化养老服务需求,放开养老服务市场,扩大市场和社会力量参与,优化了养老服务供给。截至 2020 年底,全国各类养老机构和设施 32.9 万个,养老服务床位合计 821 万张,其中,注册登记的养老机构 3.8 万个,社区养老服务机构和设施 29.1 万个[1]。全国养老机构中,有超过 50% 是由社会力量举办,养老服务体系内涵不断丰富,其中北京、上海等城市民办养老机构占比已经超过 80%。

家庭和居家养老虽然仍是最重要的养老方式之一,但城市的社区养老、机构养老、其他新型养老方式占有很大比重,城市养老服务方式更为丰富多样,城市老年人口拥有更多的养老方式可供选择。

(二) 家庭养老与居家养老

家庭养老和居家养老是最符合中国传统养老习惯和理念的养老方式,具有成本低、覆盖面广等优点,是中国现阶段养老服务体系的基础。因此,家庭养老和居家养老都是一种普遍的养老方式,即老年人居住在家中,由家庭成员(主要为子女及宗亲)持续提供经济开支、生活照料、精神慰藉等多方面的资源供给。

家庭养老的优势是通过亲情维系的养老服务相对能够做到细致入微,同时能够满足经济开支、生活照料和精神慰藉三个主要方面的供给,也较为节省成本。但是在城市的现代化社会环境下,家庭结构和代际关系发生深刻变化,城市家庭逐渐小型化,城市家庭成员在职业发展、学业造诣,以及对自己下一代的要求都更高,由家庭提供全部养老资源就显得力不从心。不仅如此,对于老年人而言,他们也有了更多的社会化需求,即使家庭成员能够提供足够的经济支持、生活照料和精神慰藉,也不能完全满足现代意义上的全部养老条件,尤其是纯粹的家庭养老无法满足老年人进一步参与社会性事务的需求。因此,在现代城市中,希冀在单一家庭场域中通过家庭成员提供养老资源而达成全部养老目标,已经很难实现。[2]

居家养老实际上是在一定程度上弥补家庭养老在局部功能上的缺失,在居家养老方式下,老年人居住在家中,但是养老服务的来源更加多元化,提供的主体包括家庭、社会组织和其他个人等,服务内容也更加多样化,具有了半社会化的特征,这是居家养老与家庭养老最主要的区别。不过居家养老在本质上与家庭养老并无区别,只是居家养老增加了一部分社会化养老方式,但家庭养老方式仍是主要养老资源来源。

(三) 机构养老

机构养老是一种社会化的养老方式,老年人居住在养老机构,养老服务由社会化的专业养老机构和个人提供。同时,家庭成员会定期或不定期前往探望与照料,从而机构养老

---

[1] 数据来源:2020 年民政事业发展统计公报。
[2] 卢德平.略论中国的养老模式[J].中国农业大学学报(社会科学版),2014,31(4):56-63.

也有一部分来自家庭的养老服务,因而,其养老服务来源也较多元化。机构养老的优势在于社会化的养老机构能够提供专业的养老服务,配套设施齐全,更多的同龄人也能更好地老年人的社会和心理需求。不过其劣势在于养老成本较高,且其服务虽然专业,但服务的体贴程度、细微程度都要次于家庭成员的照顾。

在中国目前的养老体系中,机构养老是重要补充,尤其是在城市区域,机构养老成为越来越多家庭的选择,不过这种选择往往也是出于对现实的妥协。在社会形态已经向现代化转变的城市区域,家庭劳动力的主要精力集中于自身的事业和下一代的成长,无法有效兼顾家庭老年成员的养老生活,因而选择虽然成本较高但对家庭整体更为有益的机构养老。

国家针对性地出台了多项改革举措,推动公办养老机构改革,支持社会力量兴办养老机构,全面提升养老机构服务质量。2018年,全国社会力量办养老机构数首次超过公办养老机构①。

(四) 社区养老

社区养老是城市中的一种新型养老方式,该方式利用社会资本投资,通过开发商进行养老房产的开发而形成,兼具家庭养老、居家养老和机构养老的多种特性。在养老场所方面,与家庭养老、居家养老一样,老年人居住在自己家中,但是这种养老场所是通过社会化、市场化的方式专门为养老而开发的老年社区,因此养老社区既是家庭,也是社会化养老服务提供场所;在养老服务来源方面,养老社区又有一定的机构养老的专业性,会配备有完善的配套设施、基础服务设施等,如社区医疗、保健设施、老年人特殊餐饮服务等,但其成本较机构养老更有优势。同时,社区养老内有较多的老年人群,老年人在社区内更易形成丰富的老年生活。不过目前社区养老的方式还处于探索阶段,在政策引导和保障、成熟化运营等方面还有所欠缺。②

(五) 医养结合

医养结合一般是运营方具有医疗背景或能整合医疗资源,在一定范围内为需要医疗护理的老年患者提供基础护理、专科护理的养老方式。

医养结合方式的优点在于它能够为老年人的医护需求提供保障。目前,国家支持养老机构开办康复医院、护理院、临终关怀机构等,也鼓励医师前往养老机构中设置的医疗机构多点执业,支持有相关专业特长的医师及专业人员在养老机构开展疾病预防、营养、中医养生等非诊疗性健康服务。对于在养老机构中设置的医疗机构,符合一定的条件可以按规定纳入基本医疗保险定点范围。不过目前医养结合方式的发展也存在一些问题,该领域的医护专业人员的招聘和留任较难,也容易发生医疗纠纷等风险,并且"医"属于卫生部门,"养"属于民政部门,医养的结合还存在一些体制机制方面的障碍。

(六) 候鸟式养老

候鸟式养老是老年人以气候资源为导向,季节性地前往外地度假康养的一种新型养老

---

① 数据来源:《民政统计年鉴 2019》。
② 穆光宗.人口生态重建[M].北京:中国科学技术出版社,2016:152.

方式,一般在异地购房或租住,或入住相应的养老机构。候鸟式养老可以满足老年人群多样化的养老需求,可以达到愉悦身心、延年益寿的效果。但同时这种养老方式对老年人群的收入水平、身体条件都有一定的要求,目前对于城市中一些具有一定积蓄和身体条件的老年人来说,是一种很好的养老方式,不过在现阶段仅可作为中国养老服务体系的一个有益补充。

国家政策也鼓励以候鸟式养老为代表的多样化养老方式的发展。如2013年9月《国务院关于加快发展养老服务业的若干意见》提出统筹利用各种资源,促进养老服务与医疗、家政、保险、教育、健身、旅游等相关领域的互动发展。2017年2月《"十三五"国家老龄事业发展和养老体系建设规划》和2021年6月《"十四五"民政事业发展规划》均提出支持养老服务产业与健康、养生、旅游、文化、健身、休闲等产业融合发展,丰富养老服务产业新模式、新业态。

四、国外"老有所养"阶段人口的政府管理

多数发达国家并没有针对老年群体设置专门的政府部门,一般是将养老、老年人群体权益保护等内容放置到社会事务、福利事务部门,如法国社会事务部、意大利社会事务部、加拿大社会福利部等。并且发达国家城市化率高,人口主要集中在城镇地区,政府在"老有所养"阶段进行人口管理时所面对的城乡差异较小。

(一) 法国

法国中央政府的社会事务部,内设系统协调委员会、政策委员会、家庭帮助局、移民和乞讨人援助局、户籍局、老年人局、残疾人局、灾民救援局、社区公共服务局和监督专员办公室、咨询办公室、婚礼仪办公室等机构,下设收养中心、社会心理指导中心。

实行分级管理体制,法国中央政府社会事务部负责相关法律、综合政策、全国计划的制订并监督执行,对大区、市社会事务工作进行指导、咨询和财政补助。主要职能有管理火葬、户籍、收养等事务,实施老年人和残疾人等人群护理和帮助,为移民和流浪乞讨等特殊人群提供救助和服务等事务。

(二) 意大利

意大利中央政府的社会事务部内设政策委员会、协调委员会、社会福利司、移民司、流浪乞讨登记司、贫困救助司、国民事务管理司、家庭帮助局、社会心理署、特殊青少年济援署、儿童医疗保健署等机构。实行指导性管理体制,中央政府的社会事务部对内阁和议会负责,承担国家社会福利、社会救助、公众事务等方面法律的拟定,承担这方面综合性政策、全国规划的制订,并监督和指导大区、市执行。

意大利中央政府社会事务部涉及养老的主要职能:为国民提供社会福利服务,对灾民、移民、流浪乞讨人、穷人实施救助,为老年人、残疾人、儿童提供国家和社会资助的公共医疗保健服务,管理出入境、火葬、结婚、调解等事务,提出国家社会事务财政预算,负责福利金社会筹集。

(三) 加拿大

加拿大中央政府的社会福利部,内设有社会津贴局、社会救济局、社会保险局、公共服

务局、紧急救援局、国民年金局、工伤福利局等 6 个业务机构,以及政策制订办公室、政策咨询办公室、信息技术办公室、监察专办公室、人力资源办公室等 5 个辅助机构。加拿大在该领域实行垂直和分级管理体制相结合的管理体制,联邦社会福利部在各省设立 55 个社会福利事务处作为分支机构,管理联邦福利救济项目;省级社会福利局在各市设置社会福利事务所,管理省福利救济项目;市、镇在社区设置社会福利事务站,具体管理市、镇的福利救济项目。

加拿大联邦社会福利部在涉及养老方面的主要职能:制订全联邦社会福利计划、政策,监督执行联邦有关法律,规定福利救济项目和享受条件,对省报送的福利救济项目进行审批并且给予经费补助,对各省社会福利提供技术、售息、咨询服务;对未成年人开学、未成年人寒衣、重组家庭、初次就业、初次托儿实行津贴,对困难人口、新移民、流浪乞讨人员实行生活补助,对残疾人、老年人、孤儿提供福利恤金,对工伤人员、战争伤亡平民、遗属实行一次性恤金补助,管理联邦机构退休人员年金标准制订和发放工作;管理和监督各种社会保险,指导社区公共服务,为家庭提供公益性服务,参与自然灾害紧急救援并承担灾后救济工作。

(四) 日本

日本国中央政府的厚生省,内设民生厅、厚老厅、恤残厅、悯儿厅、助家厅、年金厅、卫健厅、保险厅和政策设计委员会、评议协调委员会、技术支援委员会、监察检查委员会等机构。实行逐级指导性管理,厚生省对县(都、府、道)社会福利局进行指导,县(都、府、道)社会福利局对市社会福利局进行指导,市社会福利局又对镇福利事务处进行指导,中央政府对全国实行福利资金补助。

日本中央政府的厚生省在涉及养老方面的主要职能包括:通过财政为贫困国民提供最低限度的生活保障并促其自食其力;通过财政为孤寡老人、孤儿寡母(父)提供生活保障和福利服务;通过财政抚恤残疾人,通过政府和社会为残疾人提供生活、就业保护;通过保险和财政为低收入的儿童家庭提供津贴,为有儿童的雇员提供薪水津贴;通过保险和财政为国民提供年金补贴,确定最低养老年金标准;通过保险和财政为贫困国民提供医疗、分娩、谋生等救助。

(五) 波兰

波兰中央政府的福利卫生文化部职能比较综合,内设有社会福利总司、卫生总司、文化总司和综合协调办公室、发展规划办公室、统计分析办公室等机构,统管国家社会福利、卫生、文化、体育、少数民族、难民等工作。其中,社会福利总司内设老年人司、残疾人司、儿童收养司、贫困家庭司和协调办公室,实行的是分级管理体制,波兰福利卫生文化部负责拟定有关这方面的法律、指导性政策和全国规划,并监督执行,对全国各地社会福利失业实行财政补助。

社会福利总司主要职能:监督国家法律执行,制订社会福利金计划、政策,为老年人、残疾人、孤儿、贫困人口提供生活救助,并提供老年公寓养老、儿童日托、老年护理、残疾人康复福利服务,为家庭、大规模残疾人住宅中心提供公益性服务支持,检查地方福利资金使用,监管收养、流浪乞讨等工作①。

第四节 新科技对"老有所养"阶段城市人口管理的影响

一、未来新科技在养老方面的应用

(一) 智慧养老

1. 智慧养老的概念

智慧养老最早由英国生命基金提出,也被称为"全智能化老年系统",即利用先进的信息技术、管理技术打破空间和时间的限制,将老人、社区、医疗服务机构、医护人员、政府等形成一个有机整体,为老年人提供经过物联化、智能化的高效、便捷的养老服务。

国内的智慧养老概念实际上有一个演变的过程,即从最初的数字化养老,经历信息化养老、科技养老、网络化养老、智能养老等概念,最终基本使用智慧养老来统一代替相关概念。随着新一代信息技术的爆发,现在国内所称智慧养老(Smart care for the aged),主要是指将物联网、云计算等新一代信息技术应用到老年人健康管理、生活照料、安全保障、应急救助、娱乐学习等方面,借助智能化设备对涉老信息实施监测、预警、处理,从而为老年人提供便捷、高效、灵活的服务与管理②。现代智慧养老实现了新技术在养老领域的应用与互动,在提高老年人生活质量的同时,还进一步对其经验与智慧进行再开发和再利用,为老年人继续为社会创造价值提供了便利,提高了老年人的获得感和幸福感。

2. 国内智慧养老的主要模式

依据智慧技术应用场景的不同,国内智慧养老主要分为智慧居家养老、智慧医疗养老、智慧机构养老和智慧城市养老四种。

首先,智慧居家养老是目前国内各地普遍探索的模式,也称智慧社区养老。智慧居家养老依托智能设备和现代信息技术,以老年人居所为基础,构建起一套包括软、硬件设备在内的养老服务体系,在该体系内,老年人可以使用各类智慧工具获得送餐、保洁、代购、缴费等便捷服务。目前,国内多地都在积极探索智慧居家养老模式,其中典型的包括绍兴"标准化、全覆盖"模式智慧居家养老服务,洛阳延安社区12349居家养老信息服务平台打造的10分钟智慧服务圈,北京朝阳区安贞街道通过"一点孝心"App客户端提供自助售餐服务,以及上海"安康通"、西安"关护通"、"家事宝"等通过老人智能手机提供智能家居养老服务。

其次,智慧医疗养老专注于健康医疗服务,即专业机构借助设备为失能、半失能老年人提供医疗监测、康复治疗、科学进餐等服务。北京寸草春晖养老院为失能、半失能老人提供照顾服务,辽阳美林园社区养老服务站(颐养服务中心)为失能、半失能老人提供的专业医

---

① 陈日发.世界主要国家与中国民政部相对应的机构设置、管理体制及职能配置情况[J].中国民政,2013(1):16-20.

② 张雷,韩永乐.当前我国智慧养老的主要模式、存在问题与对策[J].社会保障研究,2017(2):30-37.

养服务都是这种模式的实践。

再次,智慧机构养老主要是为机构养老群体提供智慧化服务,由专业养老机构提供各类智能设备,老年人通过智能设备实现订餐送餐、清洁打扫、健康监测、预警提醒等一系列专业服务。北京昌平汇晨养老机构等养老机构都是通过智能设备为老年人提供品种多样、高效便捷的特色服务。

最后,智慧城市养老服务是从城市配套方面考虑,为老年人提供智慧养老服务。即在推动智慧城市建设时,将智慧养老服务列入城市基本公共服务内容。如天津市通过开发智能电视、智能机器人、关爱智能腕表、一键通呼叫器等智能设备提供多项适合居家养老服务;浙江乌镇构建"智慧养老"线上平台,平台利用阿里云服务器、App等进行远程管理,为老年人提供"智能居家照护""远程健康照护""SOS呼叫跌倒与报警定位"等服务,这都是智慧城市养老的有益尝试。①

(二) 大数据与养老

大数据作为新一代信息技术的代表,已经成功应用到多个领域,在养老领域也成为了养老模式多样化发展的重要技术支撑。随着老龄化社会的进一步发展,大数据技术在养老领域的应用,对于人口老龄化问题的解决有着重要的现实意义。

1. 个性化推荐适合的养老方式

老年人群体内部养老需求存在诸多差异,空巢和独居老人倾向于获得生活上的照料和情感上的陪伴,而高龄老人除此之外还需要医疗护理和临终关怀,失能老人则需要专业的医疗与护理服务。大数据技术通过采集老年人在智能设备、购物平台、社交平台等生成的数据,并对其进行分类、存储、分析,可以发现老年人行为的规律性,从而为其推荐合适的养老模式与个性化的养老服务。

2. 搭建老年人兴趣交往平台

老年群体的精神文化生活和心理健康实际上是在养老中容易被忽视的一个方面,而通过大数据搭建老年人兴趣交往平台是一个有效的应对方法。随着互联网、移动智能终端等在老年群体的普及,越来越多的老年人正在频繁和深入地利用互联网来满足精神文化需求。而大数据技术通过分析老年人在互联网留下的使用数据,可以为其提供各类定制化、个性化的人文关怀,同时能够搭建兴趣爱好平台,为具有共同兴趣爱好的老年人提供交流的平台,并组织各类线上线下活动,提高老年人的社会群体归属感。这样既能够满足老年人的精神文化与心理需求,又能够改善老年群体的社会参与现状。

3. 将智能家居引入社会养老中

利用大数据技术,借助智能家居设备之间的连接,可以提高老人与子女、外界养老服务资源的连接效率。通过视频聊天、家庭监控、智能监测设备等收集老人数据,子女可以方便、快捷地了解老年人的实时状态。而医院、养老机构借助数据与网络,可以开展远程问诊,并对其健康数据进行管理,准确掌握老人的身体状况。通过数据的记录、存储与传输,

---

① 张雷,韩永乐.当前我国智慧养老的主要模式、存在问题与对策[J].社会保障研究,2017(2):30-37.

子女、监护人员、医疗人员可以更加科学、有准备、及时地了解老人的处境,大数据将老人与外界资源和服务有效的连接起来,从而方便地获得及时地医疗保健、专业的起居照顾、便捷的生活服务等。[①]

在大数据时代下,数据已成为社会各界的重要资源。作为全球老年人数量最多的发展中国家,借助大数据及相关技术,对于解决中国养老领域面临的问题和中国社会养老行业的发展有着重要意义。[②]

(三) 区块链与养老

在未来的养老领域,很多细分场景都涉及加密性、不可篡改性、可追溯性的要求。对个人而言,"加密性"以"私钥"的形式保护个体隐私,不让别有用心的机构获得数据;对监管而言,"不可篡改性"避免私人和金融机构内部人员串通,进行任意减免、降低利率等舞弊行为;对机构而言,"可追溯性"可以使养老机构更好地了解老人过去的行为习惯,以提供更有针对性的养老方案和护理方案。

因此,可充分利用区块链的优势,与信息化、智能化技术,如物联网、云计算和移动互联网等技术结合,提供全方位、线上线下、综合性、医养结合养老服务。具体而言,区块链可以在多个养老细分领域得到应用,包括人工智能养老服务领域、养老金融服务领域、医护资格认证领域、养老供应链领域等。

1. 区块链与人工智能养老服务的结合

智慧养老平台的养老服务功能主要体现在对老年人服务需求的主动响应上。在对日常监测数据深度挖掘处理和实时监控的基础上,分析老年人养老服务需求而主动为老年人提供各项服务。在区块链智慧养老中,信息服务平台通过对老年人的远程监测,能够获得海量的信息数据,包括对老年人的生活状态、身体机能和心理状态的监测数据。在老人的实时响应中利用智能机器人设备24小时实时待命语音交互的特点来满足用户的各类紧急和常规交互需求;利用智能监控设备来保障养老驿站的安全和用户的健康状态信息实时掌握。

目前,区块链技术已经开始落地实施。以智养链为例,作为区块链驱动的智慧养老应用平台,其已在中国率先铺设各类健康养老驿站,将区块链技术应用于线下场景,提升养老服务水平,同时利用专属方式激励老人提供高度连续的、匿名的、可追溯的、不可逆的、可扩展的医养数据。

2. 区块链技术在养老金融领域的应用

传统的养老金融行业存在以信息不对称挣钱、粗放式经营、追逐暴利的问题。而区块链技术可以对个体(个人或企业)的金融行为、金融品质、金融资产、信用生成过程进行追踪、记录和整合,为分析和归类个体思想观念、历史经验、行为习惯、财富传承状况及生存目标意愿奠定基础。基于此,养老机构和金融机构可以实现产品的精细化设计,满足老人个

---

① 李鹤,宋悦嘉.大数据技术在社会养老中的应用[J].传播力研究,2018,2(12):242-243.
② 李鹤,宋悦嘉.大数据技术在社会养老中的应用[J].传播力研究,2018,2(12):242-243.

体的真实需求和感受;国家相关机构可以实现精准管理养老机构规模、精准发放养老金等。由此,区块链技术在养老金融领域的应用,可以使养老金融创新向个性化、精细化、自我管理的方式纵深发展,从而使养老金融的发展更为健康、可持续。①

3. 区块链技术在医护资格认证领域的应用

在医护资格认证领域,医疗区块链项目可以通过非对称加密手段为医患提供医护人员身份验证服务;在医疗健康记录中,敏感数据泄露相关的风险非常高。区块链的身份识别和治理规则,可以预先定义用户的访问权限和控制权限,以确定医疗健康记录的隐私级别与透明度,并确保只有有资格的参与方才能看到必要的数据。

4. 区块链技术在养老供应链领域的应用

现有的养老供应食品及医药信息数据在存储、传输、展示等环节中都有被篡改的风险。现有的追溯体系严重依赖政府监管措施,无法对监管者的权利进行有效的约束。区块链的去中心化和不可篡改性,可以保证养老供应链追溯系统中信息的可靠性,可以避免数据被篡改。而且,区块链技术如果和物联网技术结合起来,就可以通过机器实现数据的自动采集。既可以提高效率,又避免了数据的作假和隐瞒。由于区块链技术的开放透明和机器自治,消费者、生产者和政府部门对养老供应链追溯系统中的数据可以完全信任,这就大大降低了交易过程中的不确定性,降低了很多隐性成本。

二、未来新科技应对老龄化社会的展望

新科技的发展对未来老龄化社会的影响是多方面的,有助于缩小城乡差距,丰富养老方式,整合养老资源,创新治理方式。

(一)新科技有助于缩小城乡差距,提高城乡整体养老服务水平

随着大数据、区块链、人工智能等技术的发展,智慧养老等新型养老方式的出现,将有效提高城乡整体养老服务水平。传统家庭和居家养老对家庭成员的要求较高,机构养老的成本较高,社区养老、医养结合、候鸟式养老等方式尚未成熟和普及,机构养老、社区养老、医养结合等方式对于基础设施要求较高,因此,一般在城市区域具有较好的发展基础,城乡之间的差距较大。对于应用新科技的智慧养老方式而言,随着互联网基础设施的普及,智慧养老实际上在城市和乡村都有很好的应用前景,能够有效渗透城乡老年人群的日常生活,提高现有养老方式的养老服务水平。所以,新科技的应用,能够有效提升城市和乡村的整体养老服务水平。

(二)新科技将有助于丰富养老方式,提高老年群体生活品质

目前的家庭养老、居家养老、机构养老、社区养老等养老方式是社会的主流养老方式,都有各自的优缺点,而新科技的应用将有助于革新主流养老方式,实现扬长避短。

例如,通过"互联网+"的方式,利用全社会的经济、技术及社保、人力、医院、物流、义工等互联互通互助的网络优势,可以解决很多传统养老方式无法解决的老年人员多、辐射面

---

① 陈玉京.区块链在养老金融领域的应用[J].银行家,2018(2):118-119.

积广、养老服务迟缓、健康问题发现不及时、投入资金和人力过大等问题;以区块链为代表的新技术使得机构养老更加透明和智能,使得有关养老服务机构的一切行动,都在阳光下运作,从而对机构养老等社会养老方式实现了革新。

新科技的发展使得养老服务在智慧化、个性化等方面都取得了快速的进展,从而能够帮助提高老年群体的晚年生活品质。

在个性化方面,随着"互联网+"、大数据、区块链等新技术的广泛应用,新型的"互联网+养老"将通过全国联网的云数据库,对中国老年人的基本情况、生活习惯、个人需求进行数据化处理,打造出以互联网为基础的个性化养老互动平台,基本实现一对一的个性化服务。

在智慧化方面,机器人养老虽然还不具备大规模应用,但目前已具雏形,包含了移动辅助、卫生保洁、行动助力、聊天提醒、安防保护、洗澡清洁、睡眠辅助、健康体检等多项功能,在实现大规模应用后将会有力地提高养老的智慧化、自动化程度。

此外,还有睡眠监测、心率监测、无线感知等一系列人工智能产品将在未来活动大规模应用,通过人工智能技术手段,可以在第一时间进行行为识别,发现老人的各类险情,让医护人员在最短时间内采取相应的措施。这样的技术可以应用于居家养老和机构养老,帮助家人和护理人员预防和处理各类突发情况。

总体上来说,新科技发展并在养老领域广泛应用,最直接的受益群体就是老年群体,新科技为老年群体提供了生命安全、生活品质等方面的保障。

(三) 新科技有助于整合养老资源,优化整合养老产业

随着老龄化社会的进一步加深,养老需求逐步增加,养老产业也成为国民经济新的增长点。而新科技将有助于革新养老产业,最大化整合社会各类养老资源,从而实现养老资源利用的最大化。在提高养老产业的生产服务效率的同时,又进一步增加了其对国民经济发展的贡献度。

国家政策也不断适应和引导新科技的发展,大力推行智慧养老产业发展。从"互联网+"行动中涉及智慧养老产业,到养老产业发展意见,再到智慧养老产业专项行动计划和智慧养老产品推广等,关于智慧养老的政策逐步推展和深化(表4-9)。在新科技的发展和政策的催化下,目前健康管理、居家养老等智慧健康养老服务逐步普及,智慧健康养老服务质量效率显著提升。智慧健康养老产业发展环境不断完善,智慧健康养老产品和服务标准不断完善,信息安全保障能力大幅提升。

表4-9 2015—2020年国家级智慧养老重点政策

时间	文件名称	发布部门	主要内容
2015年2月	《关于鼓励民间资本参与养老服务业发展的实施意见》	民政部、发改委等	鼓励民间资本参与居家和社区养老服务,推进养老服务信息化建设
2015年7月	《关于积极推进"互联网+"行动的指导意见》	国务院	提出"促进智慧健康养老产业发展"的目标任务

(续表)

时间	文件名称	发布部门	主要内容
2017年2月	《智慧健康养老产业发展行动计划(2017—2020年)》	工信部、民政部、卫计委	在2020年基本形成覆盖全生命周期的智慧健康养老产业体系,建立智慧健康养老应用示范基地,培育领军企业,制定产品和服务标准
2017年7月	《关于开展智慧健康养老应用试点示范的通知》	工信部、民政部、卫计委	支持建设一批示范企业、示范街道(乡镇)示范基地
2019年4月	《国务院办公厅关于推进养老服务发展的意见》	国务院办公厅	明确"互联网+养老"和"智慧养老院"的核心方针
2019年12月	《关于促进老年用品产业发展的指导意见》	工信部、民政部、卫健委等	提出发展智能化日用辅助产品,推动智能产品应用,建设一批智慧健康养老示范企业、街道(乡镇)和基地
2019年12月	《关于开展第三批智慧健康养老应用试点示范的通知》	工信部、民政部、卫健委	对智慧养老示范企业、示范基地、示范乡镇(街道)进行公示
2020年9月	《智慧健康养老产品及服务推广目录(2020年版)》	工信部、民政部和卫健委	智慧健康养老产品及服务推广目录

(四) 新科技有助于创新老龄化社会治理方式

随着互联网特别是移动互联网的发展,社会治理模式正在从单向管理转向双向互动,从线下转向线上线下融合,从单纯的政府监管向更加注重社会协同治理转变。大数据、区块链、互联网等新科技的应用,不仅有利于提高老年人的养老生活水平,还有利于创新老龄化社会的治理方式。

一方面,新科技有利于构建多元共治模式。利用智能化、网格化等新兴治理技术与手段,有助于政府、社会组织、社区等多元主体通过线上线下结合的方式实现协同治理。老龄化社会的持续性和复杂性,决定了其治理不能仅仅依靠政府单一主体来实现,需要通过管理制度和技术手段的创新实现多元主体的有效联系,发挥政府的资源整合能力、市场主体的高效率、社会组织的专业性,以及社区直接面对治理对象的优势,实现老龄化社会的多元共治。

另一方面,新科技有利于提高老龄社会精细化治理水平。在城市,由于人口集聚,老龄化进程加快,老龄化治理工作千头万绪,管理者往往处于非理性决策与经验决策的状态,因此面临着更大的风险性。新科技的应用,尤其是大数据、人工智能等技术的应用,管理主体可以大量收集、挖掘老龄化相关数据,多元主体之间实现数据共享与互换,以此为基础实现精准分析、精准治理、精准服务和精准反馈,从而提高管理决策的科学性和效率,也能满足老年群体日益增长的个性化、多样化需求,实现老龄化社会的精细化治理。

参 考 文 献

[1] 温勇,尹勤.人口统计学[M].南京:东南大学出版社,2006.
[2] 王秀银,鹿立,崔树义.现代人口管理学[M].济南:山东人民出版社,2001.
[3] 李通屏,朱雅丽,邵红梅.人口经济学[M].北京:清华大学出版社,2008.
[4] 曾毅,张震,顾大男,等.人口分析方法与应用[M].北京:北京大学出版社,2011.
[5] 中共中央党校教务部,国家人口和计划生育委员会宣教司.人口理论概要[M].北京:中共中央党校出版社,2009.
[6] 乔治·马格纳斯.人口老龄化时代:人口正在如何改变全球经济和我们的世界[M].北京:经济科学出版社,2012.
[7] 吴忠观.人口科学辞典[M].成都:西南财经大学出版社,1997.
[8] 李仲生.人口经济学[M].北京:清华大学出版社,2009.
[9] 王跃生.制度与人口:以中国历史和现实为基础的分析[M].北京:中国社会科学出版社,2015.
[10] 穆光宗.人口生态重建[M].北京:中国科学技术出版社,2016.
[11] 奚洁人.科学发展观百科辞典[M].上海:上海辞书出版社,2007.
[12] 左玉辉,邓艳,柏益尧.人口-环境调控[M].北京:科学出版社,2008.
[13] 庄国波.中国计划生育政策演变及影响研究[D].南京:南京航空航天大学,2017.
[14] 钱花花.社会正义视域中的美国教育政策研究[D].长春:吉林大学,2016.
[15] 陈妍.改革开放以来我国流动人口政策变迁研究[D].西安:陕西师范大学,2013.
[16] 喻华锋.我国医疗保障制度引入市场机制改革研究[D].北京:中国社会科学院研究生院,2017.
[17] United Nations Department of Economic and Social Affairs, Population Division (2019). World Population Prospects 2019: Highlights (ST/ESA/SER.A/423).
[18] Skirbekk L V . Policies Addressing the Tempo Effect in Low-Fertility Countries[J]. Population and Development Review,2005,31(4):699-720.
[19] 邹静娴,申广军.金融危机后"长期停滞"假说的提出与争论[J].国际经济评论,2019(4):26-43+4.
[20] 乌拉尔·沙尔赛开.世界人口展望:人口、资源与环境[J].生态经济,2017,33(9):2-5.
[21] 李玉林.中国历代人口管理与变迁[J].农业·农村·农民(A版),2016(1):54-56.
[22] 刘中一.出生性别比治理的公众参与研究[J].中共南京市委党校学报,2015(3):77-81.
[23] 高文力,梁颖.试论时期总和生育率、终身生育率与政策生育率的关系[J].人口学刊,2012(1):3-11.
[24] 茅倬彦,申小菊,张闻雷.人口惯性和生育政策选择:国际比较及启示[J].南方人口,2018,33(2):15-28.
[25] 穆光宗.论我国人口生育政策的改革[J].华中师范大学学报(人文社会科学版),2014,53(1):31-39.
[26] 王圣云,罗玉婷,韩亚杰,等.中国人类福祉地区差距演变及其影响因素——基于人类发展指数(HDI)

的分析[J].地理科学进展,2018,37(8):1150-1158.

[27] 刘英子.发达国家生育率下降的原因及其政策启示[J].金融经济,2014(10):149-150.

[28] 于长永,刘二鹏,代志明.生育公平、人口质量与中国全面鼓励二孩政策[J].人口学刊,2017,39(3):5-20.

[29] 别敦荣,易梦春.面向2030世界高等教育发展的主要趋势与战略选择[J].中国高教研究,2018(1):57-63.

[30] 孙燕.我国教育政策变迁研究[J].山西财经大学学报(高等教育版),2010,13(4):6-9.

[31] 周柏春,孔凡瑜.我国教育政策改革历程及走向探析[J].当代教育科学,2015(13):42-45.

[32] 乔晓春.人口和计划生育工作重新定位——从新体制的构建谈起[J].南京人口管理干部学院学报,2013,29(2):3-6.

[33] 任远.新计划生育:后人口转变时期计生制度的转型[J].探索与争鸣,2018,4:102-108.

[34] 安介生.历史时期中国人口迁移若干规律的探讨[J].地理研究,2004,23(5):667-676.

[35] 方少勇.拉文斯坦移民法则与我国人口的梯级迁移[J].当代经济,2009(3):44-46.

[36] 吴雪,周晓唯.少子高龄化对日本经济的影响及启示——基于劳动力供给的视角[J].日本问题研究,2016,3:57-66.

[37] 李瑞红.国外促进就业政策的经验及对我国的启示[J].中国发展观察,2012,7:46-48.

[38] 张车伟,蔡翼飞.中国"十三五"时期劳动供给和需求预测及缺口分析[J].人口研究,2016,40(1):38-56.

[39] 吴绮雯,武力.改革开放40年来我国城镇就业体制和劳动力转移政策变迁探析[J].求实,2019(2):61-72.

[40] 倪学阳.流动人口管理和服务问题与对策研究[J].现代经济信息,2017(15):52.

[41] 龙海波.城市人口流动管理的几点思考与建议——新加坡、越南"结构转型与城镇化"调研启示[J].中国发展观察,2014(5):8-10.

[42] 和震,杨成明.论五大发展理念引领下的现代职业教育体系建设[J].教育与职业,2017(17):5-11.

[43] 孙诚,宗诚,聂伟.我国职业教育发展的成就、问题与对策建议——《教育规划纲要》十年回顾与展望[J].职业技术教育,2021,42(7):6-12.

[44] 孟春萍,林清松.加快新时代职业教育高质量发展的战略思考[J].科教文汇,2021(15):125-127.

[45] 宋全成,崔瑞宁.人口高速老龄化的理论应对——从健康老龄化到积极老龄化[J].山东社会科学,2013,4:36-41.

[46] 张耀华.从健康老龄化到积极老龄化——人口老龄化的应对之策[J].改革与开放,2018,8:87-88.

[47] 陈卫.国际视野下的中国人口老龄化[J].北京大学学报(哲学社会科学版),2016,53(6):82-92.

[48] 韩艳.中国养老服务政策的演进路径和发展方向——基于1949—2014年国家层面政策文本的研究[J].东南学术,2015,4:42-48+247.

[49] 赵向红,王小凤,李俏.中国养老政策的演进与绩效[J].青海社会科学,2017,6:162-167.

[50] 卢德平.略论中国的养老模式[J].中国农业大学学报(社会科学版),2014,31(4):56-63.

[51] 张雷,韩永乐.当前我国智慧养老的主要模式、存在问题与对策[J].社会保障研究,2017(2):30-37.

[52] 彭希哲.发挥中国优势应对人口老龄化[N].上海证券报,2017-11-16(12).

[53] 刘向东.我国就业形势分析与展望[C].中国经济分析与展望(2017—2018):中国国际经济交流中心,2018:114-128.